Eva Kreienkamp

Gender-Marketing

Eva Kreienkamp

Gender-Marketing

Impulse für Marktforschung, Produkte,
Werbung und Personalentwicklung

Unter Mitarbeit von Gerda Maria Frisch
und Regina Buchholz

Bibliografische Information der Deutschen Nationalbibliothek
Die Deutsche Nationalbibliothek verzeichnet diese Publikation in der Deutschen Nationalbibliografie. Detaillierte bibliografische Daten sind im Internet über http://dnb.d-nb.de abrufbar.

ISBN 978-3-636-03108-2

© 2007 by mi-Fachverlag, Redline GmbH, Landsberg am Lech.
Ein Unternehmen von Süddeutscher Verlag | Mediengruppe.
www.mi-fachverlag.de

Inhaltliche und redaktionelle Bearbeitung: Gerda Maria Frisch, Berlin
Bearbeitung der Case-Studys: Regina Buchholz, Frankfurt am Main
Redaktion: Lektorat Text + Stil, Sybil Volks, Berlin
Lektorat: Michael Schickerling, Landsberg am Lech
Illustrationen: Peter Engl, Berlin
Bildnachweis: Bauknecht Hausgeräte GmbH (Fotograf: Kristian Rahtjen); Beiersdorf AG, Nivea for Men; Bionade GmbH; Hornbach Baumarkt AG, Werbeagentur Heimat GmbH; Unilever, Dove; Nokia GmbH; Stokke GmbH; Sinus Sociovision GmbH
Umschlaggestaltung: Jarzina Kommunikations-Design, Köln
Umschlagabbildung: mauritius images, Mittenwald
Satz: Jürgen Echter, Landsberg am Lech
Druck: Holzhausen, Wien
Printed in Austria

Alle Rechte, insbesondere das Recht der Vervielfältigung und Verbreitung sowie der Übersetzung, vorbehalten. Kein Teil des Werkes darf in irgendeiner Form (durch Fotokopie, Mikrofilm oder ein anderes Verfahren) ohne schriftliche Genehmigung des Verlages reproduziert oder unter Verwendung elektronischer Systeme gespeichert, verarbeitet, vervielfältigt oder verbreitet werden.

Inhalt

1 Was bedeuten Gender, Diversity & Co.? 7
   Diversity ist Vielfalt 8
   Diversity-Management....................................... 9
   Gender: Realität oder Fiktion? 12
   Der Nährboden des Gender-Marketing 14
   Innen und Außen spiegeln sich 16

2 Die Revolution des Marktes 19
   Emanzipationsbewegungen und Gender-Studien 20
   Von der Vergangenheit in die Zukunft 22
   Einflussfaktoren wirtschaftlicher Veränderung 28
   Arbeit: Chance zur Selbstverwirklichung 35

3 Gender-Marketing sells 41
   Der Einfluss von Gender auf Marketing 42
   Mit Gender-Marketing den Markt erobern 45

4 Blinde Flecken im Marketing 51
   Was beeinflusst Männlichkeit und Weiblichkeit? 52
   Marketing-Kommunikation: stereotyp oder spezifisch? 54
   Produktlandschaften: wohlsortiert und zugeordnet 57
   Androzentrische Sicht auf Produkte und ihre Vermarktung 60
   Männer und Frauen verändern sich 68
   Unsichtbare Käuferinnen 71

5 Die Ausdifferenzierung wird sichtbar 75
   Die Wegbereiter von Gender 76
   Kosmetik macht Männer schöner 77
   Mode ist Gender 80
   Wohnen als Rollenspiel 83
   Von Luxusmarken Gender-Marketing lernen 87
   Drei Beispiele globaler Luxusmarken 90
   Inszenierte Persönlichkeiten 92

6 Geschlechtersensibles Marketing umsetzen 95
   Gender: Quelle wirtschaftlicher Synergien 96
   Männliche und weibliche Entscheidungsprozesse 98

Marktforschung	102
Produktentwicklung	113
Vertrieb	118
Werbung	130
Personalentwicklung	139
7 Mit Gender neue Märkte erobern	141
Gender und Finanzdienstleistung	142
Gender und Mobilität	153
Gender und Informationstechnologie	162
Gender und Ernährung	171
Gender und Gesundheit	180
8 Gedacht und gemacht: das Handwerkszeug	187
Analyse und Handlungsempfehlungen	188
Gender-Diversity für den Corporate-Governance-Kodex	197
9 Zukunft im Zeichen von Gender	199
Das 21. Jahrhundert – Jahrhundert der Frauen?	200
Glossar	203
Literatur	207
Register	211
Autoreninformation	215

1   Was bedeuten Gender, Diversity & Co.?

1 Was bedeuten Gender, Diversity & Co.?

Diversity – ein Wort, das die Vielfalt bezeichnet. Ursprünglich stammt der Begriff aus der Biologie und meint die Vielfalt der Arten. Schon früh wurde erkannt, dass erst die Koexistenz der unterschiedlichen Arten ein Ökosystem stabil und für seine Bewohner sicherer macht. Diversity – der Begriff ist zugleich auch zu einer Formel für all jene Systeme geworden, in denen die Verschiedenartigkeit der vielen einzelnen Beteiligten zum Erfolg und Gelingen eines Vorhabens beiträgt.

Für die Wirtschaft gewinnt Diversity an Relevanz, seit auch hier deutlich geworden ist, welche enormen Vorteile sich auftun, wenn das Potenzial der unterschiedlichsten Menschen als Quelle für Ideen, Kreativität und Innovation genutzt wird, und seit Unternehmen die Verschiedenheit als Erfolgsfaktor anerkennen. Der zweckorientierte Umgang mit Diversity gilt in den USA schon lange als strategisches Management- und Marketinginstrument. In Europa beginnen Wirtschaftsunternehmen seit der Jahrtausendwende, es auch auf ihre Unternehmenswirklichkeit hin zu untersuchen und modifiziert einzusetzen.

Diversity ist Vielfalt

Für Personalexperten und -expertinnen in großen, vor allem multinationalen Unternehmen ist Diversity bereits seit den 1990er Jahren zum gängigen Begriff geworden. Er hielt Einzug mit der Globalisierung und der Notwendigkeit, in internationalen Teams und Belegschaften zu arbeiten.

> In der Managementlehre bedeutet **Diversity** Vielfalt und meint, dass die Verschiedenheiten von Menschen eine Ressource darstellen, die wirtschaftlich und gesellschaftlich anerkannt und genutzt werden sollte. Wichtige Faktoren der Verschiedenheiten sind: Geschlechtszugehörigkeit (Gender), ethnische und soziale Herkunft, Alter, Religion, sexuelle Orientierung und körperliche Fähigkeiten.

Europa hat durch den wachsenden gemeinsamen Wirtschaftsraum nationale Grenzen hinter sich gelassen. Es hat sich nach der Auflösung der Sowjetunion und dem Fall der Mauer komplett verändert. Die einstmals verfeindeten Staatssysteme haben sich angeglichen, die osteuropäischen Länder öffneten sich und wurden Mitglied der Europäischen Gemeinschaft. Sie haben ihr Wirtschaftssystem nach demokratischen und marktwirtschaftlichen Gesichtspunkten umgebaut und formulieren jetzt auch die gesellschaftlichen Rahmenbedingungen dazu. Außerdem ist Europa zum Einwanderungskontinent geworden. England und Frankreich boten sich für Menschen aus den ehemaligen Kolonien als neue Heimat an; nach Deutschland zog es Einwanderer aus Italien, Spanien, dem ehemaligen Jugoslawien und der Türkei. Heute hat sich der Radius der Migration erweitert, denn die Zuwanderung erfolgt nun über Afrika, Süd- und Mittelamerika sowie die ehemals sozialistischen Staaten. So etablierten sich neben den christlichen Religionen in Europa ebenfalls große muslimische Gemeinden, die eine neue religiöse und ethische Auseinandersetzung fordern. Vielfalt ist also auch für jedes europäische Land und Unternehmen zugleich Herausforderung und Weg in die Zukunft.

Neben dem Umgang mit Vielfalt innerhalb von Unternehmen entwickeln sich auch komplett neue Märkte und Marktbeziehungen, die über kulturelle und nationale Grenzen hinausgehen. So können die Herkunfts- und Arbeitsländer von Erwerbstätigen differieren und aus den Migrationsbewegungen resultieren Mobilität und Veränderungen im Umgang miteinander. Die Verteilung der einzelnen Herkunftsgruppen setzt sich in den europäischen Staaten neu zusammen, was sich wiederum auf den Markt auswirkt und die Marktanteile beeinflusst. Unter diesen Bedingungen können sich Nischen- zu Massenprodukten entwickeln oder neue Märkte etablieren.

Diversity-Management

Mit Vielfalt in Unternehmen und in Märkten umzugehen ist eine Managementaufgabe. Vorreiterfunktion haben hier die USA, die schon vor vielen Jahren mit Problemen konfrontiert wurden, die die Einwanderung mit sich brachte. Die Bürgerrechtsbewegungen der 1960er und 1970er Jahre bereiteten in den USA den Boden für die Einführung politischer Maßnahmen, bezeichnet als »Affirmative Action«, die die Gesellschaft veränderten. Damit sollte die gesellschaftliche und wirtschaftliche Teilhabe von Minderheiten gestärkt werden, zum Beispiel Afroamerikanern oder eingewanderten Lateinamerikanern, sowie von Gruppen, die in Entscheidungsprozessen unterrepräsentiert waren, wie etwa Frauen. Durch dezidierte Ausbildungsquoten an Universitäten oder Quotierungen bei der Auftragsvergabe der öffentlichen Hand konnte beispielsweise eine schwarze Mittelschicht entstehen. Weiterführend wurden aus der Affirmative Action Konzepte entwickelt, die heute unter dem Oberbegriff Diversity-Management in der Wirtschaft Anwendung finden.

1 Was bedeuten Gender, Diversity & Co.?

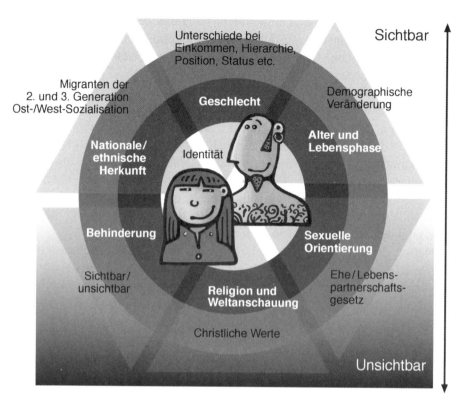

Abbildung 1: Europäisches Modell für Diversity (adaptiert von Anita Rowe und Lee Gardenswartz)

Diversity-Management ist das Führungsinstrument, das den Umgang mit Vielfalt ermöglicht und Tools für den effektiven interkulturellen Umgang zur Verfügung stellt.

Diversity-Management ist relevant für unterschiedliche Unternehmensaufgaben:

- *Personal:* Die Rekrutierung, gerade von Spezialisten und Führungskräften, ist mittlerweile nicht mehr auf nationale Grenzen beschränkt. Die Sozialstrukturen innerhalb eines Unternehmens ändern sich durch Sprache oder kulturelle Eigenheiten. Demographische Besonderheiten können Reibungsverluste mit sich bringen und zum Kreativschub oder -hemmnis werden, abhängig davon, wie gut ein Unternehmen mit diesen Besonderheiten umgehen kann.
- *Marketing:* Je mehr Menschen weltweit erwerbstätig sind, desto eher haben sie die Möglichkeit, ihre Bedürfnisse und Wünsche mit dem Lohn ihrer Arbeit abzudecken. Unternehmen müssen also auch die Lebens-

umstände von Kunden und Kundinnen genau kennen und wissen, für wen, wo und wann ihre Produkte und Leistungen passen. Nicht nur die klassischen vier und ein paar weitere Ps zählen (Product, Price, Placement, Promotion sowie Packaging, Presentation, People), sondern alles, was für den Kunden und die Kundin wichtig ist: Kommunikationsform, Beziehung, Lebensrealität, finanzielle Möglichkeiten, Zugang, Handhabung und Verständnis. Herkömmliche Marktforschung oder Vertriebsplanung werden durch Diversity herausgefordert – Marktteilnehmer sollten in den Unternehmen analysiert, bewertet und personell gespiegelt werden.

- *Produktentwicklung:* Konzeption und Entwicklung von Produkten unterliegen den unterschiedlichen Anforderungen und Besonderheiten der nationalen Märkte. Es reicht in vielen Fällen nicht mehr, das gleiche Produkt für jeden Markt zu entwickeln und dieses mit der gleichen Botschaft in der jeweiligen Landessprache zu vertreiben. Deshalb tun sich vielfältige Personal- und Entscheidungsteams leichter als homogene, Produkte und Güter speziellen demographischen oder kulturellen Gegebenheiten anzupassen.
- *Vertrieb und Werbung:* Der Blick auf einzelne Gruppen (Frauen oder Männer, Einwanderer oder Einheimische, Hell- oder Dunkelhäutige, Alte oder Junge, Dicke oder Dünne) ist geprägt von der eigenen Lebenssituation und den eigenen kulturellen Werten. Vorgefertigte stereotype Bilder ersetzen in gewisser Weise das authentische Wissen über diese Gruppen und fungieren somit als Ersatz dafür. Stereotype Botschaften fließen bewusst oder unbewusst in die werbliche Kommunikation mit ein, denn sie wird oft von denen entwickelt, die keiner der angesprochenen Kundengruppe angehören. Die Resultate sind zwar gut gemeint, aber weniger gut umgesetzt, entweder, weil sich die angesprochene Gruppe missverstanden fühlt oder erst gar nicht erreicht wird.

Unternehmen sind lebendige Systeme. Wenn es ihnen gelingt, positive Bilder und Werte zu formulieren, können sie Vitalität und Kraft aus der Art schöpfen, wie sie mit Mitarbeitern und Mitarbeiterinnen sowie Kunden und Kundinnen umgehen. Wenn es im Unternehmen verschiedene akzeptierte und integrierte Lebensrealitäten gibt, steigt die Chance, Marktpotenziale früher zu erkennen, bessere Produkte zu entwickeln und angemessen mit Kunden umzugehen. Die Fehler, die durch zu homogene Unternehmensbelegschaften entstehen, wie beispielsweise die Ausgrenzung einzelner Kundensegmente oder nicht beabsichtigte Diskriminierung, werden geringer.

Gender: Realität oder Fiktion?

Geschlecht, Geschlechtlichkeit, Weiblichkeit und Männlichkeit beschäftigen die Menschheit seit zigtausend Jahren. Je nach Kultur und Religion werden Männern und Frauen Rollen zugeordnet, die sie ausfüllen oder auch nicht. Die jüdischen und christlichen Kulturkreise haben mit Adam und Eva das erste Paar geschaffen, das fundamentale Gedanken über die Rollen und Aufgaben von Männern und Frauen und ihre Beziehung zueinander ausdrückt. Lange Zeit galt die Frau als eine Art unfertiger Mann, sie hatte viele Pflichten, wenig Rechte, selten eigenes Geld und noch seltener Macht. Inzwischen haben die meisten Staaten Frauen zumindest formal Männern gleichgestellt: Sie können wählen, sofern es in ihrem Land ein allgemeines Wahlrecht gibt, und einer Erwerbstätigkeit nachgehen, für die sie bezahlt werden. Folglich nehmen sich Frauen auch zunehmend das Recht, nach eigenen Vorstellungen zu konsumieren.

Jeder Mensch hat eine Vorstellung über die eigene geschlechtliche Identität und ist normalerweise auch bereit, diese zu artikulieren: Jemand ist ein Mann oder eine Frau. Selbst Menschen, die ihr biologisches Geschlecht ablehnen oder geändert haben, definieren meistens diese Identität, sie formulieren etwa »Ich bin ein Mann im Körper einer Frau«. Damit sagen Menschen jedoch nichts über ihre sonstigen Identitätseigenschaften aus. Ein Mann, der in einem pflegerischen Beruf arbeitet, kann sich als fürsorglich bezeichnen, ebenso wie sich eine Frau, die im Geschäftsleben »ihren Mann steht«, als ehrgeizig betrachtet. Beide definieren Eigenschaften mit einer kulturell männlich beziehungsweise weiblich besetzten Eigenschaft. Der englische Sprachraum hat für die kulturelle Definition von Geschlecht den Begriff »Gender« hervorgebracht.

> **Gender** ist die Bezeichnung für das soziale Geschlecht und die Geschlechterkultur, die sich vom biologischen Geschlecht »sex« grundlegend unterscheiden.

Die meisten Kulturen verfügen über eine implizit klare Vorstellung darüber, was Männer und Frauen sind oder sein sollten. Der grundlegende Unterschied zwischen Männern und Frauen war und ist durch die unterschiedlichen Rollen bei der Fortpflanzung gegeben. Chromosomen, Hormonhaushalt und Körperbau definieren sie als Mann oder Frau, doch selbst dazu gibt es Ausnahmen. So werden Menschen geboren, die weibliche wie auch männliche Geschlechtsmerkmale besitzen. Bei einigen indianischen Stämmen oder in indischen Kasten ist es möglich, dass Männer die Rollen von Frauen oder Frauen die Rollen von Männern übernehmen. Wenn man einen Schritt weitergeht, sich löst von der biologischen und medizinischen Betrachtung von »Geschlecht« und sich fragt, was eigentlich hinter den Begriffen »männlich« oder »weiblich« steckt, löst das eine emotionale und oft auch irrationale Diskussion aus. Nicht selten hinterlassen diese Diskussionen Ratlosigkeit und Missverständnisse. Vor allem werden Fragen nach Männlichkeit und Weiblichkeit heute völlig anders beantwortet als vielleicht noch vor 50, 100 oder 500 Jahren.

Ist das Geschlecht in seiner Absolutheit also überhaupt eine verlässliche Beschreibungskategorie? Und wozu sollte diese dienen, wenn sie sowieso nicht stabil ist? Wäre es nicht sinnvoller, bei den Beschreibungen zu bleiben, die wir kennen und die als »erwiesen« gelten, wie beispielsweise »Frauen sind fürsorglich und Männer statusorientiert«? Selbstverständlich nicht. Gerade, weil sich die Rollen und Aufgaben von Männern und Frauen ändern, sei es durch gesetzliche Rahmenbedingungen oder eigenen Antrieb, lohnt es sich für Gesellschaft und Wirtschaft, einen intensiveren Blick auf die Modelle und Konstruktionen von Männlichkeit und Weiblichkeit zu werfen.

Um diese Fragen zu beantworten, hat die Sozialwissenschaft seit den 1980er Jahren den Begriff des sozialen Geschlechts, genannt »Gender«, geprägt. Die neue Sicht auf »Geschlecht« ist revolutionär, denn nun können Männer weinen und Frauen »hart« sein, ohne ihr biologisches Geschlecht oder ihre Identität in Frage stellen zu müssen. Bevor diese Differenzierung möglich wurde, bildeten festgeschriebene Normen das gesellschaftliche und kulturelle Korsett, in dem Männer und Frauen ihr Leben zu leben hatten, da gab es keine Wahl. Abweichungen von der geschlechtlichen Norm, biologisch oder im Verhalten, wurden gesellschaftlich sanktioniert. So wie männlich und weiblich als Gegensätze galten, wurden diesen beiden Polen auch Eigenschaften zugeordnet, die sich diametral gegenüberstanden – ein Bild, das durch Gender-Definitionen Risse bekommt. Fließende Übergänge zwischen Männlichkeit und Weiblichkeit können mit Gender erklärt werden. Nun wird es möglich, dass Männer und Frauen einst gegensätzliche Paare wie »emotional« und »rational« als Bestandteil ihrer Persönlichkeit akzeptieren, dies ausleben können und trotzdem »ganz« bleiben.

Meine Vorstellung ist: Frauen und Männer sind gleichberechtigt. Sie haben das Recht auf ihre persönliche und berufliche Entwicklung ebenso wie das Recht, in ihrer Individualität und Unterschiedlichkeit geachtet und respektiert zu werden. Außerdem haben beide Geschlechter die Möglichkeit, traditionelle Rollenbilder zu überwinden. Die Gesellschaft, in der wir leben, akzeptiert diesen Wunsch nach individuellen Lebensentwürfen und bildet eine Gesellschaftsordnung, die es ermöglicht, diese auch umzusetzen. Ich argumentiere in diesem Buch also nach Gender-Gesichtspunkten.

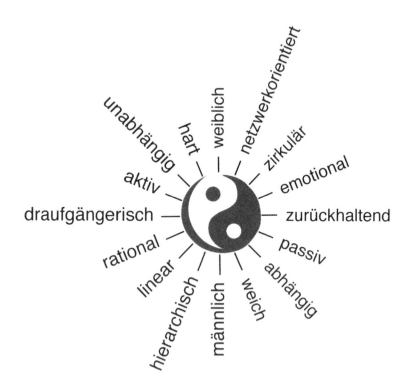

Abbildung 2: Yin und Yang. Eigenschaften, die als traditionell männlich oder weiblich galten, waren lange Zeit Gegensatzpaare.

Der Nährboden des Gender-Marketings

Idealerweise sieht sich das Marketing als Bindeglied zwischen Märkten, Kunden und Kundinnen auf der einen Seite und Unternehmen mit seinen Produkten und Dienstleistungen auf der anderen Seite. Gender und Marketing sind zwei bislang nur wenig miteinander verbundene Begriffe. Die Forschungen zu Gender und die Veränderungen, die sich in der Gesellschaft zeigen, haben in den Unternehmen erst an einigen Stellen Einzug gehalten, meist mehr in der Personalpolitik als im Marketing. Zudem wird das Marketing in Unternehmen ganz unterschiedlich betrachtet und gehandhabt. Manchmal ist es eine Funktion unter vielen und dann wieder eine ganzheitliche Aufgabe, die alle Unternehmensbereiche erfasst.

Vieles ist im Wandel begriffen: Selbstverständnis, Rolle, Alter, Einkommen, Familie, Arbeitsleben – Konsumentinnen und Konsumenten sind nach traditionellen Vorstellungen immer schwieriger zu identifizieren. Sie sind jünger oder älter, religiös oder atheistisch, verfügen über unterschied-

> **Gender-Marketing** ist die Verbindung zwischen einem aufgebrochenen Geschlechterbild mit den daraus resultierenden Chancen und Herausforderungen marktseitig und dem Dialog mit den Kunden und Kundinnen sowie den Mitarbeitern und Mitarbeiterinnen unternehmensseitig. Diese Verknüpfung ermöglicht die Entwicklung, die Produktion und den Vertrieb von geschlechtersensiblen Produkten und Dienstleistungen.

lich hohes Einkommen und haben ihre traditionellen Geschlechterrollen geändert. Mittlerweile werden die gleichen Produkte in ganz unterschiedlichen Staaten und Erdteilen konsumiert. Was bedeutet dies für das Marketing? Es öffnet sich ein neuer Blick auf die Lebenswelten von Konsumentinnen und Konsumenten, ein Blick, der Diversity- und Gender-Aspekte mit einbeziehen muss.

Gesellschaftliche Veränderungen spiegeln sich besonders im wirtschaftlichen Handeln wider. Männer und Frauen kaufen Produkte, doch ihr Konsum- und Entscheidungsverhalten unterscheidet sich. Um dies besser zu verstehen, analysiere ich hier die aktuellen Lebensumstände beider Geschlechter. Frauen gehen in einem bisher nicht gekannten Ausmaß einer bezahlten Erwerbstätigkeit nach, sie verfügen über eigenes Vermögen und können sich aufgrund persönlicher Vorstellungen für individuelle Lebensmodelle entscheiden. Dies war bisher aufgrund traditioneller Rollenerwartungen und gesetzlicher Restriktionen nicht möglich.

Männer haben dadurch ein neues Selbstverständnis quasi zugewiesen bekommen. Konträre Erwartungen werden gestellt: Leistungsfähigkeit und Qualifikation verbinden sich mit der Forderung nach »unmännlichen« Eigenschaften wie Kommunikationsfähigkeit, Empathie oder sozialer Kompetenz. Männer erleben plötzlich unterbrochene Erwerbsbiographien und geraten im Arbeitsleben in Konkurrenz zu Frauen, deren Fähigkeiten und Eigenschaften für die Arbeitswelt der Zukunft viel besser geeignet scheinen. Männer brauchen deshalb Freiräume für ihre persönliche Entwicklung, formulieren dies aber noch nicht so offensiv, wie es nötig wäre, um sich diesen Wunsch zu erfüllen. Ihre »Mitmänner« kommentieren persönliche Befindlichkeiten als Verlust von Männlichkeit, und das möchten die wenigsten Männer über sich hören.

So erscheint die Zukunft Frauen eher als der Ausbruch aus der bisherigen Beschränkung und Männern als Herausforderung zur Neupositionierung des Selbst. Für sie bedeutet dies, dass sie im Arbeitsleben traditionell als weiblich eingeordnete Eigenschaften ausbilden und im Privatleben ihre befriedigende Rolle in Familie und Partnerschaft neu definieren sollen. Eine neue Ära der Selbst-Identifikation für beide Geschlechter hat begonnen.

Darauf reagieren selbstverständlich auch Märkte. Egal welcher Bereich – Arbeit, Familie, Freizeit – es entstehen Produkte und Dienstleistungen, die sich intensiver an den Bedürfnissen von Frauen und Männern orientieren, als dies vorher der Fall war. Unternehmen experimentieren in diesem neuen Umfeld und haben Produkte entwickelt, denen sie einfach das Etikett Männer- oder Frauenprodukt gegeben haben. Diese Lösung halte ich für wenig Erfolg versprechend. Gender-Marketing verlangt nicht explizit nach separaten Produkten für Männer oder Frauen, vielmehr initiiert es den Dialog mit den Kunden und Kundinnen und erfragt deren Vorstellungen und Veränderungswünsche in einem frühen Stadium der Entwicklung und Vermarktung ab. Gender-Marketing bedeutet für mich, einzutreten in eine dialoggesteuerte Kommunikation mit flachen Hierarchien und dabei die veränderten gesellschaftlichen Rollenzuweisungen zu berücksichtigen – von der Idee bis zur Vermarktung.

Innen und Außen spiegeln sich

Im derzeitigen Diversity-Verständnis wird Gender als ein Identitätsmerkmal betrachtet, das gleichberechtigt neben anderen Merkmalen wie Alter oder sexuelle Orientierung steht. Zunächst unterscheiden sich Menschen jedoch durch das Geschlecht. Daraus werden so viele Rollen, Möglichkeiten, Erwartungen, Diskriminierungen und Stereotype abgeleitet, wie sie für kein anderes Identitätsmerkmal gelten. Denn wer in einem Land oder Kulturkreis als unterrepräsentiert oder Minderheit gilt, kann in einem anderen Land oder Kulturkreis die meinungsführende Mehrheit bilden. Die Diversity-Kriterien sind je nach Kultur- oder Unternehmenskontext fließend, Geschlecht jedoch ist allgegenwärtig und stellt für mich das vorrangigste Identitätskriterium überhaupt dar. Marketing bildet als strategische Aufgabe im Unternehmen die Klammer zwischen den Kunden und Kundinnen und dem Unternehmen selbst. Sogar sehr gute Produkte finden ihren Weg zu den gewünschten Zielgruppen nur schwer oder gar nicht, wenn Information und Kommunikation zwischen Unternehmen und Kunden nicht in der Art gemeistert werden, dass ein gemeinsamer Dialog daraus resultiert.

Die Entscheider auf Unternehmensseite spiegeln die Entscheider in der Gesellschaft: meist männlich, im mittleren Alter, verheiratet. Bei den multinationalen Großunternehmen kommt noch hinzu, dass deren Führungskräfte meist weißer Hautfarbe sind. Die Märkte, auf denen die Unternehmen heute agieren, unterscheiden sich in ihrer Vielfalt von der homogenen Struktur der Entscheider in den Unternehmen. Frauen, die auf der Entscheiderebene relativ selten zu finden sind, gelten inzwischen als ernst zu nehmende Marktteilnehmer, die mit ihrem Bildungsstand und ihren Qualifikationen eine wichtige Quelle für Nachwuchskräfte darstellen. Schon heute beginnen Mitarbeiterinnen, Forderungen an ihr Wunschunternehmen zu formulieren, und üben damit gestalterischen Einfluss auf Unternehmen aus. Je mehr Frauen von Unternehmen als Arbeitskräfte gebraucht werden, desto breiter wird auch ihr Gestaltungsspielraum innerhalb von Unternehmen sowie in Branchen und Märkten.

Dieser Gestaltungsprozess setzt eine Kette von Ereignissen in Bewegung. Wie wird der Markt von morgen sein? Ich sage hier: Vielfältig, unterschiedlich, ausdifferenziert. Um erfolgreicher zu agieren, spiegeln Unternehmen mit ihren eigenen Personal- und Produktstrukturen die Vielfalt der Märkte wider.

> **IBM: »Diversity Champion«**
>
> IBM zählt mit seinen 320.000 Mitarbeiterinnen und Mitarbeitern zu einem der größten Softwareberatungsunternehmen der Welt. Bereits seit über zehn Jahren nutzt der Konzern Diversity-Management intensiv als strategisches Management- und Marketingtool und betrachtet alle am Geschäft beteiligten Unternehmen, also Kunden, Lieferanten sowie die eigenen Mitarbeiterinnen und Mitarbeiter nach Diversity-Gesichtspunkten. Mit der bewussten Fokussierung auf die Unterschiedlichkeiten und deren positiver Bewertung wird ein vielfältiges und inhomogenes Potenzial an Menschen generiert. Auch die Imagewerbung hebt deutlich auf Vielfalt und Besonderssein ab (»What makes you different, what makes you special?«) und kommuniziert das Selbstbild nach außen.
>
> IBM steht für seine Mitarbeiter und Mitarbeiterinnen, für Kunden und Kundinnen mit folgenden Werten ein:
>
> - IBM verpflichtet sich dem Erfolg eines jeden Kunden.
> - IBM entwickelt Innovationen, die relevant sind für andere Unternehmen und eine globale Nutzung.
> - IBM steckt Vertrauen und persönliche Verantwortung in alle Beziehungen.
>
> Mit diesen Leitgedanken ausgestattet, hat die Firma begonnen, unterschiedliche private und ehrenamtliche Organisationen und Initiativen zu unterstützen, die Diversity-Identitätsmerkmale bedienen: Frauen-Netzwerke, Zertifizierungsorganisationen für KMU, die Frauen gehören und von ihnen geführt werden, Frauenkonferenzen oder Organisationen, die asiatisch-, mexikanisch-, kubanisch- und afrikanisch-amerikanische Geschäftsleute repräsentieren. Das Ziel ist sicherzustellen, dass Ideen, Wertvorstellungen und Trends aus all diesen Gruppierungen wieder ins Unternehmen zurückfließen. Auf diese Art und Weise ist IBM global präsent bei wirtschaftlichen, politischen und kulturellen Meinungsführern.

> Um nur ein Beispiel zu nennen: IBM unterstützt finanziell und organisatorisch Organisationen, die homosexuelle Geschäftsleute repräsentieren. Dadurch erhält IBM Zugang zu diesen bisher wenig unterstützten Gruppen sowie Kontakte zu Führungskräften und Entscheidern und kann das eigene Geschäftsmodell und die Marke damit potenzieren. Andererseits stellt IBM im Rahmen von Programmen zur Lieferantenvielfalt (»Supplier-Diversity«) sicher, dass auch KMU im Lieferantenpool vertreten sind, die homosexuelle Inhaber oder Inhaberinnen haben. Durch diese Koppelung von gesellschaftlichem Engagement und Geschäftsbeziehungen hat IBM Zugang zu dem Innovationspotenzial einer Gruppe, die bei Marketingexperten als »early adapters« gilt.
>
> Da IBM diesen Weg bei allen Diversity-Gruppierungen geht, erfahren die Verantwortlichen mittels Unterstützung der beteiligten Akteure von neuen gesellschaftlichen oder geschäftlichen Entwicklungen. Außerdem wird IBM auf »Hitlisten« ganz oben geführt, zum Beispiel als bester Arbeitgeber, innovatives Unternehmen oder bestes Unternehmen für ambitionierte Frauen, und verstärkt dadurch einen Imagegewinn immer weiter. Somit ist diese Strategie ein Baustein für den wirtschaftlichen Erfolg der letzten Jahre, und IBM konnte sich inzwischen zu einem globalen Vorreiter von Diversity-Management entwickeln.

2 Die Revolution des Marktes

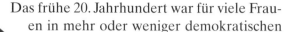

Das frühe 20. Jahrhundert war für viele Frauen in mehr oder weniger demokratischen Ländern Ausgangspunkt ihrer Teilhabe an allen wirtschaftlichen, politischen, gesellschaftlichen, kulturellen, wissenschaftlichen und sonstigen Bereichen des Lebens. Sie hatten in der ersten Phase der Frauenbewegung als Suffragetten für das allgemeine Wahlrecht gekämpft und dieses schließlich errungen. Frauen konnten nun an Schulen und Hochschulen einer Ausbildung nachgehen, einen Abschluss erreichen oder einer bezahlten Tätigkeit nachgehen.

Was vorher nur privilegierten Frauen vorbehalten war, wurde zur Grundlage eines neuen breiten Selbstverständnisses. Die Voraussetzungen wurden geschaffen, selbst zum Subjekt werden zu können, über sich zu reflektieren und sich selbst neu zu definieren. Zuvor war es den Männern vorbehalten, über Frauen zu räsonieren. Frauen konnten Hexe, Hure, Heilige oder Heimchen am Herd sein, die dazugehörigen Verhaltensregeln wurden ihnen von der Gesellschaft mitgegeben. Dies führte dann jeweils zu beschreibenden und bewertenden Festlegungen von Weiblichkeit und Männlichkeit, die verinnerlicht wurden, weil es so wichtige Elemente der eigenen Identität sind. Der Psychoanalytiker Sigmund Freud beschrieb die Hysterie als ausschließlich weibliche krankhafte Eigenschaft, die Nationalsozialisten hätten Frauen gerne auf ihre Gebärfähigkeit reduziert – eine Kategorisierung, die sich lange in unserer Gesellschaft verankern sollte. Noch in den 1950ern bedeutete die Heirat die Aufgabe der weiblichen Berufstätigkeit.

Emanzipationsbewegungen und Gender-Studien

Die Freiheit, wählen zu können

1949 erschien in Frankreich ein Buch, welches alle bisherigen Theorien über Frauen und ihre Rollen hinterfragte und auf neuen Boden stellte: *Das andere Geschlecht* von Simone de Beauvoir. Sie behauptet darin, dass Frauen bislang vom männlichen Blickwinkel aus definiert wurden, und schreibt: »Jedenfalls ist sie nichts anderes, als was der Mann befindet; so spricht man auch von ihr als vom ›anderen Geschlecht‹, worin sich ausdrückt, dass sie dem Mann in erster Linie als Sexualwesen erscheint: da sie es für ihn ist, ist sie es ein für allemal. Sie wird bestimmt und unterschieden mit Bezug auf den Mann, dieser aber nicht mit Bezug auf sie; sie ist das Unwesentliche angesichts des Wesentlichen. Er ist das Subjekt, er ist das Absolute: sie ist das Andere.« Simone de Beauvoir ging zwar in ihrer Aufteilung der Geschlechter noch davon aus, dass dies etwas grundsätzlich Biologisches ist, aber diese natürlichen Voraussetzungen genügten ihr nicht zur Erklärung von Hierarchie und Ungleichheit. Damit legte sie den Grundstein für den nächsten Schritt der Frauenbewegung und das Verständnis von Gender, das heute unser Verständnis von Geschlecht prägt. *Das andere Geschlecht* stieß vor allem bei Frauen auf großes Interesse und bildete einen wichtigen Ausgangspunkt für die zweite Frauenbewegung in den 1970er Jahren. Nun ging es auch noch um das Recht auf Abtreibung (»Mein Bauch gehört mir«), um sexuelle Freiheit und Gleichberechtigung.

Der Ruf nach Gleichberechtigung war vor allem für erwerbstätige Frauen wichtig; sie forderten gleichen Lohn für gleiche Arbeit und die Möglichkeit, sich beruflich ebenso gut entwickeln zu können wie Männer, also auch Spitzenpositionen in der Wirtschaft zu erreichen. Außerdem hatten viele schon damals erkannt, dass Gleichberechtigung nur dann möglich ist, wenn Kindererziehung und -betreuung von Männern und Frauen zu gleichen Teilen verantwortet und umgesetzt wird. Die Forderungen aus den 1970ern sind, wie wir wissen, noch nicht ganz verwirklicht. Die in der Frauenbewegung engagierten Frauen begannen – meist im akademischen Umfeld oder in Hochschulen – ihre Historie und ihr Wesen zu erforschen: Die Frauen- und Gender-Studien als Bereich der Geistes- und Sozialwissenschaften waren geboren.

Männerbewegung statt Männerkorsett

Auch andere unterdrückte oder ausgegrenzte Gruppen, wie Schwarze und Homosexuelle in den USA und Europa, formierten sich seit den 1960er Jahren zu Emanzipationsbewegungen. Schwarze forderten gleiche Rechte und Möglichkeiten der Teilhabe, sie wehrten sich gegen Apartheidsgesetze und Ungleichbehandlung vor Gericht und in der Arbeitswelt. Auch ihre Forderungen sind noch nicht alle verwirklicht, sie haben aber für nachfolgende marginalisierte Gruppen wichtige Grundlagen und Modelle zur Befreiung und Chancengleichheit geschaffen.

Auf der Liste der Emanzipationsbewegungen fehlen bislang weiße, heterosexuelle Männer. Wie kann das sein? Denn offensichtlich sind auch sie gefangen in Normen und Werten in Bezug auf Männlichkeit. Dazu gehören beispielsweise ihre Erwerbstätigkeit, ihre Rollen als Väter oder ihre Möglichkeiten, Gefühle auszudrücken. Es sind nicht die Ausgrenzungen oder Diskriminierungen durch Gesetze, die Männer unterdrücken, sondern vielmehr ist es die Gesellschaft selbst, die ihr Verhalten sanktioniert, sobald es von der Norm abweicht. Das herkömmliche Modell der Erwerbstätigkeit sieht vor, dass der Mann Haushaltsvorstand und Haupternährer der Familie ist und die Frau als Mutter entweder ganz zu Hause bleibt oder »etwas dazuverdient«.

Diese Last der Verantwortung ist vielen Männern zu viel geworden. Sie brechen aus, indem sie sich gar nicht binden oder die Familie auf Nimmerwiedersehen verlassen, nachdem Kinder geboren wurden. Deutlich wird die Problematik im Arbeitsleben. Auch hier finden Männer keinen »geschützten Raum« mehr vor. Selbst nach Jahrzehnten im gleichen Unternehmen sind sie nicht mehr vor Kündigung sicher. Wenn sie sich ihr Leben lang ausschließlich über ihre Erwerbstätigkeit und den erreichten Status definiert haben, ist Arbeitslosigkeit oft der Anlass für eine tiefe Krise. Die vorgezeichnete und akzeptierte Erwerbsbiographie – Ausbildung, Erwerbstätigkeit und Ruhestand – funktioniert nicht mehr.

Andererseits werden Männer, viel mehr als Frauen, in ihrer Kindheit und Jugend dazu erzogen, sich von ihren Gefühlen abzukoppeln. Die Ursachen liegen verborgen in den Werten, die gebraucht wurden, um junge Männer für Kriege zu begeistern. Sie wirken nach, da viele Männer, die in den ersten fünfzig Jahren des 20. Jahrhunderts geboren sind, gerade in Deutschland durch den Zweiten Weltkrieg und die Nachwirkungen traumatisiert wurden. Sei es, weil sie diesen Krieg als Soldaten miterlebten, als Kinder flüchten mussten oder ihre Väter nicht heimkehrten. Generationen von Männern in Deutschland hatten kaum Möglichkeiten, über ihre eigene Männlichkeit und die daraus entstehenden Werte und Ideale zu reflektieren. Eine Folge ist, dass Männer erst jetzt damit beginnen, Wünsche an ihr persönliches Leben und ihre Erwerbstätigkeit zu artikulieren. Männerforschung, die sich akademisch mit Männern und Männlichkeit beschäftigt, steckt in den Kinderschuhen. Die Emanzipationsbewegung, die es braucht, um sie zu ermöglichen, hat noch nicht stattgefunden.

Von der Vergangenheit in die Zukunft

Vom Industriezeitalter zur Wissensgesellschaft

Unser heutiges Waren- und Wirtschaftsbild ist von Erfindungen und Errungenschaften des 19. und 20. Jahrhunderts geprägt. Deshalb werde ich in einem Schnelldurchlauf meine Sicht auf die Entwicklung vom Industriezeitalter zur Wissensgesellschaft darlegen, da diese Entwicklung parallel zu den Emanzipationsbewegungen verläuft und sich diese bedingen und ergänzen.

Agrartechnologie, Kanalisation, Automobile, Computer, Roboter, Mobiltelefone, Rotationsmaschinen oder Herzschrittmacher basieren auf unseren Fähigkeiten, Energie zu erzeugen und Kräfte zu beherrschen, die die menschlichen um ein Vielfaches übertreffen. So waren im 20. Jahrhundert diejenigen Wirtschaftsakteure außerordentlich erfolgreich, die Waren und Güter industriell massenhaft fertigen und vertreiben konnten. Die notwendige Energie lieferten fossile Brennstoffe: Kohle, Öl und Holz, die in einem größeren Maß verbraucht wurden, als sie entstehen können. Bis heute hat sich daran nicht viel verändert. Nach wie vor decken wir einen Großteil unseres Energiebedarfs mit fossilen Brennstoffen.

Ein Hauptaspekt betrieblicher Entscheidungen bei der Erstellung von Gütern geht vom Paradigma der knappen Ressourcen (Arbeitsleistung, Kapital und Rohstoffe) aus. Die Herstellung vieler Produkte hat sich mittlerweile von den Industrieländern in jene Länder verlagert, die bei gleich bleibenden Ausgaben ein Vielfaches an Produktionsleistung bieten, und die zudem einen riesigen neuen Absatzmarkt darstellen. Geringere Personalkosten und der Einsatz von computergesteuerten Hilfsmitteln wie Robotern werden zum Wettbewerbsvorteil. Diese Verschiebung geht zu Lasten derer, die in den Industrieländern bislang in der Produktion tätig waren und nun arbeitslos sind. Gewonnen haben diejenigen, die nicht in der Produktion, sondern in strategischen Unternehmensbereichen oder Berufen wie Marketing, Finanzen, Personal oder Logistik arbeiten und deren Kreativität, Intelligenz und Wissensreservoir gefragt sind.

Wie wichtig ist die industrielle Fertigung überhaupt noch? Ihre wirtschaftliche Bedeutung schwindet, und die Wertschöpfung verschiebt sich mehr und mehr in Richtung Wissen, Innovation und Vermarktungsprozesse. Aus der Industriegesellschaft wird eine Wissensgesellschaft, deren erfolgreiche Akteure diejenigen sind, die gebildeter, kreativer, flexibler und interessierter sind. Die Neukombination von Wissensbereichen führt zu Produkten und Dienstleistungen, die aus einem Bedarf entstehen, der von der Dynamik moderner Gesellschaften gespeist und durch die Verbreitung der Informations- und Kommunikationstechnologien weiter beschleunigt wird.

Ebenso radikal wie sich die Agrargesellschaft durch die Industrialisierung veränderte, wird die Industriegesellschaft durch die Wissensgesellschaft transformiert. Dadurch ist die Bedeutung der Landwirtschaft nicht zurückgegangen – schließlich wollen schon heute sechseinhalb Milliarden Menschen täglich essen –, jedoch hat die Anzahl derer, die an der

Produktion der Nahrungsmittel beteiligt sind, dramatisch abgenommen. Dieser Vorgang wiederholt sich aus meiner Sicht nun im Bereich der Massenproduktion.

Mit der Entwicklung zur Wissensgesellschaft entstehen Paradigmenwechsel, die für das 21. Jahrhundert prägend sind und sein werden. Wissen ist eine teilbare Ressource und damit nicht knapp, sondern im Überfluss vorhanden. Sobald Wissen den Ort seiner Entwicklung verlässt und eine andere Person den Inhalt verstanden hat, vermehrt sich dieses Wissen. Wissen zu generieren ist weder an einen Ort gebunden noch kann es zeitlich eingegrenzt werden. Wissensbasierte Produkte und Dienstleistungen entstehen also unter anderen Rahmenbedingungen als Massenwaren. Vor allem sind sie häufig immateriell und Teil eines Prozesses, sie bedürfen verständlicher Nutzenerklärungen. Es ist auch nicht mehr allein entscheidend, ob ein Arbeiter körperlich kräftig oder technisch versiert ist, zunehmend zählen ganz andere Fähigkeiten wie Sprachkenntnisse, Kommunikationsfähigkeit oder Empathie.

Wissensgesellschaften brauchen auch Rohstoffe. Die einzusetzenden Ressourcen sind Bildung, Gesundheit, Freiheit, Gefühl, Vertrauen und Chancengleichheit. Diese zu gewinnen und zu erhalten verlangt nach speziellen Fähigkeiten und Methoden wie Intuition, Zuwendung, Interesse oder Anerkennung. Für die Vermarktung und die Kommunikation mit den Empfängern von Produktinformationen werden also Eigenschaften an Bedeutung gewinnen, die nicht traditionell als männlich gelten. Um auf ein großes Potenzial zurückgreifen zu können, sind Frauen und Männer gleichermaßen in alle wirtschaftlichen Prozesse einzubeziehen.

In »Gender-Sprache« übersetzt heißt dies, dass in der Wissensgesellschaft und bei der Umsetzung von Wissen zu wirtschaftlichem Handeln weibliche und männliche Eigenschaften benötigt werden.

Erwerbstätigkeit und gesellschaftliche Veränderungen

Die größte singuläre Veränderung der Weltwirtschaft wurde in den letzten 40 Jahren durch den massiven, nicht mehr wegzudenkenden Anteil an bezahlten weiblichen Erwerbstätigen ausgelöst. Kein anderes Ereignis hat so viel Wirtschaftswachstum hervorgebracht wie die etwa zwei Milliarden erwerbstätigen Frauen. Weder die aufstrebenden Volkswirtschaften Indiens oder Chinas noch irgendeine andere wirtschaftliche Entwicklung, wie das Internet, haben einen vergleichbaren Zuwachs hervorgebracht (Leader, *The Economist*, Ausgabe vom 14. April 2006).

Goldman Sachs argumentiert in einer 2007 erschienenen Studie, dass die Erwerbstätigkeit von Frauen verantwortlich sei für das robuste und überdurchschnittliche Wachstum von Kosmetik-, Mode- und Luxusartikelunternehmen. Dieser Anstieg wird sich auch auf andere Branchen übertragen, sobald Frauen über den Konsum von längerfristigen Wirtschafts- und Investitionsgütern autonom entscheiden wollen und können. Auch die Ungleichbehandlung von Frauen und Männern bei der Bezahlung ihrer Arbeit ist mit dafür verantwortlich, dass das Wirtschaftswachstum in den Industrieländern nicht noch höher ausfällt, als es in diesem positiven Konjunkturzyklus bereits der Fall ist.

Durch ihre Erwerbstätigkeit machen Frauen den Wirtschaftsunternehmen aus meiner Sicht zwei wichtige Angebote: Sie stellen eine wachsende Masse an Abnehmern von Gütern und Dienstleistungen sowie eine gut ausgebildete Personalressource dar. Als Gegenleistung erwarten sie, als gleichrangige Partnerinnen in der Wirtschaft betrachtet zu werden und möchten in alle Produktions-, Entscheidungs- und Entlohnungsfragen integriert werden.

Komplexe Bildungswelten

In vielen Industrieländern der westlichen Welt machen inzwischen mehr Mädchen als Jungen sekundäre und tertiäre Bildungsabschlüsse. In Deutschland ist die Anzahl der Studienanfängerinnen seit 1990 nahezu identisch mit der von männlichen Studienanfängern. Erreicht wurde dies über die Förderung von Mädchen in der Schule, aber auch über ein kollektives gesellschaftliches Wissen darüber, dass der Zugang von Frauen zu Produktionsmitteln und Entscheidungsmacht ebenfalls über Bildung und Leistung möglich wird. Dies ist heute eine Selbstverständlichkeit, deren Ausgangspunkt die Forderungen aus der Frauenbewegung waren.

Da Frauen derzeit noch ein höheres Interesse an Sprach- und Sozialwissenschaften und Männer an Ingenieurwissenschaften haben, versuchen Initiativen wie Femtec oder Girls' Day das weibliche Interesse für technische Berufe und Ingenieurwissenschaften verstärkt zu wecken. Denn in der Bildungspolitik ist deutlich geworden, dass

- viele gut ausgebildete Ingenieurinnen das Spektrum an innovativen Leistungen erweitern,
- Frauen der Zugang zu Führungsaufgaben in technischen Branchen erleichtert werden muss,
- der Wirtschaftsstandort Deutschland wettbewerbsfähiger wird, wenn das Potenzial von Frauen als Ressource auch in technischen Bereichen besser ausgeschöpft wird.

Fachbereich	Anteile innerhalb der Studienfächer		Verteilung auf die Studienfächer	
	Frauen	Männer	Frauen	Männer
Sprach- und Kulturwissenschaften	68,7 %	31,3 %	32,1 %	13,2 %
Rechts-, Wirtschafts- und Sozialwissenschaften	48,0 %	52,0 %	32,1 %	31,4 %
Mathematik und Naturwissenschaften	35,7 %	64,3 %	13,4 %	21,7 %
Ingenieurwissenschaften	20,9 %	79,1 %	6,9 %	23,7 %
Humanmedizin	57,5 %	42,5 %	5,7 %	3,8 %

Abbildung 3: Verteilung von Frauen und Männern in ausgewählten Studienfächern; Deutschland, Wintersemester 2003/2004

(Quelle: WSI FrauenDatenReport, 2006)

So ist beim Studium der Mathematik, lange Zeit von Mädchen gemieden, inzwischen schon eine Gleichverteilung von Frauen und Männern zu beobachten. Das Gleiche gilt für Chemie (ca. 40 Prozent), Biologie (über 60 Prozent Frauen) und Medizin (knapp 60 Prozent Frauen). In der Physik liegt der Anteil der Studentinnen dagegen nur bei knapp 20 Prozent. Wenn Frauen Studienfächer mit naturwissenschaftlicher und mathematischer Affinität wählen, liegt dies aus meiner Sicht daran, dass

- die Mathematik mit ihrem logischen Aufbau tatsächlich geschlechtsneutral und die Leistungsbewertung ausschließlich abhängig vom Verständnis ist,
- bei Chemie, Biologie und Medizin der menschliche Nutzen und der persönliche Beitrag zur Veränderung und Verbesserung der Lebensverhältnisse klarer ist.

In ihrer Öffentlichkeitsarbeit ignorieren die Ingenieurwissenschaften diese Gründe, statt für junge Frauen damit zu werben und ebenfalls attraktiver zu werden.

Umgekehrt gibt es kaum eine öffentliche Diskussion darüber, dass männliche Studierende in den Kultur- und Sprachwissenschaften unterrepräsentiert sind. Dies wird weniger hinterfragt, als es unter ökonomischen Gesichtspunkten anzuraten wäre. Denn schließlich ist eine Volkswirtschaft, die darauf verzichtet, Jungen und Männer für Sprachen, Kommunikation und Reflexion zu begeistern, für globale Herausforderungen der Zukunft unzureichend gerüstet.

Globale Herausforderungen für Industrienationen

Wenn in Industrieländern traditionell der Anteil junger Männer in technischen Ausbildungsberufen höher ist als der junger Frauen, bedeutet dies nicht, dass damit die Zukunftsfähigkeit gesichert ist. Denn die Wirtschaftsforschung sieht den eigentlichen Wertschöpfungsvorteil für Industrienationen in der Verbindung von Innovation und Kommunikation. Junge Frauen schaffen sich mit ihrer Vorliebe für alle kommunikationsorientierten Berufsausbildungen zunächst scheinbar keinen besseren Start ins Berufsleben, erhalten sie doch weniger Gehalt, wenn sie in den eher weiblich konnotierten Dienstleistungssektor eintreten. Auf lange Sicht gesehen haben sie allerdings eine gute Wahl getroffen, denn der Nutzen der Geistes- und Sozialwissenschaften wird in den nächsten Jahrzehnten dadurch steigen, dass kommunikative und empathische Fähigkeiten eine Aufwertung erfahren.

Ich meine, die großen unternehmerischen Herausforderungen des 21. Jahrhunderts liegen nicht mehr in der Vollversorgung der Menschheit mit Kühlschränken, Automobilen oder MP3-Playern, sondern darin

- Armut und Hunger erfolgreich zu bekämpfen,
- Klimaveränderungen zu verstehen und zu beeinflussen,
- den Zugang zu Trinkwasser und medizinischer Versorgung zu gewährleisten,
- jedem Menschen Bildung und wirtschaftliche Teilhabe zu ermöglichen.

Diese Herausforderungen sind global, politisch komplex, kommunikativ fordernd und in hohem Maße inhaltlich vernetzt. Volkswirtschaften, die auf Gleichberechtigung setzen und Frauen einen höheren Status einräumen, sind erfolgreicher als solche, die dies nicht tun, das zeigen die skandinavischen Länder sehr deutlich. Ökonomen messen die Zukunftsfähigkeit eines Landes inzwischen auch daran, welchen Stellenwert Frauen in der Gesellschaft innehaben, zum Beispiel durch ihren Bildungsgrad oder ihre Teilhabe an politischen Entscheidungsprozessen.

Einflussfaktoren wirtschaftlicher Veränderung

Waren: vom Mangel zum Überfluss

Managementmethoden waren bisher darauf ausgerichtet, möglichst effizient das Beste aus den bereitstehenden Ressourcen herauszuholen. Finanzen, Rohstoffe oder Personal sind nach der reinen Betriebswirtschaftslehre als knapp anzusehen (vgl. Wöhe 2005). Sie müssen von den Unternehmen also optimal eingesetzt werden, damit erfolgreich gewirtschaftet werden kann. So wurde es möglich, mit knappen Ressourcen und standardisierten Arbeitstechniken Massen an Wirtschaftsgütern zu produzieren. Über das Marketing in Massenmedien konnten lange Zeit relativ klar umgrenzte Zielgruppen erreicht werden, die Bedarf an diesen Wirtschaftsgütern hatten und bereit waren, sie zu konsumieren.

Die Marketinginstrumente, wie wir sie kennen, folgen ebenfalls dem Muster der knappen Ressourcen. Sie sind in homogenen Kulturen besonders erfolgreich, nämlich in Märkten, die sich durch allgemein bekannte und akzeptierte Normen und Werte definieren. Darauf bauten bisher Distributionskanäle, Werbung, Preisfindung und Verpackung auf. Dieser ideale Zustand ist vorüber. Ein Mangel an Produkten ist in den entwickelten und industrialisierten Ländern kein Thema mehr, der Bedarf an Waschmaschinen, Kühlschränken und Joghurtsorten ist gedeckt. So geht es den Konsumenten und Konsumentinnen jetzt im Wesentlichen nur noch um den Austausch von alten Modellen und um die Verfeinerung des persönlichen Geschmacks.

Natürlich haben Unternehmen dieses Phänomen erkannt und erfinden nun einen künstlichen Mangel. In der Softwarebranche werden viele Produkte beispielsweise so entwickelt, dass sie ausschließlich über die unternehmenseigene Plattform nutzbar sind und wenig externe Möglichkeiten zur Weiterentwicklung bieten. Die Gegenbewegungen, die dazu entstehen, sind Programme auf Open-Source-Basis und der Bereich der Shareware, der kostenlosen Software. Doch die Kostenfreiheit ist oft nur vordergründig, denn bezweckt wird letztendlich, den Bekanntheits- und Durchdringungsgrad im Markt zu forcieren. Indem nur noch die Programme eines Unternehmens kompatibel sind, bleiben die Anwender meist bei einem Anbieter und zahlen die Folgeleistungen.

Wenn Produkte im Überfluss vorhanden sind, die sich zudem immer ähnlicher werden, beeinflussen andere Faktoren als ausschließlich Nutzen- oder Preisaspekte die Kaufentscheidung. Daher spielen zunehmend Emotionalität und Glaubwürdigkeit einer Marke, Verbindlichkeit in Service und Wartung oder der übergeordnete gesellschaftliche Beitrag eines

Unternehmens eine Rolle. Unternehmen erkennen, dass auch ihr Überleben davon abhängt, wie sich die Gesellschaften verhalten und entwickeln, in denen sie Geschäfte machen. So sind die Bekämpfung von Armut durch Mikrokredite oder die gemeinsame Forschung mit Umweltorganisationen zu alternativer Energieerzeugung ebenso wie die Entwicklung von Medikamenten zur Seuchenbekämpfung ein zusätzliches Betätigungsfeld großer Konzerne geworden. Der ausschließliche Profitgedanke rückt bei den Aktivitäten im Bereich der sozialen Verantwortung (im Wirtschaftsenglisch »Corporate Social Responsibility« genannt) in den Hintergrund.

Um die geeignete Form für ein glaubwürdiges Engagement zu finden, bietet es sich an, die Lebenssituation von Frauen und Männern im eigenen Land oder in ärmeren Ländern zu untersuchen und daraus Handlungen abzuleiten, die zum eigenen Geschäftszweck passen. Denn letztlich sind Frauen und Männer gleichermaßen daran interessiert, ihre eigene Lebenssituation und die ihrer Kinder und Mitmenschen zu verbessern und honorieren das Engagement.

Allianz: »Mega-Vermögen und Mikro-Versicherungen«

Die Allianz, einstmals eine deutsche Sach- und Lebensversicherung, hat sich in den letzten Jahrzehnten zu einem global agierenden Finanzdienstleister entwickelt, der neben Versicherungen auch Vermögensmanagement und Banking anbietet. Zu der Gruppe gehören die Allianz Deutschland, Allianz Global Investors, AGF in Frankreich, RAS in Italien, Fireman's Fund in den USA und die Dresdner Bank, um nur einige Töchter zu nennen. Durch ihre Größe mit rund 170.000 Mitarbeitern und Mitarbeiterinnen und 1.300 Milliarden Euro verwaltetem Vermögen hat sich die Allianz zu einem Unternehmen mit enormer Kapitalkraft entwickelt, das die Wirtschaft weltweit mitgestaltet. Risiken zu erkennen und finanziell beherrschbar zu machen, gehört nach wie vor zum Kerngeschäft, doch heute hat dies eine andere Bedeutung als noch vor wenigen Jahren oder Jahrzehnten. Die großen Herausforderungen des 21. Jahrhunderts sind etwa Bekämpfung der Armut, Verbesserung von Bildungsmöglichkeiten, Beherrschen der klimatischen Veränderungen und Forcierung der Gleichberechtigung von Männern und Frauen.

Ganz im Sinne einer Risikovermeidungsstrategie mit dem gleichzeitigen Ziel, die Geschäftsentwicklung in Ländern voranzutreiben, die noch nicht als attraktive Wirtschaftsstandorte gelten, engagiert sich die Allianz besonders in den ärmsten Teilen der Welt, zum Beispiel Bangladesh, Pakistan, Teilen von Indien oder Indonesien. Sie kooperiert dort mit der Gesellschaft für Technische Zusammenarbeit und anderen gemeinnützigen Organisationen (»Non-Governmental Organisations«, NGO) im Bereich der Mikrokredite und Mikroversicherungen.

> So sind zum Beispiel in Indonesien 89 Prozent der derzeitigen Kunden von Mikroversicherungen weiblich. Dort werden zwar nicht explizit Frauen angesprochen, doch da sie als die besseren Schuldnerinnen gelten, sind die NGOs ihnen gegenüber besonders positiv eingestellt. Im Unterschied zu lokalen Versicherungen gibt die Allianz den Versicherungsnehmern und -nehmerinnen die Möglichkeit, den Begünstigten im Sterbefall selbst zu wählen. Meist entscheiden sich die Frauen für den Ehemann, manchmal fällt die Wahl stattdessen aber auch auf das älteste Kind oder die Mutter, etwa wenn die Frau befürchtet, der Ehemann würde die Versicherungssumme lediglich in eine Wiederheirat und nicht in die Zukunft der Kinder investieren.
>
> Mit diesen Kleinstkrediten leistet die Allianz einen Beitrag zur wirtschaftlichen regionalen Entwicklung und stellt implizit sicher, dass Frauen daran aktiv partizipieren. Das wiederum schafft vor allem für Mädchen den Zugang zu Bildung und medizinischer Versorgung. Denn in Entwicklungs- und Schwellenländern gilt, mehr noch als in den Industrieländern, dass nationaler Wohlstand eng an die gesellschaftliche Stellung der Frauen geknüpft ist.

Globalisierung lässt sich nicht mehr aufhalten

Der freie Austausch von Waren, Dienstleistungen, Rohstoffen und Arbeitskräften zwischen Ländern und Kontinenten bildet die Basis für funktionierende Wirtschaftsbeziehungen und die Generierung neuer Märkte. Der wirtschaftliche Erfolg Deutschlands beruht unter anderem darauf, dass Produkte von deutschen Unternehmen im In- und Ausland produziert und im Ausland verkauft werden. Umgekehrt stellt Deutschland einen großen und wohlhabenden Markt dar, der Waren und Dienstleistungen von Herstellern aus anderen Ländern importiert. Mit seinen Import- und Exportaktivitäten ist Deutschland Bestandteil der globalen Wirtschaft. Mit dem Schlagwort »Globalisierung« sind aber nicht nur Handelsbeziehungen gemeint und der Strom der Waren, sondern vor allem auch die komplexen Auswirkungen des globalen wirtschaftlichen Handelns auf nationale und gesellschaftliche Ordnungen.

Gefühlte Resultate der Globalisierung sind klimatische und ökologische Umwälzungen, ebenso wie die Tatsache, dass es wirtschaftliche Gewinner und Verlierer gibt. So wie auf der einen Seite ein umfassenderer Zugang zu Information, Bildung, Menschenrechten oder medizinischer Versorgung möglich wird, tauchen auf der anderen Seite Probleme auf, die mit traditionellen Methoden nicht mehr gelöst werden können. So ist abzusehen, dass alle gesellschaftlichen Veränderungen eine rasante Beschleunigung erfahren und es zu Verschiebungen von Machtverhältnissen kommen wird.

Die Chancen und Herausforderungen der Globalisierung liegen nicht nur bei den großen Unternehmen und dem Zusammenspiel zwischen Wirtschaft und übernationaler Politik, sondern verlagern sich auch auf die einzelnen Erwerbstätigen. Hier gilt es anzusetzen.

Globalisierung erzeugt individuelle Verantwortungen

Jeder und jede einzelne Erwerbstätige trägt letztendlich die Verantwortung für die eigene Arbeitseinsatzmöglichkeit und entscheidet zum großen Teil selbst über die Ausbildung und berufliche Biographie. Es wird unausweichlich, sich auf einem Bildungs- und Leistungsniveau zu halten, das jede und jeden mit Arbeitskräften aus anderen Ländern vergleichbar und konkurrenzfähig macht – auch für den Fall, selbst im Ausland tätig sein zu wollen. Das heißt nicht, dass ein Bergarbeiter in Deutschland mit einem Bergarbeiter in China konkurrieren soll. Ich meine, es ist sinnvoller, sich hier von der Bergarbeit zu verabschieden und die Erwerbstätigkeit in einem anderen Beruf weiterzuführen. Diese Entwicklungen sind im Ruhrgebiet zu beobachten, wo der Strukturwandel schon weit fortgeschritten ist und die Region sich von der Schwerindustrie zu einem Wissens- und Servicestützpunkt innerhalb der Republik entwickelt. Das Tempo solcher Entwicklungen wird sich weiter beschleunigen.

Die Aufgabe nationaler Politiker und Politikerinnen ist es aus meiner Sicht, sich zunehmend mit den Realitäten der Globalisierung abzufinden und gemeinsam mit der Wirtschaft angemessene Konzepte zu entwickeln oder zu unterstützen. Werden zum Beispiel Arbeitsplätze aus Kostengründen von einem teuren Land in ein preiswerteres verlagert, muss im eigenen Land nach einem Ausgleich gesucht werden, um die gesellschaftliche Balance nicht zu verlieren. Die Erschließung und Nutzung von Rohstoffen aus einem armen Land für die Bedürfnisbefriedigung eines reichen Landes kann nicht ausschließlich nach Kosten- und Nutzenaspekten betrachtet werden, auch hier bedarf es eines Ausgleichs.

Der Handel mit Ländern, die Menschenrechte nicht achten, ist ebenfalls kritisch. Auch hier steckt eine Herausforderung der Globalisierung, denn wirtschaftliches Handeln ist nicht politisch neutral, selbst wenn Wirtschaft und Politik es gerne so darstellen. Viele Unternehmen profitieren noch von der Ausbeutung, die durch mangelnde Bildung und undemokratische Systeme ermöglicht wird. Männer, Frauen und Kinder dienen als billige Arbeitsressource, die unter Bedingungen Waren herstellen, wie dies hierzulande zu Zeiten der industriellen Revolution geschah.

Aktienfonds und Investoren belohnen inzwischen nachhaltiges Wirtschaften. So wird das Image von Unternehmen zukünftig auch davon abhängen, wie gut sie sich in ihrer globalen und gesellschaftlichen Verantwortung darstellen und diese glaubwürdig umsetzen. Internationale Organisationen, in denen viele Frauen arbeiten und entscheiden, machen zunehmend deutlich, dass wirtschaftliches Handeln auch nach humanitären Gesichtspunkten beurteilt werden muss. Ich vermute, dass mehr weibliche Einflussnahme in der Wirtschaftswelt dazu führen wird, Waren und Produzenten auch nach Werten wie Nachhaltigkeit und sozialer Verantwortung auszuwählen. In der Politik und in gemeinnützigen Organisationen ist dieser Trend bereits Realität.

Dadurch, dass Frauen eher in den alltäglichen Fragen des Lebens verankert sind, tragen sie auch ein Gros der Verantwortung für wichtige Lebensbereiche der nachfolgenden Generationen und sehen Missstände womöglich früher als Männer. Ihre Beharrlichkeit, eine Balance herstellen zu wollen, wird in der Politik, im Stiftungsbereich und sozialen Engagement deutlich. Global agierende Unternehmen könnten Frauen als wichtige Ressource – auch in den Entscheidungsebenen – nutzen, um Ausgleichsmöglichkeiten und neue, verbindende Elemente zu entwickeln.

Personal: vom Überfluss zum Mangel

Wirtschaftliches und politisches Agieren unterliegt Zyklen. Es empfiehlt sich, in einem Zyklus schon an den nächsten zu denken und entsprechend zu handeln, was allerdings nur selten geschieht. Sichtbar wird dies vor allem in der Personal- und Bildungspolitik. In schlechten Zeiten werden Menschen entlassen, in guten Zeiten wieder eingestellt. In Phasen, in denen bestimmte Berufe knapp sind, wird ausgebildet: wenn die Absolventinnen und Absolventen dann fertig sind, werden sie nicht mehr gebraucht. Die Kosten dieses Handelns sind enorm.

Wenn es sich um einen lange ansteigenden Konjunkturzyklus handelt, wird Personal insgesamt knapp. Die Bundesrepublik hat sich in den 1960er Jahren, während des Wirtschaftswunders, damit geholfen, Menschen aus anderen Ländern zu rekrutieren, ohne zu bedenken, dass Frauen im eigenen Land ebenfalls eine große Gruppe potenzieller Erwerbstätiger sind. Andere Länder hatten da bereits begonnen, Frauen zu ermutigen, ins Arbeitsleben einzusteigen, und profitieren heute umso mehr davon. Selbstverständlich hat Deutschland inzwischen aufgeholt, die Erwerbstätigenquote von Frauen liegt bei knapp 60 Prozent (Statistisches Bundesamt, 2006), ist aber in den alten Bundesländern geringer als in den neuen. Die Erwerbstätigenquote ist der Anteil der Erwerbstätigen an der Bevölkerung im Alter zwischen 15 und 64 Jahren. Mit dieser Quote liegt Deutschland knapp über dem europäischen Durchschnitt (EU-25: 56 Prozent), und damit vor Italien (45 Prozent) und Frankreich (58 Prozent), aber weit hinter Schweden (70 Prozent), Dänemark (71 Prozent) oder Großbritannien (66 Prozent) (Eurostat, 2006).

Die demographische Entwicklung in Deutschland verursacht in den nächsten Jahrzehnten eine Verknappung qualifizierter Erwerbstätiger. So werden nach demographischen Aussagen seit 20 Jahren nicht genügend Kinder geboren. Die Gesamtfruchtbarkeitsrate in Deutschland liegt bei 1,34 Kindern (Statistisches Bundesamt, 2006) und wird definiert als die mittlere Anzahl lebend geborener Kinder, die eine Frau im Laufe ihres Lebens gebären würde.

Es wird davon ausgegangen, dass in den Industrieländern bei 2,1 Kindern je Frau der Erhalt der Bevölkerung gesichert ist. Nahe an diesem Wert liegt Frankreich mit 1,95 Kindern je Frau, gefolgt von den nordischen Ländern und Irland, jeweils mit ca. 1,8 Kindern. Den niedrigsten Wert in Europa hat Polen zu verzeichnen – mit 1,24 Kindern je Frau.

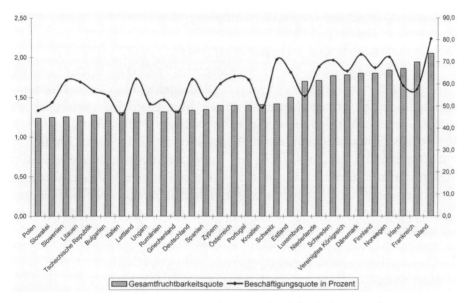

Abbildung 4: Erwerbstätigenquote und Gesamtfruchtbarkeitsquote in Europa
(Quelle: Eurostat, Stand 2005)

Abbildung 4 macht auch deutlich, dass es einen Zusammenhang zwischen der Gesamtfruchtbarkeitsrate je Frau und der Erwerbstätigenquote gibt, beides korreliert in den meisten Fällen positiv miteinander. Die Alternative, Einwanderung stärker zu fördern, schien politisch nicht opportun, obwohl Deutschland als Einwanderungsland durchaus attraktiv war. Inzwischen ist es so, dass zwar wieder mehr Kinder geboren werden, diese aber nicht schnell genug erwerbstätig sein werden. Und als Einwanderungsland scheint Deutschland heute an Attraktivität verloren zu haben, da es mit vielen anderen Ländern konkurriert, deren Rahmenbedingungen von hoch qualifizierten Menschen als günstiger empfunden werden. Diejenigen, die einwandern würden, werden unter anderem durch Regelungen innerhalb der EU daran gehindert. Die EU garantiert zwar Dienstleistungs- und Niederlassungsfreiheit, aber Menschen aus den seit 2004 hinzugekommenen Ländern ist keine Arbeitnehmerfreizügigkeit gestattet.

Angenommen, die demographische Entwicklung tritt ein wie prognostiziert, dann kann der Mangel an qualifiziertem Personal nur mit erheblichen Kosten durch Menschen aus anderen Ländern behoben werden. Dann käme die Frage auf, ob nicht noch andere Gruppen zur Verfügung stehen. Deutschland hat drei große Reserven, die erst jetzt von der Politik und den Unternehmen wirklich wahrgenommen werden: Die eine ist die Gruppe der noch gar nicht oder nur gering beschäftigten Frauen, die zweite sind Arbeitnehmer und Arbeitnehmerinnen über 50, und die dritte Gruppe sind Menschen mit Migrationshintergrund, die zum Teil schon seit mehreren Generationen in Deutschland leben.

Die Personalpolitik der Unternehmen und die Bildungspolitik Deutschlands beschäftigen sich jetzt zaghaft damit, notwendige Rahmenbedingungen zu erfragen, um für diese drei Gruppen attraktiver zu werden. Frauen bilden hier die zahlenmäßig größte Gruppe der in bestehende Strukturen neu hinzugekommenen Erwerbstätigen. Da sie die vorgefundenen Strukturen nicht mit entwickelt haben, können Frauen anders darüber reflektieren, was sich verändern müsste, um ihre Anforderungen an das Wirtschaftsleben besser zu befriedigen. Durch die Gender-Brille betrachtet, sind ihre Forderungen Themen, die nicht nur für Unternehmen und Marketing an Bedeutung gewinnen, wie:

- Vereinbarkeit von beruflichen und persönlichen Entwicklungszielen,
- Entschleunigung von Karrieremustern,
- Entzerrung von Arbeitszeiten und Arbeitsorten,
- Lernen als lebensbegleitender Prozess,
- Bildung von interkulturellen Kompetenzen,
- Teilhabe an den Produktionsmitteln und Entscheidungsprozessen.

Aus diesen Ansprüchen ergeben sich Produkte und Dienstleistungen, die wiederum in andere Länder exportiert werden können, wenn diese in ausdifferenzierte Entwicklungszyklen eintreten.

Arbeit: Chance zur Selbstverwirklichung

Arbeit und Marketing: eine klassische Verbindung

Arbeit wird definiert als bewusster und zweckgerichteter Einsatz der körperlichen, geistigen und seelischen Kräfte der Menschen zur Befriedigung ihrer materiellen und ideellen Bedürfnisse. Befriedigt werden die Bedürfnisse gemäß der Maslowschen Bedürfnispyramide, welche die Hierarchie der Bedürfnisse verdeutlich, die nacheinander abgearbeitet und gedeckt werden. Selbstverwirklichung steht auf der höchsten und damit letzten Ebene. Solange industrielle Arbeitsumgebungen mit homogenen Belegschaften ausgestattet waren, hatten die Akteure ungefähr gleiche Entwicklungsrhythmen bei der Erreichung der nächsten Stufe der Bedürfnispyramide. Da innen und außen ähnlich getaktet waren, konnten die Instrumente der Produktentwicklung, Marktforschung, Werbung und Absatzmöglichkeiten zeitnah angepasst oder neu entwickelt werden, und oftmals war ihr Einsatz durch Erfolg gekrönt. Inzwischen sind die wesentlichen Bedürfnisse gedeckt, und Selbstverwirklichung durch Arbeit wird von vielen Menschen angestrebt.

Gleichzeitig werden Belegschaften zunehmend heterogener: Männer und Frauen, Alte und Junge, Inderinnen und Amerikanerinnen, Christen und Moslems arbeiten Seite an Seite. Sie arbeiten an Aufgaben, die Kombinationen von Fähigkeiten verlangen, die jeder Mensch zwar in sich trägt – doch zunächst muss man lernen, im Team daraus etwas Neues zu schmieden. Geistige Arbeit erfordert Leute, die neben den körperlichen Kräften verstärkt geistige, seelische und emotionale Kräfte einsetzen können. Inhomogene Teams reflektieren natürlich auch inhomogene Märkte. Die Gleichzeitigkeit von unterschiedlichen Ebenen der Bedürfnisbefriedigung auf der Maslowschen Pyramide ist für Unternehmen zur komplexen Marketingaufgabe geworden. Menschen mit hoch entwickelten und ausdifferenzierten Erfahrungen am Markt stoßen auf solche, die erst vor einigen Jahren in den globalen Markt eingetreten sind und bereits erfolgreiche Produkte herstellen, von deren Existenz bis vor kurzem niemand eine Vorstellung hatte.

Der Neueintritt von Frauen in die Erwerbswelt birgt ein enormes Potenzial. Sie sind als Arbeitnehmerinnen, Führungskräfte und Selbstständige zunehmend in der Lage, ihre Bedürfnisse zu artikulieren und zu befriedigen. Es kann also weiterhin damit gerechnet werden, dass das weltweite Wirtschaftswachstum – wenn auch zyklisch – anhält. Allerdings werden sich die Methoden und Botschaften für die Produktentwicklung und den Vertrieb auch an diese riesige Gruppe neuer Konsumentinnen anpassen müssen.

Gleichzeitig ist der Eintritt von Frauen natürlich ein Grund dafür, dass Belegschaften inhomogen geworden sind und unterschiedliche Kulturen aufeinandertreffen. Frauen können mit zur Lösung von interkulturellen Konflikten beitragen, wenn erkannt wird, dass auch Gender, neben Sprache, Religion oder Herkunft, eine kulturelle Kategorie ist. Anzeichen dafür auch in der Wirtschaft gibt es genug. Die Kommunikationsstrukturen, Handlungen und Riten in der Gruppe der Frauen unterscheiden sich maßgeblich von denen der Männer, ohne dass dies irgendeine Wertung über die eine oder andere Gruppe bedeutet (vgl. Tannen, 1995).

Die Aufgabe des Marketings ist es, die Kommunikation zwischen Unternehmen und Abnehmern von Produkten und Leistungen zu gewährleisten – einerseits, um Kundinnen und Kunden über bereits Existierendes zu informieren und ihnen den Kauf zu ermöglichen, und andererseits, um herauszufinden, welche ungestillten Bedürfnisse und Wünsche latent vorhanden sind. Die Kombination von Gender, Arbeit und Marketing ist deshalb an genau dieser Stelle hilfreich: Service hat demnach nicht ausschließlich mit abrechenbaren Einheiten, sondern auch mit dem Willen zum Dienst am Menschen zu tun.

Besonders Frauen verfügen über Reflexionsmöglichkeiten, die neue Impulse in »betriebsblinde« Organisationen bringen und Unternehmen darin unterstützen, Arbeit nicht nur als Pflicht, sondern auch als Instrument der Selbstverwirklichung zu betrachten. Männer können ihr volles Potenzial an Erfindungsreichtum, Abenteuerlust und Risikoeinsatz wieder einbringen, wenn sie Produkte und Dienstleistungen entwickeln, die nicht nur materiell befriedigen, sondern auch einen übergeordneten Beitrag zu Selbstverwirklichung und seelischem Wohlergehen leisten.

Ökologisch orientierte Produktentwicklungen, Umweltbilanzen oder Mikrokredite für Frauen sind einzelne Puzzlesteine, die schon jetzt eine Entwicklung der Marktwirtschaft einleiten, die sich von ausschließlich an Gewinnoptimierung interessierter Marktorientierung wegbewegt. Sie richtet sich neu aus zu einer integrierten Wirtschafts- und Gesellschaftsform, die Unternehmen Möglichkeiten einräumt, sich öffentlich als Unternehmens-Bürger (»Corporate Citizens«) darzustellen.

Auflösung von räumlichen und zeitlichen Einschränkungen

Die »mechanistisch« betrachtete Arbeitswelt geht von einem Bild aus, das an den formalen Aufbau griechischer Dramen erinnert: Einheit von Ort, Raum und Zeit der Handlung. Dabei setzen moderne Kommunikationsmittel diese Einheit außer Kraft. Doch nach wie vor haben Unternehmen relativ genaue Vorstellungen über die Dauer der Arbeitszeit, den Ort, wo diese Stunden zu absolvieren sind, die Art der zu erbringenden Leistung und die Verfügbarkeit der handelnden Akteure. Es gibt eine Art kollektives Einverständnis, dass alle auf Reproduktion ausgerichteten Tätigkeiten (Kindererziehung, Kinder- oder Elternbetreuung, Kochen, Waschen, Putzen, Bügeln et cetera) in einer außerhalb der Arbeitswelt geregelten Welt von anderen getan werden, die keinen Einfluss auf diese Arbeitsorganisation haben. Durch das Vordringen von Millionen von Frauen in die Arbeitswelt müssen diese Aufgaben neu verteilt und bewertet werden. Dem stehen natürlich traditionelle Rahmenbedingungen gegenüber, die lange Zeit dafür gesorgt haben, dass Frauen diverse Arten von Arbeit unentgeltlich leisteten.

Frauen-Wunsch und Männer-Wirklichkeit

Unternehmen leiteten ihre Organisationsformen vom Militär und aus den Erfordernissen einer produzierenden Aufgabenstellung ab. Meist waren die Entscheider vertraut mit den Hierarchien und haben diese an unterschiedliche Realitäten angepasst, jedoch nicht revolutioniert. Frauen sind neu in diesen bestehenden Strukturen. In zahlreichen Interviews, die ich geführt habe, reflektieren sie zusammengefasst so über die vorgefundenen Arbeitsumgebungen und -organisationen:

- Zeitmanagement und Verfügbarkeit sind nicht in Einklang zu bringen mit persönlicher, gesellschaftlicher oder familiärer Entwicklung. Es scheint schwierig, in Zeiten des »BlackBerry« und ähnlicher Geräte zur jederzeit und überall verfügbaren Kommunikation eine von Arbeit und Unternehmen unabhängige Person zu bleiben. Sie merken, dass die Balance zunehmend schwindet und verinnerlichen diese Erkenntnis in ihrem Verhältnis zum Arbeitgeber, manchmal mit der Folge, dass sie kündigen und eigene Unternehmen gründen.
- Sie wünschen sich den fachlichen Austausch mit Vorgesetzten, Mitarbeiterinnen und Mitarbeitern, wenn sie Karriere gemacht haben, auch in ihrer erreichten Hierarchiestufe. Doch sie sehen, dass die von vielen Unternehmen geförderte »Fast-Track-Karriere« kaum noch fundiertes fachliches Wissen zulässt.
- Wenn sie in der Zeitspanne zwischen 35 und 45 Jahren sowohl ihre Karriere als auch ihre Kinder auf den Weg gebracht haben, fragen sie sich, was jetzt noch kommt. Röhrenkarrieren oder Entwicklungspfade, die ausschließlich nach oben orientiert sind, helfen nicht, wenn es

darum geht, sich inhaltlich und organisatorisch auf gleicher Ebene weiterzuentwickeln. Eine realistische Einschätzung der Zukunft verlangt auch nach Antworten auf die Frage, wie sie ihr Arbeitsleben in den noch vor ihnen liegenden 30 oder mehr aktiven Jahren gestalten wollen und wie sich ihr Leben durch die Arbeit entwickelt.
- Sie reflektieren über ihre Lebensphasen und merken, dass sie erst zu anderen, manchmal späteren Zeitpunkten als ihre männlichen Kollegen bereit sind, internationale Aufgaben zu übernehmen. In den Karriereprogrammen ist dies jedoch gar nicht vorgesehen, denn üblicherweise dienen internationale Aufgaben »nur« der Vorbereitung auf die ultimative Führungsposition und sind deshalb möglichst früh zu absolvieren.

Frauen finden sich besonders in den eher unterstützenden Aufgabenbereichen wie Personal, Marketing, Rechnungswesen, Recht und Steuern, Bereiche, in denen sie geschlechterstereotyp helfend tätig sind. In den herausfordernden und für Unternehmen strategisch bedeutsamen Positionen in Vertrieb, Produkt- oder Unternehmensentwicklung sind sie seltener anzutreffen. Damit sind ihre Möglichkeiten, bis an die Unternehmensspitzen zu gelangen, noch nicht ausgereizt. Deshalb nehmen Frauen auch noch keinen großen Einfluss auf die Organisationsformen, weder um sich selbst zu verwirklichen noch um Familien- und Arbeitsbedürfnisse befriedigend zu kombinieren oder gar entspannt und frei Kreativität zu entfalten und Wissen zu generieren.

Work-Life-Balance?

Inwieweit können Unternehmen fordern, dass der Lebensrhythmus der Mitarbeiterinnen und Mitarbeiter den betrieblichen Erfordernissen unterzuordnen ist? An genau dieser Frage scheiden sich zwischen Männern und Frauen im Laufe ihrer Lebensphasen am häufigsten die Geister. Unternehmen, die für hochbegabte und hochqualifizierte Männer *und* Frauen attraktiv sein wollen, werden sich intensiv mit der Balance zwischen Arbeit, Familie und Freizeit beschäftigen müssen.

Unternehmen in Deutschland stehen im globalen Wettbewerb um die besten Talente für ihre Weiterentwicklung. Meinen Beobachtungen zufolge nehmen gut ausgebildete Frauen aus dem Ausland, egal, wo sie herkommen, Deutschland als Entwicklungsland wahr, was die Beteiligung von Frauen in Führungspositionen betrifft. Damit ist Deutschland beziehungsweise sind deutsche Unternehmen in diesem globalen Talentsuchwettbewerb zumindest für Frauen und damit auch für hochqualifizierte Paare mit Kindern unattraktiv. Nun könnte man argumentieren, dass durch explizite Frauenförderungsmaßnahmen mehr Frauen in Führungspositionen kommen. Das ist jedoch relativ unwahrscheinlich, da genau die Frauen, die alters- und ausbildungsmäßig in Frage kommen, in Teilzeitpositionen verharren. Sie haben in gewisser Weise zur Unzeit ihre Kinder geboren und, um die Vereinbarkeit von Beruf und Familie zu gewährleisten, den Weg der Teilzeitarbeit gewählt. Normalerweise ist diese Wahl hinderlich für weitere Karriereschritte, da sie nicht mehr Bestandteil des Nachwuchspools für weiterführende Aufgaben sind.

Für Frauen, die bereits leitende Positionen belegen, bevor sie Kinder bekommen, ist es etwas einfacher: Sie verdienen gut, können sich eine bessere Betreuungs-Infrastruktur leisten und haben oft einen Partner, der ebenfalls persönliche Zeit in die Familienarbeit steckt. Auch haben sie gegenüber dem Unternehmen bewiesen, dass sie die Spielregeln beherrschen, und das Unternehmen belohnt sie, indem es Rücksicht auf die Familienzeit nimmt.

Auf der anderen Seite hat die erwartete ständige Verfügbarkeit am Arbeitsplatz auch für Männer zur Folge, dass sie hier ihre persönliche Leistungsfähigkeit sowohl körperlich als auch emotional uneingeschränkt bereitstellen müssen. Eine Verweigerung würde als Stigma von Leistungsverweigerung an ihnen haften. Auch werden Männer diskriminiert, wenn sie versuchen, familiäre Aufgaben mit beruflichen zu vereinbaren. Mal werden sie mit subtilen, mal mit offenem Widerstand konfrontiert, wenn sie um 17 Uhr ihr Kind vom Hort abholen oder um 18 Uhr beim Elternabend anwesend sein wollen. In diesem Kontext kann von einer »geschlossenen Tür für aktive Väter« gesprochen werden.

Arbeiten ist auch Leben

Um als Unternehmen den Paradigmenwechsel von der Industrieproduktion zur Innovationsentwicklung nachvollziehen zu können und als Arbeitgeber in der Zukunft attraktiv zu bleiben, braucht es eine Reihe von vorausschauenden Maßnahmen. So müssen Unternehmen in Zukunft neben den »harten« Faktoren wie Kapital, Kosten oder Marktanteile auch Privatleben, Geschlecht, Familiensituation oder »weiche« Faktoren berücksichtigen:

- *Familie* ist ein Lebensbereich, auf den jeder und jede, geschlechtsunabhängig, ein Recht hat. Solange es keine ausreichende außerbetriebliche oder kommunale Infrastruktur für die Tagesbetreuung von Kindern gibt, tun Unternehmen gut daran, Mitarbeiterinnen und Mitarbeiter hier zu unterstützen.

- *Karriere* muss neu definiert werden. Karrieremuster zu »entschleunigen« bedeutet, persönliche, familiäre und berufliche Entwicklungspfade über einen längeren Zeitraum zu strecken. Damit geht einher, das Postulat aufzubrechen, bis 45 Jahre bereits alles erreicht haben zu müssen, sowohl für Männer als auch für Frauen. Unternehmen lernen so auch, mit der demographischen Entwicklung umzugehen und altersausgewogene Mitarbeiterstrukturen zu erreichen.
- *Verantwortung* in Unternehmen wird geschlechtergerechter verteilt. Frauen bekommen ebenso wie Männer Verantwortung für große, strategisch wichtige Projekte oder für das operative Geschäft mit den dazugehörenden Entscheidungskompetenzen. Den »starken Mann« an der Spitze, der alles lenkt, wird es in Zukunft nicht mehr geben, denn Unternehmensthemen und Märkte sind zu komplex geworden. Vielfältigen, heterogenen Teams mit ausgeglichenem Geschlechterverhältnis, auch auf obersten Unternehmensebenen, wird die Zukunft gehören.
- *Ziele* zu formulieren und deren Erreichung zu überprüfen, nicht die Anwesenheit der Mitarbeiter und Mitarbeiterinnen, ist ein seit langem bekanntes Führungsinstrument. Die tägliche zeitliche Entzerrung, virtuelle Arbeitsplätze oder Kinderbetreuungsmodelle wurden bisher allerdings nur selten angedacht und noch weniger umgesetzt.
- *Kosten und Nutzen* nach Geschlechtergesichtspunkten abzuwägen, kann die Ergebnisse verbessern. Bislang werden Frauen und Männer in Führungspositionen nicht gleich entlohnt. Welche Kosten ließen sich sparen, wenn kostenintensive Managementaufgaben an Frauen übertragen würden? Alternativ gäbe es natürlich die Möglichkeit, Männern und Frauen gleich viel zu zahlen, sie nach ihrem Ergebnisbeitrag zum Unternehmen zu bewerten und in der Beurteilung der Leistung insgesamt geschlechterunabhängiger zu werden.

Diese Anregungen sind nicht neu. Es soll hier nur darauf hingewiesen werden, dass Unternehmen, die sich auf den Weg begeben, positive Veränderungen feststellen können, zum Beispiel Imagegewinn, Attraktivität als Arbeitgeber, besseres Verständnis für die Anliegen der Kunden und Kundinnen, aber auch eine gesicherte Rechtsgrundlage bei Diskriminierungsvorwürfen. Gender-Marketing ist nicht zuletzt relevant für die Vermarktung des Unternehmens auf dem Arbeitsmarkt.

3   Gender-Marketing sells

In ausdifferenzierten Märkten mit ihren aufgeklärten Zielgruppen lassen sich vielfältigste Marketing-Methoden kombinieren oder konkurrieren gar miteinander. Mittlerweile hat sich auch das Marketing aus der Enge einstiger Definitionen befreit und zu einer Disziplin gemausert, die Wissenschaft, Handwerk und Kunst zugleich ist. Es gilt, die passenden Methoden und Systematiken anzuwenden, um Aufmerksamkeit, Interesse und Verlangen bei möglichst vielen Konsumentinnen und Konsumenten zu erreichen, mit dem Ziel, letztendlich Kaufprozesse in Gang zu setzen.

Allein in Deutschland stellen Marketing und Werbebranche einen bedeutsamen Arbeitsmarkt mit schätzungsweise einer halben Million Menschen dar. Unzählige junge Menschen nennen Tätigkeiten im Marketing als Berufsziele, die auf der vagen Vorstellung gründen, hier einen interessanten und abwechslungsreichen Arbeitsplatz vorzufinden.

Der Einfluss von Gender auf Marketing

Doch wie sieht die Marketing-Realität aus? Mit Massenaussendungen, Beilagen, TV-Spots, Anzeigen, Werbemails, Telefonwerbung und weiteren Methoden wird versucht, die Massen zu mobilisieren – irgendjemand wird schon zugreifen. Die Streuverluste sind jedoch enorm, und Verbraucher wie Verbraucherinnen fühlen sich von einigen Werbeformen inzwischen belästigt und reagieren ablehnend. Wo Marketing und Vertrieb im operativen Tagesgeschäft bereits einen Großteil der Ressourcen dabei verbrauchen, gegen Käuferschwund, Stornoquoten oder Kündigungen anzukämpfen, fällt es schwer, gleichzeitig neue Kundinnen und Kunden zu finden und zu halten.

Zugleich ist zu beobachten, dass gerade in den letzten Jahren erfolgreiche Markt-Neueinsteiger exponentielle Wachstumszahlen vorweisen können, die sie mit relativ kleinen Werbeetats erreichen. Wie funktioniert das? Viele innovative und neuartige Produkte breiten sich heute erfolgreich über Netze von persönlichen Kontakten und Empfehlungen aus. Selbst teure Marketing- und Werbekampagnen tun sich schwer, diese Mischung aus Sachlichkeit, Emotionalität und Glaubwürdigkeit zu transportieren.

Die allgegenwärtige Präsenz von Informationen und die Flut der Werbebotschaften erzeugt Desinteresse, Verbraucher und Verbraucherinnen stumpfen ab, zugleich bleibt ihre Neugier als menschliche Grundeigenschaft unberührt. Die Lust, selber noch Neues zu entdecken, die vorgegebenen Pfade zu verlassen und eigenständige Erfahrungen zu sammeln ist eine der wenigen Freiheiten, die Konsumenten heute noch nutzen. Zunehmend entscheiden nicht nur harte Faktoren wie Preis und Leistung, sondern auch weiche Faktoren wie Gefühl, persönliche Wertschätzung oder Geduld über die Kaufentscheidung – das sind die Ansatzpunkte von Gender-Marketing.

Der Entscheidungsmix

Nicht nur ein Produkt alleine beeinflusst also die Kaufentscheidung. Besonders konsumierende Frauen achten auf eine Vielzahl von Einflussfaktoren oder werden von ihnen unbewusst manipuliert. So kann ein Einzelhandelsgeschäft zwar die begehrte Ware anbieten, stimmen aber Bedienung, Atmosphäre oder Service nicht, wird die Kaufentscheidung woanders oder erstmal gar nicht getroffen. Es ist neben Wunsch und Möglichkeit, Bauch und Kopf, zunehmend auch die Tagesform, die momentane Gemütsverfassung, die die Kaufentscheidung bestimmt. Gefühle werden von Wahrnehmungen gesteuert. So sind für Frauen die Sinneseindrücke und äußeren Umstände enorm wichtig, die ihren Kauf begleiten, fördern oder sogar verhindern können. Weitergehend spielen irrationale Faktoren eine Rolle, die in den Gefühlsebenen verankert sind, wie zum Beispiel Sentimentalität, Romantik, Träumerei – Emotionen, zu denen Frauen eher stehen können als Männer. Für viele Männer zählen zuerst die Fakten, damit treten die rationalen Beweggründe in den Vordergrund. Es bliebe zu hinterfragen, welche parallelen Wahrnehmungen und Gefühle bei den Kaufentscheidungen von Männern relevanter sind als andere, was sie zulassen und wünschen und welche unterschiedlichen Gefühle beide Geschlechter bewegen, bestimmte Produkte oder Anbieter anderen vorzuziehen.

Customer-Insight mit Gender-Bewusstsein

Immer wieder musste ich feststellen, dass in vielen deutschen Unternehmen der Stellenwert von Vertrieb und Service niedrig ist – diese Tatsache spiegelt sich auch im Gehalt und Rang der entsprechenden Mitarbeiterinnen und Mitarbeiter wider. Vertrieb und Service sind aber wichtige Schnittpunkte zwischen Unternehmen und Märkten, könnten also als Quelle für Informationen und Wissen über Markt und Kunden weitaus besser genutzt werden.

Kunden und Kundinnen intensiver kennen zu lernen, ihren Wünschen näher zu kommen und dies im Unternehmen zu kommunizieren, kann ein Vertrieb und Service besser leisten, der emotional und fachlich aufgewertet und zum Beispiel dem Marketing gleichgestellt wird.

Es geht letztlich darum, eine individuelle und gendersensible Ansprache von Kundinnen und Kunden anzustreben. Die technischen Voraussetzungen für diese Ansprache ermöglichen moderne Customer-Relationship-Management-Systeme. Die Hypothese ist: Wenn genügend Wissen über Kunden und Kundinnen und deren Kaufgewohnheiten gespeichert wird, können diese individueller angesprochen werden. Doch Customer-Relationship-Management (CRM) ist ein technisches Instrument, das sozusagen die Kür darstellt und abhängig ist von der Pflicht eines Unternehmens, sich intensiv auf einer menschlichen Ebene mit den Kundinnen und Kunden auseinanderzusetzen. Erst wenn verstanden wurde, welche Lebensumstände oder anderen persönlichen Variablen Kunden und Kundinnen bewegen, rentiert sich auch die technische Realisierung mittels des Werkzeugs CRM und die individuelle Betreuung durch Soft- und Hardwareeinsatz. Anregungen dazu liefern viele amerikanische Unternehmen mit ihrer hohen Durchdringung von Kundennähe, Freundlichkeit und Servicebereitschaft – Abläufe, die von »richtigen« Menschen dominiert und von CRM-Systemen technisch unterstützt werden, nicht umgekehrt.

Amerikanische Studien, wie etwa die der »Association for Women's Business Owners«, haben herausgefunden, dass Frauen zu einem wesentlich höheren Grad als Männer über den Konsum im Haushalt entscheiden, bis zu 80 Prozent. Frauen in den USA verfügen – was politischen Organisationsgrad, durchschnittliches Einkommen und Positionierung innerhalb der Führungsetagen von Unternehmen und Organisationen angeht – über einige Jahrzehnte Vorsprung gegenüber Frauen anderer Volkswirtschaften. US-Amerikanerinnen haben sich in vielen Bereichen der Wirtschaft als Managerinnen und Unternehmerinnen erfolgreich Gehör verschafft und deutlich machen können, dass weibliche Kunden eine ernst zu nehmende Marktmacht darstellen. Der Erfolg von Frauen ist aber auch darauf zurückzuführen, dass sie im Rahmen der Affirmative Action als unterrepräsentierte Gruppe identifiziert wurden und in die Programme der öffentlichen Hand sowie der privaten Wirtschaftsunternehmen aufgenommen wurden. Das verschaffte ihnen reelle Chancen, als Lieferantinnen für die öffentliche Hand tätig zu werden und sich unternehmerisch zu entwickeln. Als Wirtschaftsgröße konnten sich Frauen auch etablieren, weil Unternehmen sie explizit in Führungspositionen einsetzen.

So ist es nicht verwunderlich, dass in den USA auch der Ursprung von Gender-Marketing liegt. Die »Association for Consumer Research« veranstaltet seit vielen Jahren Konferenzen zu Gender, Marketing und Konsumentenverhalten und untersucht das Marktverhalten von Männern und Frauen im Zusammenspiel von Unternehmen, Werbung und Absatzwirtschaft. Marketingspezialistinnen wie Martha Barletta beraten Unternehmen darin, die Marktmacht von Frauen genauso zu nutzen wie die der Männer. Um die eigenen Erfolge und ihre Leistungsfähigkeit zu verdeutlichen, unterstützen amerikanische Unternehmerinnen großzügig gemeinnützige Organisationen und Veranstaltungen, in denen sich Frauen engagieren. Natürlich basiert vieles auf wirtschaftlichen Überlegungen, zum Beispiel, dass es sich zunehmend lohnt, mit Frauen Geschäfte zu machen. Gerade im Bereich der Kleinunternehmen wird deutlich, wie stark die Marktmacht von Frauen mittlerweile schon ist. Unzählige kleine Unternehmen, in denen Frauen selbstständig tätig sind, machen ihr Geschäft mit kleineren Aufträgen und geringerem Umsatz als ihre männliche Konkurrenz, behaupten sich aber dennoch stabil und dauerhaft im Markt.

In Europa kündigt sich die Übertragung des Gender-Konzepts auf die Wirtschaft erst seit wenigen Jahren an, wird sich aber auch hierzulande in ähnlicher Weise etablieren wie in den USA. Der Zeitrahmen, in dem dies geschieht, hängt davon ab, wie entschlossen Frauen sich die Freiheit nehmen, eigenständig zu sein. So hat die Commerzbank in ihrem Projekt »Money – Made by Women« herausgefunden, dass für 94 Prozent der Frauen die finanzielle Unabhängigkeit Lebensziel Nr. 1 ist – noch vor dem Wunsch nach Kindern und dem Mann fürs Leben. Die selbstbewusste Aneignung von Macht, Verantwortung und Kapital ist bei Frauen der nächste Schritt zur Selbstverwirklichung und Befreiung aus den traditionellen Rollenverhältnissen.

Gender-Marketing macht sich dies als Freisetzung von Kapazitäten zunutze. Denn es sind nicht mehr nur die Produkte und Dienstleistungen des täglichen und kurzfristigen Bedarfs, nach denen Frauen verlangen, sondern auch immer mehr die hochwertigen und langfristigen Investitionsgüter. Deshalb etablieren sich seit einigen Jahren auch hierzulande Beraterinnen und Berater zu Gender und Marketing, Konferenzen und Symposien werden durchgeführt, und Unternehmen schätzen diesen Wissensschub für die bessere Ansprache ihrer Kundinnen und Kunden.

Mit Gender-Marketing den Markt erobern

Ausgehend von den jetzigen Trends und den Parametern für die Zukunft, wird sich der Markt zunehmend nach einer neuen Werteorientierung ausrichten. Gender-Gesichtspunkte können so zum Beispiel bewirken, dass sich die Gesamtheit der Kundinnen und Kunden bei vielen Produkten – selbst bei jenen, die bisher traditionell hauptsächlich für ein Geschlecht relevant sind – anders aufteilen kann. Unternehmen sollten bereits heute prüfen, wie sich das Verhältnis männlicher und weiblicher Kunden bei ihren Produkten darstellt. Das kann ein Hinweis darauf sein, wo Marktpotenziale liegen oder wie Produkte verändert werden könnten. Denn wer heute schon den Bedarf der Zukunft verstehen lernt und sich danach ausrichtet, wird auch für den Markt interessanter und für Mitarbeiter und Mitarbeiterinnen sympathischer.

W. Chan Kim und Reneé Mauborgne haben 2005 in ihrem Buch *The Blue Ocean* vortrefflich über das Entdecken neuer Märkte geschrieben. Sie empfehlen, um einen wirklich neuen Markt zu erobern, zunächst die Nicht-Kunden zu identifizieren – was mir für europäische Unternehmen ebenso relevant erscheint wie für amerikanische. Da jedoch Gender in der deutschen Marktforschung bisher kaum berücksichtigt wurde, existieren wenig systematische Studien zu den männlichen und weiblichen Entscheidungsdomänen. Allein Erich Kirchler von der Universität Wien hat 1989 die Rollen von Männern und Frauen in Paarbeziehungen bei Konsumentscheidungen näher untersucht und herausgefunden, dass die Entscheidungsbefugnis beim Kauf bestimmter Produkte in enger Beziehung zum Geschlecht steht.

Auf einer Skala von −1 (autonomer Einfluss der Frau) bis 1 (autonomer Einfluss des Mannes) wurde die Einflussverteilung zwischen Männern und Frauen in Abhängigkeit vom Typ der zu konsumierenden Wirtschaftsgüter eingetragen. Sichtbar war schon Ende der 1980er Jahre, dass Männer langfristige Entscheidungen, wie den Abschluss von Versicherungsverträgen oder den Kauf eines Autos, gemeinsam mit ihrer Frau/Partnerin besprachen und Kaufentscheidungen selten ohne Rücksprache durchsetzten. Die Wahl der ärztlichen Versorgung, der Körperpflegeprodukte und der Lebens- und Reinigungsmittel traf die Frau meistens ohne Rücksprache mit ihrem männlichen Partner. Kirchler führt diese Entscheidungsautonomie darauf zurück, dass Güter oder Leistungen, die wiederkehrend verwendet werden, preiswert sind oder nur über ein geringes Sozialprestige verfügen, von dem Partner gekauft werden, der sie überwiegend nutzt, und das sind im familiären und partnerschaftlichen Bereich in der Regel die Frauen.

Ende der 1990er Jahre griff Kirchler gemeinsam mit Rödler, Hölzl und Meier in einer Tagebuchstudie das Thema wieder auf und ließ vierzig Ehepaare über einen Zeitraum von einem Jahr täglich aufschreiben, wie lange und worüber sie gesprochen hatten (vgl. Kirchler, 2000). Die Tagebuchstudie belegt, dass Faktoren wie Verhandlungstaktiken, Emotio-

Mit Gender-Marketing den Markt erobern

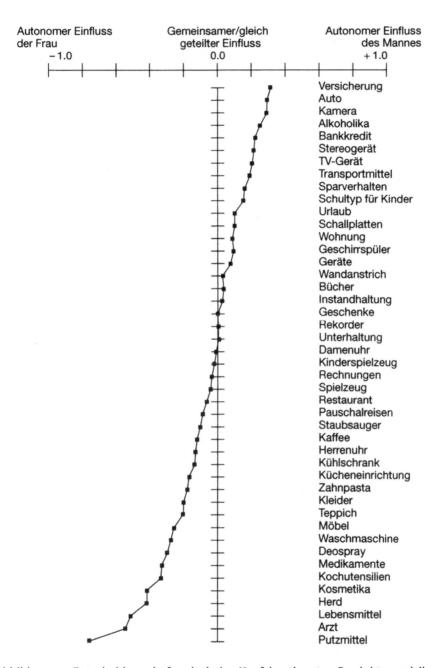

Abbildung 5: Entscheidungsbefugnis beim Kauf bestimmter Produkte und ihre Verteilung in Paarbeziehungen

(Quelle: Einflussverteilung in Abhängigkeit vom Typ der anstehenden Güter, Erich Kirchler, Universität Wien, 1989)

nen, Konfliktvermeidung oder Erfahrungswerte die Entscheidungen von Männern und Frauen veränderten. Da sich Verhaltensmuster nach Geschlecht unterscheiden, könnten Gender-Studien als Querschnittswissenschaft dem Marketing mit wichtigen Erkenntnisgewinnen dienen. Dann ließen sich auch die männlich und weiblich konnotierten Produktlandschaften näher überprüfen und dem jeweils anderen Geschlecht bedarfs- und kommunikationsgerecht anbieten.

Volkswirtschaftliche Belege der gesellschaftlichen Veränderung

Den tendenziellen Verlauf der gesellschaftlichen Bedarfsentwicklung der Geschlechter in Deutschland belegen volkswirtschaftliche Zahlen (Abbildung 6). Diese Fakten lassen darauf schließen, dass das Marktpotenzial durch Frauen in den folgenden Jahren steigen wird – auch für hochwertige Wirtschaftsgüter und Investitionen. Frauen arbeiten in Dienstleistungsbereichen, die einen höheren Zuwachs an neuen Arbeitsplätzen verzeichnen, wogegen sich die Folgen des Abbaus der produzierenden Arbeitsplätze stärker auf die männlichen Erwerbstätigen auswirken. Die meisten alleinlebenden Männer sind jung, die hohe Anzahl der alleinlebenden Frauen bildet sich erst in späteren Lebensabschnitten. Durch die veränderten Lebensläufe eröffnen sich auch neue Marktchancen für Männer, beispielsweise in den Bereichen der Gesundheit, Bildung und Kultur.

Marketing und Werbung versuchen, mit immer neuen Variationen bewährter Methoden Kommunikationskreisläufe zu schließen. Doch es wird für Sender immer schwieriger, die Empfänger zu erreichen, denn eine Vielzahl von Frequenzen ist bereits belegt oder wird überlagert, so dass es zu Störungen kommt. Zudem sind die Frequenzbereiche von Männern und Frauen unterschiedlich, da ihre Kommunikationsmuster differieren. Botschaften werden beispielsweise von einem der Geschlechter weniger wahrgenommen und es wird nicht so direkt darauf reagiert. Das ist fatal, denn die Existenz vieler Unternehmen hängt von der zeitnahen Akzeptanz und Verwertung ihrer Produkte auf dem Markt ab. Ob Kommunikation funktioniert, entscheiden schließlich die Empfänger und Empfängerinnen und übernehmen damit eine Machtrolle in diesem Prozess.

Konsumentinnen und Konsumenten bestimmen in immer größerem Ausmaß über Erfolg oder Misserfolg von Produkten, egal wie lange und teuer der Entwicklungsprozess war. Trotz intensiver Marktforschung floppt der überwiegende Teil neuer Markteinführungen, was die Entwicklung und Vermarktung mit Risiken wie Zeit- und Kapitalverlust behaftet.

	Männer			Frauen			Männer und Frauen	
	1991	2005	+/−	1991	2005	+/−	1991	2005
gesamt							80,3 Mio.	82,4 Mio.
Beschäftigtenquote	78,4 %	70,9 %	−10 %	57,0 %	58,8 %	+3 %	37,1 Mio.	35,7 Mio.
Selbstständigenquote	10,3 %	13,9 %	+35 %	5,0 %	7,0 %	+40 %	3 Mio.	3,8 Mio.
Gender-PayGap	100 %	100 %	0 %	71 %	78 %	+10 %		
Fach- und Führungskräfte	85 %	70 %	−18 %	15 %	30 %	+100 %		
Studierende an Hochschulen	58 %	50 %	−14 %	42 %	50 %	+19 %	1,7 Mio.	1,7 Mio.
Alleinlebende	4 Mio.	6 Mio.	+50 %	7 Mio.	8 Mio.	+14 %	11 Mio.	14 Mio.

Abbildung 6: Gesellschaftliche Veränderungen
(Quelle: Statistisches Bundesamt 2006, eigene Darstellung)

Das Marketing wird zunehmend gefordert, Männer und Frauen in ihrem jeweiligen gesellschaftlichen und beruflichen Kontext zu sehen. Wie Filter tragen die weiteren Differenzierungen oder Verfeinerungen nach Kulturen, Sprachen, Rollen und Wahrnehmungen et cetera dazu bei:

- Märkte neu zu entdecken,
- Zielgruppen genauer zu definieren,
- geschäftsverändernde Prozesse besser zu verstehen,
- Kommunikationsmuster zu analysieren,
- Kundensegmente, Zielgruppen oder Stilgruppen durch gendersensible Betrachtungen besser zu durchschauen.

4 Blinde Flecken im Marketing

Nach Gender im Marketing zu fragen, macht nur dann Sinn, wenn die Zusammenhänge von männlichen und weiblichen Werten oder Kommunikationsformen verstanden und berücksichtigt werden. Wie Männer und Frauen ihre Männlichkeit und Weiblichkeit definieren und reflektieren, hängt neben der persönlichen Erfahrung eng mit ihrem gesellschaftlichen und kulturellen Umfeld zusammen.

Was beeinflusst Männlichkeit und Weiblichkeit?

In der folgenden Übersicht habe ich wesentliche Einflussfaktoren auf männliche und weibliche Verhaltensweisen, Identitäten und Normen zusammengetragen. Die Übersicht soll helfen, Geschlechterstereotype, die für Mass-Marketing zwangsläufig genutzt werden, zu hinterfragen und durch Geschlechterdifferenziertheit und -sensibilität zu ersetzen:

Beispielhafte Einflussfaktoren auf wirtschaftliches Handeln von Männern und Frauen

Geschlechtsbestimmung: Mann: Ein X- und ein Y-Chromosom, Frau: Zwei X-Chromosomen; es gibt allerdings in seltenen Fällen auch XY-Frauen und XX-Männer und natürlich männlich wirkende Frauen und weiblich wirkende Männer.

Körperliche Merkmale: Der oft kräftigere Körperbau von Männern aus Industrieländern wird für viele technische und von Menschen zu bedienende Geräte als Größenrichtwert genommen, dabei werden sie von kleineren Männern oder von Frauen ebenso benutzt.

Hormone: Hormone werden als biochemische Botenstoffe meist in Verbindung mit männlichem und weiblichem Verhalten gesehen, zum Beispiel Testosteron oder Östrogen. Zu den Hormonen gehören jedoch auch Insulin, Schilddrüsenhormone und Adrenalin, die durch Ernährung oder Stresssituationen viel mehr beeinflusst werden als durch das Geschlecht an sich.

Alter: Männer und Frauen entwickeln sich altersmäßig unterschiedlich, was für Männer zwischen 20 und 30 gilt, muss für Frauen im gleichen Alter nicht relevant sein. Die Bevölkerungsverteilung nach Männern und Frauen driftet ab 65 Jahre auseinander, es gibt mehr alte Frauen als Männer, also ließe sich auch die Kaufkraft im Alter anders bewerten.

Lebensphasen: Wenn Männer und Frauen in Partnerschaften oder in Familienstrukturen leben, entwickeln sie andere Bedürfnisse als diejenigen, die sich in anderen Phasen befinden: Alleinlebende, Getrenntlebende, Auszubildende, Studierende, Geschiedene, Alleinerziehende.

Gesundheit: Der Herzinfarkt gilt als männliche Krankheit, Depression als weiblich. Wenn also Frauen einen Herzinfarkt erleiden oder Männer Depressionen haben, werden sie seltener entsprechend diagnostiziert und erfolgreich therapiert.

Entscheidungsfindung: Frauen neigen dazu, zirkulär und wiederholend vorzugehen, bis alle Informationen gesammelt sind; Männer denken im Extremfall in »Entscheidungsmatrizen«, in denen sie in tabellarischer Form Informationen bewerten und priorisieren.

Gehirn: Männliche und weibliche Gehirne werden unterschiedlich »betrieben«. Die Hirnforschung versucht die komplexen Vorgänge zu entschlüsseln und liefert Erkenntnisse, die unser Verständnis von den Geschlechtern erweitert.

Sexuelle Orientierung: Die sexuelle Orientierung hat Einfluss auf die gesamte Lebensgestaltung jedes einzelnen Menschen. Heterosexualität kann allerdings nicht mehr vorausgesetzt werden. In vielen Industrienationen prägen schwule Männer Gesellschaft, Kultur und Konsumwelt; lesbische Frauen entfachen die Diskussion um Weiblichkeit und die natürliche Rolle der Frau neu, zum Beispiel als Mutter. Kann die sexuelle Orientierung ausgelebt werden, wird die Gesellschaft vielfältiger und es entwickelt sich Raum für Neues.

Ausbildung: Ausbildung in Deutschland wird stärker von der Situation des Elternhauses bestimmt als vom Geschlecht oder der gesamtgesellschaftlichen Diskussion. War früher Mädchen in vielen Fällen nur eine geschlechtstypische Berufswahl in Sozial- und Dienstleistungsberufen möglich, so entscheiden sich junge Frauen heute zunehmend für Ausbildungen in technischen und wissenschaftlichen Bereichen. Die Fächer, die junge Menschen wählen, entsprechen häufig ihren Neigungen und Fähigkeiten, jedoch erhalten die dann ergriffenen Berufe unterschiedliche wirtschaftliche Bewertungen.

Tagesform: Aus Marketing- und Verkaufssicht der irrationalste Faktor bei der Entscheidungsfindung. Schlechte Nachrichten, familiäre oder berufliche Einflüsse, Pollenflug oder einfach das Wetter verändern das Verhalten der Menschen, ohne dass sie darüber reden.

Die Liste kann beliebig erweitert und ergänzt werden. Das verdeutlicht, wie vielfältig die Einflussfaktoren in Bezug auf Gender sind und wie subtil die Wege sein können, Menschen zu erreichen. Im Marketingkontext gilt es, mit dieser Komplexität so umzugehen, dass Marktkommunikation überschaubar bleibt.

Marketing-Kommunikation: stereotyp oder spezifisch?

Das Marketing ist der Schlüssel zum Markt. Es öffnet die Türen zu den Kundinnen und Kunden, beseitigt Hemmnisse und ermöglicht den Rückfluss von Informationen, die wiederum in unternehmerisch strategische Handlungen umgesetzt werden. Natürlich ist das Marketing keine feste Größe oder eine bestimmte vorgegebene Handlungsschiene. Vielmehr nutzt es das Zusammenspiel ganz unterschiedlicher Disziplinen wie Marktforschung, Werbung, Preis- und Absatzpolitik, Vertrieb und Distributionspolitik. Dabei ist es egal, ob die Kunden und Kundinnen eines Unternehmens wiederum Unternehmen sind oder einzelne Personen. Die Aufgabe bleibt die gleiche, die Variation liegt in den Parametern, zum Beispiel in der Lebensdauer eines Produktes, in der Komplexität einer Dienstleistung oder der Aufnahmebereitschaft der Empfänger und Empfängerinnen. Gleichzeitig gehört das Marketing zu den strategischen unternehmerischen Herausforderungen, denn mit den Entscheidungen zu Produkten, Preisen, Absatzkanälen und Marktkommunikation wird auch deutlich, wie sich das Unternehmen im Markt spiegelt.

Die derzeitige Dynamik der Märkte stellt eine der größten Herausforderungen für Unternehmen dar, denn die traditionellen Muster der Entscheidungsfindung verändern sich. Waren es bis vor wenigen Jahren eher geradlinige Wege zu den Kunden und Kundinnen, ähnlich großen Straßen, sind die Verbindungen mittlerweile verschlungen und verlangen nach speziellen Karten und Werkzeugen bis hin zu Guerillamethoden. Nach wie vor sind die Kunden und Kundinnen vorhanden, jedoch im Dschungel der globalen Marktwirtschaft schwerer zu identifizieren. Eines aber ist gewiss, um den Kontakt herzustellen, ist es Erfolg versprechend, die Kundinnen und Kunden als Frauen und Männer zu analysieren und zu verstehen. Die Kenntnisse über die Kundinnen und Kunden sind von außerordentlicher Bedeutung, nicht nur, weil diese vielschichtiger, differenzierter und wählerischer geworden sind und sich in bewegliche Ziele verwandelt haben, sondern weil jedes Unternehmen auf sie angewiesen ist.

Lange Zeit hatte die Gesellschaft ein ziemlich klares Bild davon, wie Frauen und Männer als Kunden »zu sein« hatten, denn es war eng an ihre bekannten Rollen geknüpft. Darauf stellten sich Angebot und Nachfrage ein; die Entscheidungen zu den Aktivitäten der Vermarktung konnten so recht unkompliziert und schnell getroffen werden. Diese Rollenbilder als allgemeingültig und unabänderlich zu betrachten und tradierte Vorstellungen mit einem stereotypen Kundenbild immer weiter zu reproduzieren, vermittelt Sicherheit durch vertraute Bilder. Es birgt aber auch die Gefahr, dass die Konkurrenz mit einer bewusst zeitgemäßeren Kommunikation den Nerv von Kundinnen und Kunden besser trifft und diese damit an sich bindet.

Es ist ein Paradoxon, dass die Entscheidungszeiten oftmals umso kürzer ausfallen, je komplexer die Vorgänge sind. Standardisierte technische Abläufe beschleunigen vieles, doch die dem Marketing vorgegebenen Weichenstellungen werden oft zu schnell getroffen und nicht hinterfragt. Häufig verfehlen die einstmals eingeschlagenen Bahnen und Sichtweisen ihr Ziel oder registrieren nicht die vielen möglichen Kundinnen und Kunden am Wegesrand. Immer deutlicher wird die Macht der Verbraucherinnen und Verbraucher, die scheinbar launisch und unberechenbar von einem Anbieter zum nächsten wechseln. Diesem Verhalten weiterhin mit den gleichen Mustern zu begegnen, bedeutet schon zu Beginn Risiken wie Zeit- und Kapitalverlust in Kauf zu nehmen.

Eine Möglichkeit, der Komplexität zu begegnen, ist es, die Kundinnen und Kunden so gut kennen zu lernen wie die eigene Familie, um damit ihr Verhalten, ihre Vorlieben und Wünsche besser zu bedienen und vorhersehbarer zu machen. Frauen und Männer in einer partnerschaftlichen Kundenbindung zu halten, bedeutet somit auch, mehr von ihrem Leben zu spiegeln als stereotype Bilder und Worthülsen.

Marketing ist für Betriebswirte zu einer Wissenschaft geworden, die Methoden aus den Natur- und Ingenieurwissenschaften oder Volkswirtschaften mit Kunst und Kreativität verbindet. Zudem ermöglichen neue Technologien und enorme Rechnerkapazitäten, riesige Kundendatenbanken zu analysieren, Kundenwünsche abzufragen und Deckungsbeiträge zu kalkulieren. Designer und Werbespezialisten gestalten Verpackungen, Botschaften und Kommunikationsmittel. PR-Fachleute basteln am Image, und Promotion sorgt für den Unterhaltungswert. Damit zeigt sich das Spannungsfeld der Tätigkeit für Marketingexperten und -expertinnen schon überaus umfangreich.

Doch nur bei ganz bestimmten Produkten spielte bisher das Geschlecht für Marketingleute eine relevante Rolle, waren doch die meisten Produkte anscheinend geschlechtsneutral. Oder doch nicht? Jetzt sind Kunden zunächst männlich und weiblich und dann auch noch anders vielfältig, verlangen nach Produkten, die sie mögen, und Marketingbotschaften, die sie verstehen. Selbst das Marketing ist von dieser Vielfalt verwirrt und wartet erst mal ab. Um die Kundinnen und Kunden wirklich zu begreifen, gilt es, die geschlechtlichen Aspekte zu analysieren, da Geschlecht nicht nur ein primäres globales, sondern zugleich ein entscheidendes gesellschaftliches Unterscheidungsmerkmal darstellt. Die Gender-Forschung gibt als Wissenschaft grundlegend Aufschluss über die Konstruktion und die Veränderung von Männlichkeit und Weiblichkeit, betreibt Studien und initiiert Prozesse, die auch für das Marketing an Bedeutung gewinnen.

Beschreibungen und Stereotype

Wie in alle Bereiche des Lebens dringen auch in die Wirtschaft erlernte Muster und Bilder ein und vereinfachen damit menschliche Interaktionen. Bekanntes und Bewährtes hat natürlich Vorteile, aber auch den Nachteil, schnell langweilig zu sein. Das gilt auch für das Marketing, das einer zunehmend komplexen Umwelt leider noch zu oft mit stereotypen Bildern und Botschaften begegnet.

Häufige Stereotype und Bildwelten, wie ich sie in der Wirtschaftskommunikation wiederkehrend finde:

Männer ...	Frauen ...
spielen Fußball	kümmern sich um die schmutzige Wäsche nach dem Fußballspiel
sind Unternehmer und tragen Verantwortung	sind Büroangestellte und führen die Arbeit aus
trinken Bier	kaufen Schokoladenprodukte für ihre Kinder
kochen Fertiggerichte	kaufen Diätprodukte und Abführmittel
fahren Premium-Automobile	machen Ausflüge im Cabriolet
grillen mit Freunden im Garten	bereiten täglich das Essen zu
sind Chefs	begleiten ihren Mann zum Abendessen beim Chef
produzieren Waren	konsumieren Waren
entscheiden über Geldanlagen	nutzen die Kreditkarte
lesen Börsenkurse	lesen die Yellow Press
haben Kinder	versorgen die Kinder
surfen im Internet	sind bei technischen Neuerungen hilflos
»können nicht zuhören«	»können nicht einparken«

Diese Liste könnte tausendfach fortgesetzt werden, zeigt sie doch, wie Bilder, Vorstellungen und Werte, deren Ursprünge zum Teil aus den 1950er Jahren stammen, bis heute noch recht unreflektiert reproduziert werden. Diese Zuordnungen mögen zwar auf eine Anzahl von Männern und Frauen zutreffen, aber passgenau für eine Mehrheit sind sie damit nicht mehr.

Bisweilen kommt zwar Irritation auf, wenn starke Männer plötzlich »wie Frauen« sind oder umgekehrt – etwa wenn Günther Netzer als Testimonial für Bügeleisen werben würde. Doch Marketing, das sich vor allem innerhalb traditioneller Geschlechterzuordnungen bewegt, stößt zunehmend auf Barrieren bei den Konsumentinnen und Konsumenten. Die Akzeptanz für stereotype Abbildungen und Botschaften schwindet, denn die aktuellen Lebenswirklichkeiten sind dort nicht oder nur noch bruchstückhaft widergespiegelt.

Produktlandschaften: wohlsortiert und zugeordnet

Unser Wirtschaftssystem wird von ganz unterschiedlichen Faktoren beeinflusst. Neben allen objektiven Kriterien wie Return on Investment, Bilanzen oder Börsenwerten wirken auch Irrationalität und Emotionen, Spieltrieb, Kampfgeist, Machtstreben oder Dominanzgebaren als gestalterische Elemente. Die persönlichen Leidenschaften stehen unbestreitbar in Korrelation zum Geschlecht der Produzenten und wirken sich darauf aus, unter welchen Prämissen Produkte und Dienstleistungen entwickelt und vermarktet werden.

Kulturell betrachtet hat sich unsere Produkt- und Arbeitswelt und die Art und Weise, wie wir nach Gütern und Dienstleistungen verlangen, aus den vergangenen Epochen, und hier vor allem aus der Phase der industriellen Revolution entwickelt. Aus einer Zeit also, die durch die klare Trennung weiblicher und männlicher Rollen gekennzeichnet war. In den traditionellen Produktionsmethoden der damaligen Wirtschaft wurde menschliche und industrielle Leistungsfähigkeit vorwiegend durch männliche Energie gewonnen, während sich die weiblichen Energien eher auf reproduzierende und dienende Bereiche konzentrierten. So könnte man weiter argumentieren, dass Männer sich mit allem beschäftigten, was hart ist (Autos, Stahl, Kohle, …) und Frauen mit allem, was weich ist (Familie, Stoffe, Krankenpflege, …). Aus den wirtschaftlichen Handlungen des 19. Jahrhunderts entwickelten sich wirtschaftliche Zuordnungen, die sich auch kulturell ausrichteten und die Grundlage für Normierungen waren, mit denen wir heute noch leben. Historisch betrachtet lassen sich selbst moderne Produkte und Dienstleistungen stereotyp männlichen oder weiblichen Lebenswelten zuordnen, die hier beispielhaft aufgeführt sind:

Männliche Produktwelten	Weibliche Produktwelten
Bier, hochprozentiger Alkohol, Drinks	Prosecco, Tee, kalorienreduzierte Getränke
Freiheit, Abenteuer	Familie, Kinder
große Autos, viel PS	kleine Autos
Zigarren	Gesundheit und Wellness
Geschäftsreisen	Urlaub und Reisen
Herrenduft, Rasierwasser	Kosmetik, Haarpflege
Anzug, Krawatte	Mode, Accessoires
Finanzdienstleistung	Sparbuch
Forschung	Bildung
Geschäftsessen	Nahrungs- und Lebensmittel
Immobilien	Einrichtung, Wohnen, Dekorieren
Konzeptgärten	Pflanzen
Autowäsche	Putz- und Reinigungsmittel
Technik	Gebrauchselektronik
Luxusküchen	Einbauküchen

Diese Zuordnungen haben sich, ähnlich wie die beschriebenen Stereotype, fest in unserer Vorstellung verankert. Und so gehen die Bemühungen vieler Anbieter stets in die gleiche altbewährte Richtung in der Hoffnung, dass ihnen die bisherigen Kunden und Kundinnen immer weiter treu bleiben oder neue gefunden werden, die sich so verhalten wie die alten. So spiegeln etliche Branchen und Tätigkeitsbereiche die gesellschaftlichen Rollenmuster wider:

Männliche Branchen oder Bereiche	Weibliche Branchen oder Bereiche
Baubranche	Gesundheitsbranche
Werbebranche	Touristik
Autohandel, Ersatzteile	Sozialpädagogik
Straßenbau	Sprachen
Logistik	Lehramt
Forschung, Wissenschaft	Erziehung
Waffenhandel	Fertigung
Drogenhandel	Kranken-, Altenpflege
Informationstechnologie	Kunsthandwerk

Telekommunikationstechnologie	Verkauf im Einzelhandel
Softwarebranche	Büro
Sport	Coaching
Kunst	Astrologie
Chemie	Kleinunternehmen

Wenn Deutschland Weltmeister im Export ist und über die Fähigkeiten verfügt, andere Kulturen und Länder erfolgreich zu bedienen, warum also nicht im eigenen Land nach neuen Zielgruppen Ausschau halten – frei nach Goethe: »Warum in die Ferne schweifen, wenn das Gute liegt so nah?« Es ist durchaus möglich, diejenigen zu erreichen, deren Kaufkraft von den Unternehmen bisher nicht ausreichend wahrgenommen wurde oder die ihre Bedürfnisse dem Markt gegenüber bisher nicht klar genug artikulierten. Trotzdem existieren inzwischen bereits zahllose Produkte, die sich einer geschlechtsspezifischen Zuordnung entziehen und die von Männern und Frauen gekauft und benutzt werden. Viele Marken haben durch die breite Akzeptanz bei beiden Geschlechtern einen beispiellosen Erfolg zu verzeichnen.

Die meisten Dinge der folgenden Liste entstanden erst in den letzten zwanzig Jahren und wurden durch junge Käufergruppen zu Massenprodukten. Jugendkulturen sind häufig von androgynen Geschlechterbildern geprägt, die Unisex-Produkte zulassen und noch nicht so umfassend durch feste, ausgeprägte Geschlechterrollen eingeschränkt werden. Daraus lässt sich schließen, dass sich hier Produkte entwickeln können, die auch später unabhängig von einer direkten Geschlechterzuordnung vermarktbar sind.

Beispiele für Produkte, die beide Geschlechter gleichermaßen selbstverständlich konsumieren (»Gender neutral consumption«)
MP3-Player und andere digitale Unterhaltungsaccessoires
Mobiltelefone
Sportgeräte (Fahrräder, Snowboards, Tennisschläger ...)
Sportbekleidung, Sportschuhe
T-Shirts und Jeans
Umhängetaschen
Digitalkameras
Laptops
Software
Rollenkoffer

Aus unternehmenspolitischer und marketingstrategischer Sicht hemmt die geschlechterstereotype Zuordnung die Erschließung neuer Kundengruppen. Was also hindert die Marktakteure daran, ihre Produkt-Geschlecht-Zuweisungen zu überprüfen und zu überlegen, ob sich nicht ein völlig neuer Markt auftut? Da drängt sich mir die Vermutung auf, dass es nicht allein die persönlichen blinden Flecken und das eigene tradierte Gesellschafts- und Rollenbild sind, die diese hohe Durchdringung mit Stereotypen zulassen und diese nicht hinterfragen. Vor allem hat hier die androzentrische Sichtweise unseres Gesellschaftssystems einseitige Sichtweisen, Vorlieben und Bewertungen zur Folge.

> **Androzentrismus:** Fachausdruck der Geschlechterforschung für die dominant männliche Sichtweise, die gleichzeitig auch die gesellschaftliche Normierung von Werten, Wahrnehmungen, Verhalten und Wünschen unbewusst prägt.

Androzentrische Sicht auf Produkte und ihre Vermarktung

Die wesentliche Herausforderung des Marketings besteht darin, Produkte über ausgewählte Absatzkanäle zum richtigen Preis, in der angemessenen Verpackung und mit wirkungsvollen Botschaften zu verkaufen. Doch damit das funktioniert, braucht das Marketing Marktforschung mit Gender-Wissen. Frauen und Männer haben differierende oder übereinstimmende Bedürfnisse – je nach Lebensphase, kulturellem Background, sexueller Orientierung, Gesellschaftsschicht oder Lebensform. Für das Marketing entstehen damit zusätzliche Aufgaben, die das Ziel verfolgen, wirklich zu erfassen und zu verstehen, wann und warum konsumiert wird, wie unterschiedlich die Beweggründe für Frauen und Männer sind, bestimmte Produkte zu erwerben, und welche Bewertungsmuster ihren Entscheidungen zugrunde liegen. Vergleichbar mit dem Check vor dem Start eines Jets, zu dem es gehört, auch über die Verhältnisse am Zielort Bescheid zu wissen, braucht das Marketing möglichst viele Erkenntnisse, um bei Kundinnen und Kunden besser »landen« zu können. Mass-Marketing und die bisherigen althergebrachten Kenntnisse über Zielgruppen reichen nicht mehr aus, um den vielschichtigen Markt differenzierter zu bedienen.

So stelle ich immer wieder von Neuem fest, dass speziell über Frauen, was ihre Rolle als Kundin oder potenzielle Kundin betrifft, bei einer Mehrzahl der Unternehmen systematische Unkenntnis herrscht. Die Gründe für Fehleinschätzungen, Vorurteile oder gar Ignoranz beruhen zumeist auf der einseitigen Sicht aus der Perspektive der »Normalität«. Sowohl in der Marketingforschung wie auch in den Marketingabteilungen der Unternehmen definieren vornehmlich Normen, die durch männlich ausgerichtete Sichtweisen und Entscheidungsmuster geprägt sind, die Sicht auf alle anderen Kunden. Solange sich die Verantwortlichen aber nicht explizit in die Lage ihrer weiblichen Kunden hineinversetzen können und deren Bedürfnisse als Ausgangspunkt ihres Handels verstehen, bleiben Marktpotenziale ungenutzt. Die Voraussetzung zur vertiefenden Wahrnehmung ist Interesse und ein gewisses Maß an Empathie – eine Eigenschaft, die vornehmlich Frauen nachgesagt wird und die in vielen Wirtschaftsbereichen keinen Wert darstellt. Was hat das alles mit Gender zu tun, abgesehen von Produkten, die sich ganz explizit an das eine oder andere Geschlecht richten, wie Tampons oder Viagra? Gender entscheidet, weil jede Kaufentscheidung vom Geschlecht beeinflusst wird – sei es zum Beispiel durch die eigene Rolle, das Verhalten des Verkaufspersonals, die Werbeansprache oder das Image eines Unternehmens.

Produktwelten im Wandel

Die Veränderungen der Rollen von Männern und Frauen sind implizit bekannt. Die Branchen, deren Produkte dem biologischen Geschlecht am nächsten sind, wie Kosmetik, Mode oder Luxusgüter, haben sich bereits darauf eingestellt, männliche oder weibliche Rollenmuster in ihre Marketingstrategien zu integrieren. Andere Branchen, wie die Automobilindustrie, die Finanzdienstleistung oder die Softwareindustrie sind aus ihrer Historie heraus männlich geprägt. Die Produkte wurden vornehmlich von männlichen Ingenieuren entwickelt und hauptsächlich von männlichen Konsumenten gekauft. Diese Branchen tun sich schwer, einen neuen Schritt in unbekanntes Terrain zu wagen oder einfach mal den Blickwinkel von Frauen einzunehmen.

Veränderungen des Selbstbildes setzen eine neue Wahrnehmung voraus und bewirken mitunter eine Neuorientierung. Das bedeutet auch, Kundinnen und Kunden neu zu entdecken und die Verbindungen zu ihnen neu zu analysieren und zu definieren. Die Hinwendung zu neuen Zielgruppen, oder besser gesagt, die interessierte Hinwendung zu potenziellen Zielgruppen, wie bestimmten Frauen oder bestimmten Männern, ist ein wesentlicher Ansatzpunkt für Gender-Marketing.

Ursprünglich national agierende Unternehmen, die zu globalen Konzernen angewachsen sind, können sich durch die Verlagerung von Werten zu Global Playern entwickeln. Transformationsprozesse, die anderen Gruppen mehr Raum geben, haben auch mit der Abgabe von Privilegien zu tun, was im Einzelnen zwar Verlust, im Gesamten aber Gewinn bewirkt – je nachdem, wie sich die Werte verteilen. Auch dies ist ein Ziel des Gender-Marketing. Die Industrien der »Old Economy« haben natürlich erkannt, dass sich aus den gesellschaftlichen Veränderungen neue Möglichkeiten ergeben, um Geschäfte zu machen. So versuchen sie seit Jahren mehr oder weniger erfolgreich, den Markt für Männer und Frauen zu strukturieren. Das hat mitunter zur Folge, dass Produkte, die einstmals von Männern für Männer entwickelt wurden, lediglich modifiziert und mit dem Etikett »Frau« versehen auf dem Markt erscheinen. Diese nur äußerliche Klassifizierung verfehlt allerdings den erwünschten Erfolg, so dass viele der Vorstöße in Richtung weiblicher Neukundengewinnung enttäuscht wieder eingestellt wurden – bis zum nächsten Anlauf.

In einigen Industrien leistete der Einbezug von Gender bereits einen Beitrag zur Umsatzsteigerung. Besonders bei Freizeit- und Sportartikeln ist zu beobachten, dass diese bereits ausdifferenzierter sind und schon in den Konstruktionsphasen für Frauen oder Männer entwickelt werden. Frauen üben mittlerweile fast alle Sportarten aus, egal ob Golf, Trekking, Boxen oder Snowboarding, und so zählen sie mit zur größten Kundengruppe der Branche rund um Fitness, Sportgeräte und Bekleidung.

Der Golfsport (»Gentlemen only – Ladies forbidden!«) hat sich beispielsweise von einer ursprünglich reinen Männerdomäne zu einem Sport entwickelt, der von beiden Geschlechtern gleichermaßen ausgeübt wird und dessen Sortimente zunehmend auch auf den Bedarf von Frauen ausgerichtet und erweitert werden. Die Entwicklungsgeschichte vieler Sportgeräte führte vom ursprünglich männlichen Equipment über eine »verkleinerte« Variante bis hin zu speziell an den weiblichen Geschmack und die weibliche Anatomie angepasste Produkte: Fahrräder bekamen andere Formen und Sättel, Skier wurden breiter und kürzer, Golfschläger wurden leichter und kürzer, immer abgestimmt auf das Optimum an Kraftübertragung.

Bei den Accessoires sieht es ähnlich aus. Der Rucksack zum Beispiel war lange Zeit ein klobiges Unisex-Utensil, allein auf Funktionalität ausgerichtet – bis Frauen ihn für sich entdeckten und in vielen Situationen von der unpraktischen Handtasche auf den praktischen Rucksack umstiegen. Allerdings wünschten sie sich solche Produkte, die neben aller Funktionalität auch chic und modisch und kleiner sein sollten als die Exemplare vieler Outdoor-Hersteller.

Je jünger die Sportart und die Ausführenden, desto gleichberechtigter fallen die Produktentwicklungen aus. Die Snowboardcommunity mit ihren Produkten soll als Beispiel dienen: Hier wird nicht mehr nach Snowboarding oder Ladies-Snowboarding unterschieden, wie zum Beispiel bei Fußball oder Frauenfußball. Snowboarding hat sich zu einer Sportart entwickelt, bei der männliche und weibliche Wünsche die Produkte und Spielregeln gemeinsam gestalten – was wiederum den Verkauf von jenen

Snowboards und Accessoires besonders begünstigt, die nicht nur funktional, sondern auch vom Design her bei beiden Geschlechtern gut ankommen.

Vertrieb und Werbung

Wo Menschen leben, wird Handel getrieben, und wo Produkte sind, entstehen Orte, an denen sie gehandelt werden können. Daraus entwickelte sich – abhängig von den Produkten und Einkäufern – die Disziplin der Absatzkanäle. Es wird zwischen Großhandel, Einzelhandel und Direktvertrieb unterschieden, wobei der Einzelhandel einer der relevantesten Absatzkanäle ist. Die Erscheinungsformen wie Supermarkt, Discounter, Megastore, Kaufhaus, Fachgeschäft oder Versandhandel sind hinlänglich bekannt, in den letzten zehn Jahren kam der Internethandel hinzu, der sich mittlerweile für eine Vielzahl von Waren zum ernst zu nehmenden Vertriebsweg entwickelte. Auffällig ist, dass über die Sortimente des Einzelhandels und die Ausgestaltung der Geschäfte zumeist männliche Entscheider bestimmen, während die Kaufentscheidungen überwiegend Frauen treffen.

Solange ein Mangel herrscht, sei es nun beim Geld oder den Produkten, ist es nicht ganz so entscheidend, wie Geschäfte ausgestattet sind, gilt es doch zunächst den Bedarf zu decken. Wird dieser Bedarf befriedigt, folgen die ersten Verfeinerungen. So ist es nun auch in den post-sozialistischen Ländern zu sehen, wo seit kurzem Geschäfte und Läden ebenso konzeptionell ausgestaltet werden, wie dies in westlichen Ländern schon lange zur Selbstverständlichkeit gehört. In den ausdifferenzierten Volkswirtschaften wie USA oder Japan ist die Präsentation der Ware, die Verpackung und Dienstleistung rund um die Ware mindestens genauso wichtig wie das Produkt selbst. In Deutschland liegt der Standard für die Konzepte von Geschäften und Warenhäusern sowie die Präsentation von Waren irgendwo auf der Skala zwischen post-sozialistischem und US-amerikanischem Niveau, also innerhalb eines recht breiten Spektrums.

Bisher prägen vor allem die betriebswirtschaftlichen Kenngrößen die Ausstattung und Atmosphäre des Einzelhandels, egal welcher Branchen: Verhältnis von Ware zu Verkaufsfläche, Kosten des Verkaufspersonals, Abwicklung des Bezahlvorgangs, Wert der Einrichtung im Verhältnis zum Umsatz und so weiter. Bei der Ausstattung von Geschäften, deren Produkte nicht im Luxussegment angesiedelt sind, ist oft zu beobachten, wie wenig Wert darauf gelegt wird, dass sich die Kundinnen und Kunden dort wohl fühlen und aufhalten sollen. Vielmehr lautet die Devise: schnell rein, kaufen und wieder raus. Wenn es nun gilt, in einer Überflussgesellschaft Aufmerksamkeit oder Einzigartigkeit zu erreichen und den Konsumwunsch Wirklichkeit werden zu lassen, also Produkte zu verkaufen, sollten auch die Ausstattung von Geschäften und die Kompetenz des Verkaufspersonals beachtet werden. Denn es sind gerade weibliche Kunden, die vielen Studien zufolge über die höhere Konsumautorität verfügen und sich gerne länger in Geschäften aufhalten.

Die Wohlfühl-Voraussetzungen sind zum Beispiel Sauberkeit, Helligkeit, Freundlichkeit, Annehmlichkeiten oder die emotionale Bindung zum Geschäft. Frauen wollen in Beziehung zum Verkaufspersonal treten können. Dies geschieht am Point-of-Sale, also im Laden und an der Kasse – einem sensiblen Schnittpunkt, denn hier findet der direkte und persönliche Kontakt der Kunden und Kundinnen mit Produkten und Verkaufspersonal statt. Das Verkaufspersonal des Einzelhandels ist hier besonders gefordert, denn ohne Kenntnisse des weiblichen und männlichen Kommunikationsverhaltens geht so manches Geschäft verloren.

Unternehmen sollten daher die Prioritäten bei der Verteilung von finanziellen Ressourcen bezüglich des Point-of-Sale überprüfen. Der Ertrag, der durch gut ausgebildetes Verkaufspersonal mit Entscheidungskompetenz sowie ansprechende Geschäftsräume erreicht werden kann, überwiegt langfristig die Kosten. Besonders Kundinnen schätzen oft Kleinigkeiten, die ihnen den Einkauf erleichtern. Schließlich konnten Frauen im traditionellen Rollenverhalten besonders auch jene Fähigkeiten ausbilden, die sie jetzt von dem Ort erwarten, wo sie ihr Geld lassen.

Unterschiedliche Kommunikationsformen beim Point-of-Sale:

Werte für Männer	Werte für Frauen
Sachlichkeit, Klarheit	Freundlichkeit des Personals
technische Kompetenz	kompetentes Personal
Trennung von Sach- und Beziehungsebene	emotionale Komponenten
Fachsimpeln	Beziehungsebenen zum Personal
Macht als Käufer	helle, aufgeräumte Atmosphäre

Neben den Vertriebskanälen stellt die Werbung ein wichtiges Bindeglied zwischen Produzent und Markt dar. Hier werden die Botschaften über die Produkte mit denen des Unternehmens gekoppelt und von den Konsumenten und Konsumentinnen als Grundlage ihrer Entscheidungen abgeleitet. Dass Werbung häufig stereotype Darstellungen von Menschen benutzt, scheint eine Selbstverständlichkeit zu sein. Die Verfügbarkeit von großen Bilddatenbanken mit ihren auf Vorrat angefertigten Motiven hat mit dazu beigetragen, dass sich die Rollenbilder in der Werbung eher verfestigen, als dass sie aufgelöst werden.

Dies betrifft nicht nur die Geschlechterrollen. Auch in der werblichen Darstellung älterer Menschen ist festzustellen, dass diese dort genau das Gleiche tun, mögen und sich wünschen wie Jüngere. Unbeschwertes Leben hat aber für ältere Menschen eine andere Bedeutung, als mit dem lebenslangen Ehepartner jugendlich und frisch verliebt am Strand entlang zu turteln. Viele Darstellungen stimmen demnach nicht mehr mit der Realität überein, denn die Lebensrealitäten von Männern und Frauen ändern sich im Laufe der Zeit.

Ein Grund für diese idealtypischen Bilderwelten mag sicherlich sein, dass Werbung zum größten Teil von jüngeren Menschen produziert wird, die sich noch nicht explizit in die Komplexität der verschiedenen Lebensphasen und Lebenssituationen einfinden können. So leben knapp zwei Drittel der Frauen über 55 in Deutschland alleine, wogegen dies für noch nicht einmal 30 Prozent der gleichaltrigen Männer gilt (Mikrozensus, 2006). Erwachsene Kinder, Enkel, Nachbarn und Freundinnen nehmen im Leben vieler Frauen einen Raum ein, der von Marketing und Werbung wenig berücksichtigt wird. Frauen schätzen es, wenn Unternehmen sie kennen und ernst nehmen. Sie begeistern sich für Werbung, in der sie als Personen in ihren vielfältigen Rollen angenommen werden, selbst wenn sie diese Rollen nicht alle ausfüllen.

Der Staubsauger- und Teppichhersteller Vorwerk hat mit seiner Fernsehwerbung, in der die Hausfrau als Hauptperson und »Managerin eines erfolgreichen Familienunternehmens« auftritt, einen positiven Identifikations- und Wiedererkennungseffekt bei vielen Frauen erreichen können. Unabhängig davon, ob sie erwerbstätig sind oder nicht, den Job der Familienmanagerin haben fast alle Frauen mit Kindern (und auch etliche ohne Kinder) bereits ausgeübt, oder sie wissen jedenfalls, was damit gemeint ist.

Preis

»Geiz ist geil«-Mentalität und das Verlangen nach Billigwaren ohne Service haben Deutschland in ein Do-it-yourself-Discountland verwandelt und sind mit dafür verantwortlich, dass Fachgeschäfte, die sich über viele Jahrzehnte etabliert hatten, mittlerweile zu einer aussterbenden Spezies mutieren. Alles Geschehen auf dem Markt hat Auswirkungen, die früher oder später zum Vorschein kommen. Um dem Veröden der Innenstädte entgegenzuwirken, versuchen Stadtentwickler mühevoll, wieder Einzelhandelsgeschäfte in den Innenstädten anzusiedeln. Ist es wirklich so, dass diejenigen, die Kaufentscheidungen treffen, ausschließlich billig einkaufen möchten? Konsumentinnen und Konsumenten sind bereit, einen Premiumpreis zu zahlen, wenn ihnen das Produkt und das emotionale Erleben dies wert erscheinen. Neben der Qualität der Produkte wird deren Wert auch zunehmend durch den Service definiert, der während des Kaufs und danach erfahren wird. Die weichen Faktoren sind also genauso ausschlaggebend wie der Preis und bestimmen den Wert der Waren und Dienstleistungen mit. Wenn Kauf oder Reklamation mühsam sind, werden Produkt oder Einzelhändler nicht weiterempfohlen, selbst wenn der Preis niedrig ist.

Gender und Design

Am deutlichsten zeigt sich der Unterschied zwischen männlichen und weiblichen Vorstellungen bei Gestalt, Form und Farben ihrer Produkte. An der Art dieser »Umhüllung« und der Ausdifferenzierung des Designs ist die gewünschte Zielgruppe erkennbar, und hier wird deutlich, dass noch sehr viele Produkte nicht unter Gender-Aspekten entwickelt oder gestaltet werden. So sind technische Produkte und die dazugehörende Kommunikation vornehmlich auf männliche Endkunden ausgerichtet, was dazu führte, dass zum Beispiel PCs und Notebooks nur zwei Farben kennen (hellgrau und schwarz) und im Design austauschbar sind. War es für den Konsumenten bisher wichtig, dass »Intel Inside« ist, musste diese Nachricht nicht in einer formschönen Verpackung daherkommen, schließlich handelte es sich um ein technisches Merkmal und eine Aussage zur Funktion. Bei Mobiltelefonen war das lange Zeit ähnlich, sie kamen in verschiedenen Grau-Abstufungen auf den Markt. Doch der Markt für Handys beherbergt gleichermaßen männliche und weibliche Endkunden, was zur modischen Ausdifferenzierung der Modelle führte. Inzwischen ist eine vielfältige Produktpalette entstanden, die es Männern und Frauen ermöglicht, Individualität, persönlichen Stil oder Status auszudrücken.

> **Nokia: »Mobiltelefone als Fashion-Statement«**
> Mobiltelefone haben in der kurzen Zeit ihrer Existenz im Markt mehrere erstaunliche Produkt- und Entwicklungszyklen durchlaufen. Zwischen der unhandlichen Funkeinheit mit Tragegriff und dem kleinen, ausdifferenzierten Computer mit Telefon, Internetkompatibiltät und Digitalkamera liegt ein kurzer Weg von nur 15 Jahren. Weltweit steigt die Zahl der Mobilfunk-Anschlüsse kontinuierlich weiter. Allein in Deutschland werden pro Haushalt gleich mehrere Handys parallel genutzt – oder verstauben in Schubladen. Nach Angaben der Informationswirtschaft, Telekommunikation und neue Medien (BITKOM) übertraf die Anzahl der

Mobilfunkverträge 2006 erstmals die der Einwohner Deutschlands. Auch die Zahl der UMTS-Handys und -Karten steigt: zwischen Ende 2005 und Ende 2006 von rund 2,3 Millionen auf rund 6,5 Millionen. Im Jahr 2007 wird die Marktdurchdringung mit UMTS-Geräten nach BITKOM-Schätzung im Vergleich zum Vorjahr um 60 Prozent auf rund 10,5 Millionen steigen – ein gigantischer technikgetriebener Markt. Erstaunlich, dass sich das Mobiltelefon trotz techniklastigem Umfeld zu einem Accessoire mit Fashion-Statement entwickelt hat.

Nokia (und andere Anbieter) richten sich mit unterschiedlichen Modellen – die bei weitem nicht geschlechtsneutral anmuten – an Männer und Frauen. Mit Design, Jeanstag und Farbgebung verdeutlichen dies besonders die Handys der L'Amour Collection von Nokia, die bernsteinfarben und kaffeebraun, einfarbig oder kombiniert mit Weiß erhältlich sind. Die lederne Rückseite impliziert, dass es hier um Mode und nicht um Technik geht, denn technische Produkte werden mit Metall oder Kunststoff assoziiert. Auch das Nokia 7373, ein pinkfarbenes Fashion-Handy, richtet sich bewusst an junge Mädchen und Frauen. Der sachliche und metallfarbene Nokia Communicator hingegen ist ein Männerprodukt. Mit allen technischen Raffinessen ausgestattet, von W-LAN über Internetbrowser, Kamerafunktion, Office-Produkten, großem Speicherplatz und langen Akkulaufzeiten, wird es von viel reisenden (Geschäfts)männern gerne eingesetzt, die es manchmal sogar wie einen Colt am Hosengürtel tragen. Seitdem die neue Version abgerundete Kanten hat, lassen sich auch Frauen für den Communicator erwärmen, doch würden sie es niemals direkt am Körper tragen, sondern eher versteckt vor öffentlichen Blicken in ihren Taschen. Auf jeden Fall hat Nokia den Mythos aus der Welt geschafft, dass technische Produkte geschlechtsneutral oder langweilig sein müssen. Die Einstellung von Männern und Frauen zum Handy differiert, sie empfinden es als unentbehrlich, nutzen es aber unterschiedlich und haben andere Beziehungen zum Produkt. Das Unternehmen trägt dieser Verschiedenheit Rechenschaft und hat Produkte entwickelt, deren geschlechtsspezifische Optik es den technischen Spielereien gleichtut.

Abbildung 7: Geschlechtsspezifische Optik: Der Nokia Communicator und ein Modell der L'Amour Collection

Männer und Frauen verändern sich ...

Unsere Gesellschaft befindet sich inmitten eines Wandels. Nicht nur die starren Grenzen zwischen Arbeitswelt und persönlicher Welt heben sich langsam auf, auch Regeln, Normen und Rollenmuster im zwischenmenschlichen Bereich verlieren an Gültigkeit. Vieles, was lange Zeit nicht hinterfragt wurde, wird sich ändern, nicht nur weil sich unsere Gesellschaft ändert, sondern weil sie wiederum Bestandteil eines größeren Systems ist und damit abhängig von der Dynamik der globalen Wechselbeziehungen. So verändert sich das Arbeitsleben ebenso wie das traditionelle Familienbild und die Rollen von Männern und Frauen.

Leitwerte der »Neuen Männer«

Gender-Studien beschäftigen sich intensiv mit Frauen, seltener jedoch mit Männern. Die 2006 durchgeführte Studie des Trendbüros Hamburg für DMAX, den TV-Kanal für Männer im Alter zwischen 20 und 39 Jahren, zeigt den aktuellen männlichen Wertekanon; wie deutsche Männer sich selbst sehen, was sie sich wünschen und welche Leitwerte sie akzeptieren:

- *Tugend Kommunikation:* Netzwerker sind effizienter als Einzelkämpfer. Das bedeutet, dass in einer nicht mehr ausschließlich homogen geordneten globalen (Arbeits-)Welt vermehrt weiblich zugeordnete Fähigkeiten benötigt werden, wie zum Beispiel Kommunikationsfähigkeit, Teamfähigkeit oder Führungskompetenz ohne formale Hierarchien.
- *Leidenschaft Information:* Aussteigen aus dem Info-Stream gefährdet den Erfolg. Die richtige Information zur richtigen Zeit ist in einer zum Teil gnadenlos wettbewerbsorientierten Arbeitswelt Gold wert. Es wird beobachtet, dass Männer, die Auszeiten für die Erziehung ihrer Kinder nehmen, mit den Kollegen in Verbindung und über technische Medien an den Informationsquellen präsent bleiben. Sie verlieren nicht den Kontakt zur außerfamiliären Außenwelt, in die sie so leichter wieder hineinschlüpfen können.
- *Sehnsucht Partnerschaft:* Idealbeziehungen leisten verständnisvolles Coaching. Beziehungen verändern sich von auf Reproduktion ausgerichteten hin zu gleichberechtigten Partnerschaften, die nicht nur Verpflichtungen und Einschränkungen mit sich bringen, sondern auch ermöglichen, persönlich zu wachsen und sich weiterzuentwickeln.
- *Körperbewusstsein und Gesundheit:* Investition in Körperlichkeit sichert schönes Altern. Männer kümmern sich selbst um ihr Aussehen,

ihren Körper und ihre Gesundheit, denn sie wissen, dass auch für sie Aussehen ein Erfolgsfaktor ist und sie sich mangelnde körperliche Leistungsfähigkeit nicht mehr leisten können.

Stokke: »Buggies für Väter«

Aluminiumprofile, superleichte Konstruktion, besonders robust, Schutzdach aus Polyester, Fünfpunkte-Sicherheitsgurt, atmungsaktiver Regenschutz, zentrale Teleskopstange, höhenverstellbare Sitze, variable Fußstütze, Universal-Adapter für Autositze – Beschreibungen, die auch auf ein Kraftfahrzeug zutreffen könnten, aber hier Leistungsspektrum und Produkteigenschaften einer neuen Generation von Kinderwagen beschreiben: der Buggy für Väter. Kinderwagenhersteller haben erkannt, dass durch den Zusatz einiger technischer Raffinessen Männer für den Kauf von Kinderwagen zu begeistern sind, denn auch Väter wollen einen Kinderwagen schieben und sich dabei gut fühlen. Sie entwickelten innovative Modelle mit Hightech-Touch, die männliche Vorlieben und Bedürfnisse wie Begeisterung für Technik, Material und Formen befriedigen. Frauen sind eher an praktischen Details interessiert, wie zum Beispiel der Möglichkeit, Einkäufe zu verstauen, Handhabung der Babyschale, Verstaubarkeit im Kofferraum, Gewicht, Größe und natürlich Sicherheit. In wieweit die Babys auch zur Produktentwicklung beitrugen, stand bis Redaktionsschluss leider noch nicht fest.

Abbildung 8: Kinderwagen für Väter mit Hightech-Elementen gehen auf männliche Vorlieben ein.

Leitwerte der »Neuen Frauen«

Frauen haben in kurzer Zeit einen gewaltigen gesellschaftlichen Wandel vollzogen. Was vor hundert Jahren mit dem Wahlrecht für sie begann, mündet heute in der Besetzung von Spitzenpositionen in Politik und Wirtschaft und entwickelt sich weiter. Aus meiner Sicht gibt es vier große Felder, in denen sich diese Veränderungen bemerkbar machen und die für Gender-Marketing besonders interessant erscheinen:

- *Familie und Partnerschaft:* Die Vereinbarkeit von Beruf und Familie ist das Paradigma der Zukunft, es geht nicht mehr um das Ob, sondern um das gemeinschaftliche, partnerschaftliche Wie. Hieraus werden sich neue Werte und Handlungsfelder entwickeln.
- *Arbeitswelt:* Frauen sind erwerbstätig und werden es bleiben. Sie führen Unternehmen und Länder, sie entwickeln alternative Formen der Energiegewinnung, sind Professorinnen und Unternehmerinnen, Soldatinnen und Forscherinnen – kurzum, sie haben sich ihren gestalterischen Platz erobert.
- *Produktentwicklung:* Frauen leisten in Branchen, die ihnen traditionell zugeordnet werden, schon jetzt einen Beitrag zur Ausdifferenzierung und Neupositionierung von Produkten, beispielsweise in Mode und Kosmetik. Dennoch gibt es manche Branchen, die Frauen für sich noch entdecken können, vor allem die mit hohen Investitionsvolumina.
- *Zivilgesellschaft:* Frauen investieren Geld, wo sie ihre gesellschaftlichen Anliegen verwirklicht sehen wollen. Das können ihre eigenen Stiftungen oder Unternehmen sein oder nachhaltige Vermögensanlagen. Für Finanzdienstleister eine große Herausforderung, denn die klassischen Anlagevertriebseinheiten finden keinen Zugang, um hierfür Unterstützung zu leisten und schließlich das Geld auch zu verwalten und anzulegen.

Unsichtbare Käuferinnen

Erwerbstätige Frauen mittleren Alters könnten für jeden Markenhersteller die Zielgruppe Nummer eins sein, sind sie doch erfahrene und aufgeklärte Konsumentinnen mit eigenem Geld, das sie bereit sind auszugeben. Zudem sind sie willens, über ihre Erfahrungen zu kommunizieren, und könnten damit wertvolle Expertinnen im Dialog des Unternehmens mit seiner Kundschaft darstellen – wenn sie denn sichtbar wären, auch als Kundinnen beispielsweise für Finanzanlagen oder Immobilien. Doch die Realität spiegelt ein anderes Bild: In der Außendarstellung und

Werbung ist diese Zielgruppe in diesen Märkten fast unsichtbar. Die Werbe- und Bilderwelt suggeriert Frauen über 50 ein Leben im Jammertal aus Inkontinenz, Hormonmangel und Unbeweglichkeit, verbunden nur noch mit der Möglichkeit, im Versandhandel zu konsumieren.

Intuitiv ist klar: Frauen um die 20 unterscheiden sich deutlich von Frauen ab 40, und diese wiederum von Frauen um die 60. Frauen, die heute 60 Jahre alt sind, sind andere als die vor 20 Jahren, mit einer anderen Lebensvorstellung. Aber gerade diese Zielgruppe wird noch mit den Bildern unserer Großmütter identifiziert. Deshalb hier eine etwas intensivere Annäherung:

Die Lebenswelten von Frauen in der zweiten Lebenshälfte werden sich ähnlicher, unabhängig davon, ob sie Kinder haben oder nicht. In ihren Partnerschaften, Ehen und Berufen haben sie einiges erlebt, Trennungen und Verluste hinnehmen müssen und sich in den meisten Fällen innerlich oder äußerlich unabhängiger machen können. Der neue Lebensabschnitt beinhaltet die Auseinandersetzung mit dem Älterwerden, das Planen und Gestalten des weiteren Lebens – oft unabhängig vom Partner oder den eigenen Kindern: Es liegen noch 30 und mehr aktive Jahre vor ihnen. Oftmals starten Frauen mit 50 noch mal in einen völlig neuen Lebensabschnitt: Sie kaufen Wohnungen, gründen eigene Firmen oder stellen sich anderen beruflichen und ideellen Herausforderungen, die in ihrer durchorganisierten Welt vorher keinen Raum hatten. Als Vergleich: In Deutschland sind Frauen über 50 als Bevölkerungsgruppe zahlenmäßig genauso groß wie die Gruppe aller Einwohner bis 20 Jahre.

Frauen ab 50 sind eine interessante Zielgruppe, denn:

- Sie haben Erfahrung mit vielen (auch konkurrierenden) Produkten.
- Sie geben ihre Erfahrungswerte an andere weiter und wirken als Multiplikatoren.
- Sie kennen die Vorlieben vieler anderer Personen aus ihrer mittel- und unmittelbaren Umgebung (Partner, Kinder, Eltern, Verwandte, Arbeitskolleginnen und Freundinnen).
- Sie sind wählerisch und kaufbewusst.
- Sie sind vielseitig interessiert.

Wechseljahre und Menopause können bei Frauen enorme Energien freisetzen: Sie trennen sich, verändern ihr Leben, ziehen um, reisen, bilden sich weiter, versichern ihr Alter, engagieren sich politisch oder ehrenamtlich oder gehen sogar erstmalig in ihrem Berufsleben ins Ausland. Männer im vergleichbaren Alter beginnen ebenfalls, sich außerberuflich zu orientieren und ihr Leben neu zu ordnen, oft auch, indem sie ihre langjährige

Partnerin verlassen und eine zweite Familie aufbauen. Sie werden »ruhiger« und ziehen es oftmals vor, sich gelassen auf das Erreichte zu beziehen; sie entspannen, wollen aber auch noch mehr vom Leben: Aktivitäten beginnen, deren Ursprünge aus der Jugendzeit stammen. Und die Tage werden fest strukturiert. Frauen leben, wenn sie älter werden, zunehmend allein, Männer versuchen, so lange wie es geht in Partnerschaften zu leben.

	Männer			Frauen		
	Gesamt	Alleinlebend	Anteil	Gesamt	Alleinlebend	Anteil
Bis 20 Jahre	8.572.000	60.000	< 1 %	8.140.000	79.000	< 1 %
20 bis 40 Jahre	11.149.000	2.967.000	27 %	10.713.000	1.878.000	18 %
40 bis 60 Jahre	11.804.000	2.149.000	18 %	11.557.000	1.466.000	13 %
Ab 60 Jahre	8.827.000	1.483.000	17 %	11.738.000	4.613.000	39 %

Abbildung 9: Der Anteil der alleinlebenden Männer und Frauen in der deutschen Bevölkerung

(Qelle: Statistisches Bundesamt, Mikrozensus, 2006)

In Unternehmen ist über das Verhalten in den einzelnen Lebensphasen bislang erst wenig Wissen entwickelt und nutzbar gemacht worden. So ist es für Frauen ab 50 ohne signifikante Sicherheiten beispielsweise schwierig, von Geldinstituten Kredite für die Finanzierung unternehmerischer Aktivitäten zu erhalten. Aufgrund der weiblichen Historie kann es durchaus gewollt gewesen sein, kein eigenes Vermögen aufzubauen, was aber eine Kreditaufnahme später enorm erschwert. Auch Unternehmenskredite, die von staatlichen Institutionen über die Hausbank bewilligt werden, sind nur mit Hartnäckigkeit und Sicherheiten zu bekommen. Dabei könnten Finanzprodukte für Frauen ab 50 für Banken ganz interessant sein, sind Frauen doch eine Zielgruppe, die im Durchschnitt weniger Pleiten erleidet und zuverlässiger zahlt.

Insgesamt sind Frauen in Deutschland zu zwei Dritteln erwerbstätig (Männer zu 80 Prozent). Sie finden es heute selbstverständlich, eigenständige Entscheidungen zu treffen. Auffallend ist jedoch, dass die Bedarfe dieser Gruppe besonders bei hochpreisigen Investitionen wie Automobilen, Unterhaltungselektronik, Versicherungen und Immobilien noch wenig erforscht sind. Wenn Frauen nicht in dem Maße konsumieren, wie es ihre finanziellen Mittel zuließen, so hat dies Gründe und Auswirkungen. Einer der Gründe für die lange Jahre schwächelnde Binnenkonjunktur ist aus meiner Sicht, dass Potenziale bei Frauen schlichtweg übersehen wurden. Um Marktanteile zu generieren, sollten sich Anbieter nicht so sehr nach den eigenen Vorstellungen, sondern systematischer als bisher auch an den Wünschen und dem Bedarf von älteren Konsumentinnen ausrichten. Allein schon durch eine authentische und ehrliche Kommunikation können viele neue Kundinnen gewonnen werden.

> **Dove: »Initiative für wahre Schönheit«**
> Die Geschichte der Marke Dove aus dem Hause Unilever begann 1957 in den USA. Seit 1991 sind Dove-Produkte auch in Deutschland erhältlich mit einem Produktportfolio, das mittlerweile fast 60 verschiedene Produkte rund um die Körperpflege umfasst. Aufsehen erregte Dove 2004 mit der Einführung einer neuen »hautstraffenden Körperpflegeserie« durch die Kampagne: »Keine Models – aber straffe Kurven!«. In der europaweiten Werbekampagne zeigt die Körperpflegemarke keine Models, sondern natürliche Frauen, die weit entfernt sind von den Model-Idealmaßen 90-60-90. Es sind kleine, große, korpulente oder mollige Frauen, eben genau das Spektrum der Käuferinnen von Dove. Damit bedient sich Dove zum ersten Mal des Konzepts von Diversity, und zwar von Vielfalt im Bereich des Gender-Marketing. So schlägt das Unternehmen Unilever einen neuen Kurs in der Kosmetikindustrie ein. Erstmalig werden Frauen porträtiert, die keinem stereotypen Schönheitsideal entsprechen. Es sind natürliche, sympathische Frauen, die mitten im Leben stehen – und die sich sichtlich wohl fühlen in ihrer Haut. Damit spricht der Hersteller eine breite Masse von Frauen an und hat Erfolg.
> In der bundesweiten Dove-Beauty-Studie wurde herausgefunden, was Frauen über Schönheit und Ideale wirklich denken. Demnach ist eine tolle Ausstrahlung für die Mehrheit der befragten Frauen (95 Prozent) das wichtigste Schönheitsideal. 80 Prozent finden: »Eine schöne Frau hat vor allem Charakter!« Die Schuld am unrealistischen Schönheitsideal gibt die Mehrheit den Medien (87 Prozent) und der Werbung (72 Prozent). Gerade einmal 5 Prozent der Frauen können sich mit den gängigen stereotypen Idealen identifizieren; viele sind im Gegenteil sogar frustriert von den ewig gleichen, makellosen Vorbildern. Trotzdem: 84 Prozent »fühlen sich wohl in ihrer Haut, auch wenn der Körper nicht ganz perfekt ist«. Besonders interessant ist, dass drei Viertel aller befragten Frauen sich wünschen, in der Werbung würden »... häufiger natürliche Frauen gezeigt werden«.
> 2005 gründete Dove die »Initiative für wahre Schönheit«, die das Ziel verfolgt, die bestehenden Schönheitsideale durch gesündere, demokratischere Sichtweisen zu erweitern oder zu ersetzen. Die Homepage www.InitiativeFuerWahreSchoenheit.de dient dabei als interaktive Aktions- und Diskussionsplattform, in deren Online-Foren Frauen das ewige Streben nach der Traumfigur, die Angst vor dem Älterwerden und den Wunsch nach Makellosigkeit thematisieren. Weltweit wird die Initiative bereits in mehr als 20 Ländern umgesetzt. Zusätzlich unterstützt Dove in den jeweiligen Ländern Präventionsprogramme gegen Essstörungen, damit Frauen und Mädchen ein

gesünderes Selbstbild entwickeln können. Im Rahmen dieser Initiative geht Dove 2007 sogar noch einen Schritt weiter und bricht weitere Werbetabus auf. Zur Einführung der Pflegeserie »pro-age« wurde eine Werbekampagne gestartet, die erneut das gängige Schönheitsideal in unserer Gesellschaft in Frage stellt und beweist, dass Schönheit keine Frage des Alters ist. TV-Spots, Anzeigen und Riesenposter zeigen unbekleidete Frauen im Alter von 54-63 Jahren, mit grauen Haaren und Falten. Doch: Sie sind schön, selbstbewusst und authentisch – und diese Verbindungen sind neu!

In unserer Gesellschaft wird Älterwerden mit Anti-Age-Produkten behandelt und bekämpft. Das Unternehmen vollzieht hier eine Wendung von Anti-Age auf pro-age. Offen wird propagiert, dass Älterwerden nichts Negatives ist und die Gesellschaft positiver und freier mit dem Thema »Frauen und Älterwerden« umgehen sollte. Mit den Produktpositionierungen durch diese Kampagnen zeigt die Marke direkt und ohne Beschönigung, wie sie ihre Kundinnen sieht – Frauen, denen es leichter fällt, sich mit »richtigen« Frauen zu identifizieren als mit unerreichbaren Idealen. Unilever versteht es hier, seine Zielgruppe anzusprechen – mit dem Resultat, einen höheren Bekanntheitsgrad und mehr Umsatz erreicht zu haben.

Abbildung 10: Ein Motiv der „Initiative für wahre Schönheit" von Dove. Es bricht das Werbetabu Alter.

5 Die Ausdifferenzierung wird sichtbar

Die hier skizzierte Sicht auf die Entwicklung und Ausdifferenzierung von Gender entstammt zugegebenermaßen der subjektiven Erfahrungswelt einer in den 1960er Jahren geborenen westdeutschen Frau. Meine persönliche Interpretation kann also nur einen Ausschnitt dieses vielschichtigen Themas widerspiegeln.

Die Welt verliert an Gewicht. Nicht nur die Produkte der Nahrungsmittelindustrie werden light, sondern auch technische, industrielle und viele ehemals mechanische Produkte treten mit der Digitalisierung in eine neue Evolutionsstufe ein. Die Veränderungen finden global statt und betreffen alle Märkte. Digitalisierung bedeutet, dass zum Beispiel die Bedienung großer Maschinen oder schwerster Geräte nicht mehr von der physischen Kraft des Mannes abhängig ist, sondern vom Verständnis der Funktion und Bedienung der digitalen Steuerung. Wie sich dies für den Bereich Gender auswirkt, ist unschwer zu erkennen.

Die Wegbereiter von Gender

Männer brauchen schon jetzt im beruflichen Umfeld weniger körperliche Kraft als Eigenschaften wie Verständnis und Interesse. Dies wird sich langfristig auch auf die körperliche Verfassung auswirken, etwa indem sich Männer mehr und vor allem eigenständiger um ihren Körper kümmern müssen. Ein durchtrainierter, muskulöser Körper wird in Zukunft zu einem Luxusattribut, das sich nur derjenige leisten kann, der diesen schätzt, ihn pflegt, benutzt und über seine Funktionsweise Bescheid weiß. Ein gepflegter, trainierter Körper wird bei Männern zum Statussymbol, denn er zeugt nicht nur von Attraktivität und physischer Leistungsfähigkeit, sondern auch von psychischer Gesundheit.

Besonders nach dem Zweiten Weltkrieg hatten sich Männer um andere Dinge zu kümmern als um Haarmoden oder Outfit. In den 1950er Jahren, der Zeit des Wiederaufbaus, der Wirtschaftswunderzeit, existierten klare Rollenverteilungen für Männer und Frauen. So wurde Frauen, nachdem sie ihre Aufgaben in den Produktionsprozessen oder als Trümmerfrauen geleistet hatten, der Weg zurück ins Heim gewiesen – auch, um sich wieder um die zahlreichen Nachkommen zu kümmern, die nun die Verluste des Krieges ausgleichen sollten. Männer hatten »ihren Mann zu stehen« und durch Erwerbsarbeit die Familie zu versorgen. Diese Arbeitsteilung bewirkte, dass Frauen wieder vornehmlich für die unentgeltlichen Reproduktionsarbeiten zuständig waren. Männer gingen samstags in die Badewanne und hatten sonst keinerlei individuelle kosmetische Vorstellungen zu entwickeln. Diese wurden seinerzeit als von der Norm abweichend und negativ gewertet.

Seit den 1960er Jahren sieht dieses Bild anders aus, die Gesellschaft emanzipierte sich. Die Bürgerrechtsbewegung in den USA und die 1968er-Bewegung in vielen westeuropäischen Ländern bildeten die Grundlage für neue geschlechtliche, gesellschaftliche, wirtschaftliche und kulturelle Entwicklungen. Sie fanden musikalischen Ausdruck unter anderem durch die Beatles, die Rolling Stones, Woodstock und das Musical »Hair«, gesellschaftlich durch die Stonewall-Riots der Homosexuellen und die schwarze Bürgerrechtsbewegung um Martin Luther King sowie politisch durch John F. Kennedy und Willy Brandt. Ein grundlegender gesellschaftlicher Wertewandel begann, der sich unter anderem in dem zeigte, was Menschen nah ist: der Kleidung und den Haaren, die bei Männern länger und bei Frauen kürzer wurden.

Kosmetik macht Männer schöner

Viele, die in den 1980er Jahren in Westdeutschland aufwuchsen, können sich vielleicht noch an den Werbeslogan »Stu-stu-studio line« von L'Oréal erinnern. Eine Erneuerung im Bereich Haarpflege wurde eingeleitet. Junge Männer durften nun ganz offensiv mit Haargel experimentieren. Frisuren als modische Ausdrucksform waren bis dahin Frauen vorbehalten. Haarmode war ja bereits seit den Beatles ein Thema, doch erst in den 1980er Jahren begann die Vermarktung von Produkten für Männerhaare. Die ersten Anzeichen für die Befreiung des Mannes von der Kurzhaarfrisur lieferte der Rock'n'Roll. Zum ersten Mal im letzten Jahrhundert wagte die Jugendkultur – die Teds, Mods, Popper und Punks – eine Identitätsaussage mittels ihrer Haartracht abzugeben und sich damit gegen die etablierten Normen zu stellen. Popgruppen und Künstler beeinflussten Haarmode und Kleidung, Reisen erweiterten den persönlichen Horizont, zum ersten Mal war es möglich, sich von traditionellen Werten zu befreien. In den 1970er Jahren kauften sich Männer – oder vielmehr kauften Frauen für ihre Männer, die sie »schöner« und wohlriechend wollten – Produkte der Marke »Tabac«, denn das war einer der wenigen großen Anbieter von Männerkosmetik.

Wie sich Männer und Frauen ausdifferenzieren können, wenn sie sich von einschränkenden Tabus befreien, zeigte in den 1970ern auch die aufkommende homosexuelle Befreiungsbewegung: Freddie Mercury, The Village People, Rosa von Praunheim und andere männliche Protagonisten wie David Bowie oder Boy George standen seit den 1980er Jahren für das Ausbrechen aus vorgegebenen Geschlechterrollen. Parallel zur Emanzipationsbewegung konnte sich nun der Haarpflege- und Kosmetikmarkt für Männer entwickeln – auch weil Frauen es wollten und mit ihren Käufen ermöglichten. Die Wünsche und Freiheiten der einzelnen Kundengruppen bescherten der Kosmetikbranche Wachstumsimpulse und dem Markt immer mehr Produkte für Kosmetik und Körperpflege.

Wenn sich Männer in den Industrieländern mit Kosmetikprodukten umgeben, so hängt dies heute nicht mehr davon ab, ob ihnen Frauen dies ermöglichen, weil sie die Rasierwasser und Herrendüfte kaufen. Es liegt an den unterschiedlichen neuen Rollen und den Gefühlen, die der Konsum dieser Produkte bei den Männern selbst weckt. Die eigene Männlichkeit zu entdecken, zu vergleichen und zu erfahren, wie man wirken kann, wird zur Triebfeder für Entscheidungen. Bemerkenswert, dass Männer hier den gleichen Entwicklungsweg gehen, den Frauen schon kennen: So präsentieren sich Produkte, die der männlichen Körperlichkeit dienen, wie Nahrungsmittelergänzungsprodukte, Sportbekleidung, Accessoires und Kosmetik, auf dem globalen Markt bereits vereinheitlicht. Auch die Enthaarung des Mannes hat bereits begonnen. Einstmals von der Evolution als Träger für Pheromone vorgesehen, werden Haare heute entfernt und körpereigene Duftstoffe bereits von der Kosmetikindustrie künstlich erzeugt. Ein enthaarter männlicher Körper wirkt ästhetisch und begehrenswert. Frauen mit kurzen Haaren sind gesellschaftsfähig – ohne Haare nicht. Die Gesellschaft toleriert Frauen mit Haarverlust nicht, und so bescheren Pflege und Sorge um die weiblichen Kopfhaare den Kosmetik- und Pharmakonzernen, Friseuren und Apotheken jedes Jahr einen Milliardenumsatz. Frauen brauchen ihre Haare, um Identität, Persönlichkeit und Selbstwertgefühle zu entwickeln. Bei Männern galt bislang ein kahler Kopf als selbstverständliche Nebenerscheinung des Alterns, doch auch dieses Bild bekommt bereits Risse. Zunehmend empfinden auch Männer den Verlust von Kopfhaaren als Makel, Zeichen des eigenen Alterungsprozesses und des Verlusts von Attraktivität. Ein Kopf ist ein »Ich«, Frisuren schaffen individuellen Ausdruck. So sind auch Männer dafür verantwortlich, dass sich der Markt für Haar- und Körperpflege weiter ausdifferenziert.

Rund um das traditionelle Kosmetik- und Friseurhandwerk entstehen ganz neue Branchen und Produkte – auch weil sich diese in anderen Ländern bereits erfolgreich etablieren konnten und der deutsche Markt danach verlangt: Fitnessstudios, Solarien, Enthaarungs-, Tattoo- und Nagelstudios mit eigenen Kosmetikserien, Accessoires und Medien. Die Beschäftigung mit der eigenen Äußerlichkeit wird auch für Männer wichtiger, denn Arbeitsverhältnisse, Partnerschaften und Ehen sind nicht mehr darauf angelegt, ein Leben lang zu halten. Wer ins persönliche Erscheinungsbild investiert, erhöht damit die Marktchancen.

> **Beiersdorf: »Nivea for Men«**
>
> Laut Marktforschungsuntersuchungen kümmern sich Männer verstärkt selber um ihr körperliches Wohlbefinden – nicht nur durch Fitness, sondern auch mittels Kosmetika. Dafür werden Pflegeprodukte bevorzugt, die auf Männerhaut abgestimmt sind und damit Lösungen für die spezifischen Hautprobleme anbieten. Die Produktlinie »Nivea for Men« bietet dazu ein umfangreiches Sortiment an Männerpflegeprodukten und umfasst Seife, Deodorant, Bodylotion, Haarshampoo, Haargel und Selbstbräunungscreme. Sie ist mittlerweile die bekannteste Herrenkosmetik-Marke am Markt, gefolgt von L'Oréal Paris Men Expert, Adidas Active Skincare for Men und Boss Skin.
>
> Neben den klassischen Werbekanälen wie Print sind vor allem Below-the-line-Werbestrategien in der Vermarktung eingesetzt worden. So wird Nivea for Men aktiv bei den großen Homo-Paraden zum Christopher Street Day durch Give-aways und Sponsoring beworben. Andererseits finden sich auch Anzeigen in den klassischen Wirtschaftsmagazinen – zwischen Fondsprodukten und Automobilen.
>
> Die Werbebotschaften für Männerkosmetika unterscheiden sich von denen, mit denen Frauen für kosmetische Produkte gewonnen werden sollen. Die Selbstbräunungscreme für Männer ist ein Pflegeprodukt, das eine »gesunde« Gesichtsfarbe unterstützt, bei Frauen steht der Selbstbräunungseffekt im Vordergrund. Um den richtigen Hauttyp herauszufinden, hat Nivea for Men den so genannten »Konfigurator« (Nivea for Men Care System V2) entwickelt, eine Art technische Abfrageplattform mit der Anmutung eines freundlichen Computers, der bestimmte Hauteigenschaften abfragt und daraus die komplette Pflegeserie individuell zusammensetzt. Das macht die Wahl erheblich einfacher, vor den Regalen kann direkt zugegriffen werden, was Männern sehr entgegenkommt. Denn sie verbringen weniger Zeit im Laden und erledigen ihre Einkäufe meist zielgerichtet. Für Männer ist Aussehen also Werkzeug, kommt auf Knopfdruck, wird konfiguriert (siehe Abbildung 11).
>
> Das Unternehmen Beiersdorf wurde mit der Marke Nivea for Men 2006 mit dem »MAXIM Grooming Award« als »Marke des Jahres« prämiert. Das ist der bundesweit einzige Preis, der speziell Männerpflegeprodukte auszeichnet.

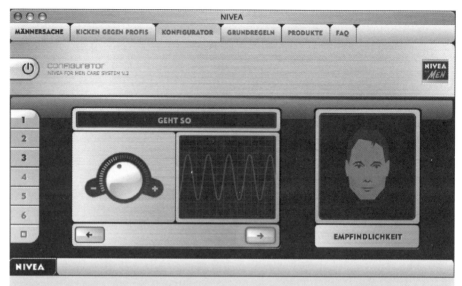

Abbildung 11: Der »Konfigurator« von Nivea hilft Männern bei der induviduellen Zusammenstellung ihrer Pflegeprodukte

Mode ist Gender

Die eigene Identität zu entdecken und zu entwickeln ist in einer Zeit, die sich durch das Aufbrechen von Rollenmustern kennzeichnet, auch für Männer schwieriger geworden, haben sie doch weniger Erfahrung darin als Frauen. Die Erwartungen sind vielfältiger geworden, nicht nur emotional, auch materiell sind Männer stärker denn je gefordert. Zudem haben sich bereits ganze Industriezweige der Aufgabe verschrieben, männliche Persönlichkeit, Stil, Geschmack und Erfolg zu unterstützen. Gerade hochpreisige Mode und Accessoires werben um Männer – dahinter steckt vermutlich die Annahme, dass gutes Aussehen für männliche Fach- und Führungskräfte ein karrierefördendes Merkmal darstellt.

Kleidung gehört zu den persönlichen Ausdrucksmöglichkeiten jedes Menschen, die andere normalerweise unmittelbar wahrnehmen, bewusst oder unbewusst. Was einst größtenteils für Frauen galt, hat mittlerweile die breite Masse der Männer ebenso erreicht, nämlich die gesellschaftlich akzeptierte, persönliche Ausdrucksmöglichkeit durch Mode. Die Kleidung für Männer des Industriezeitalters war bislang durch ihre berufliche Rolle definiert, als Arbeiter, Handwerker, Arzt, Polizist oder Büroangestellter. Es war nicht wichtig, die eigene Identität mit modischer Kleidung zu dokumentieren, sondern eher seine Gruppenzugehörigkeit zu zeigen. So galt die Uniform oder Tracht bis in die jüngste Vergangenheit als die einzige gern gesehene schmückende Bekleidungsvariante für erwachsene Männer.

Mit den italienischen und französischen Designern in den 1970ern kam die Mode für Männer auch nach Deutschland und verschaffte Gelegenheiten, Zeitgeist, Status, Schicht, Geschmack und Geisteshaltung auszudrücken. Nicht mehr ausschließlich Funktionalität war akzeptiert, es konnte auch etwas mehr sein. Möglich wurde dies nicht nur, weil sich Männer plötzlich teure Anzüge leisten konnten – erst gesellschaftliche Prozesse bereiteten den Boden für die »Lockerung«, dass Männer nun modisch sein durften. Auch amerikanische Fernsehserien wie Miami Vice aus den frühen 1980er Jahren sorgten mit dafür, dass Mode zum Mainstream-Thema auch für Männer wurde. Plötzlich wusste man, dass weiße Tennissocken außerhalb des Tennisplatzes ein modischer Fauxpas sind. Verlage veröffentlichten Magazine für Männermode und man(n) interessierte sich für Cool-Wool, Seide oder Tweed, für Bundfalten, Paspeltaschen, Krawattenmuster und Hemdkragen. Wenn sich also durch gesellschaftlichen Einfluss Geschlechterbilder ändern, verändert sich auch der Bedarf und es entstehen neue Märkte.

Seit den 1990er Jahren wird intensiver studiert, wie Männer sich modisch und gesellschaftlich darstellen, wie die Rollen aussehen, die sie dabei übernehmen und welche Trends sich entwickeln. Männer in den westlichen Metropolen haben sich inzwischen weit ausdifferenziert, was zu neuen Kategorisierungen führte und Begriffe wie »metrosexual« prägte (Mark Simpson, 1994). Die Kombination von »metropolitan« und »heterosexual« verdeutlichte den Zusammenhang zwischen Sex (Geschlecht) und urbanem Lebensstil. Bei metrosexuellen Männern ist Männlichkeit weiter gefasst als reine Maskulinität. Auch weiblich konnotierte Eigenschaften werden zugelassen, wie Eitelkeit oder Fürsorge. Sie zeigen sich zum Beispiel mit ihren Kindern im Arm, bekennen sich zu Gefühlen und sind zugleich erfolgreich im Beruf, wo sie echte Männerrollen spielen können.

Zum erweiterten Verständnis neuer männlicher Rollen und Identitäten prägten O'Reilly, Matathia und Salzman, die Autorinnen von *Future of Men*, den Begriff »übersexuell«, der eine Variante des Metrosexuellen beschreibt: Männer, die eloquent, gesellschaftsfähig, erwachsen sind – eben wie George Clooney, Bill Clinton oder Kofi Annan. Die sexuelle Komponente spielt bei ihnen eher eine untergeordnete Rolle, sie wirken allein durch ihre Ausstrahlung und Persönlichkeit. Dem hält Simpson entgegen, dass die Klassifizierung »übersexuell« Männern den Reiz nimmt, nicht nur mit den Attributen von Männlichkeit und Weiblichkeit zu spielen, sondern auch mit den Möglichkeiten, fließende sexuelle Vorlieben zu integrieren. Heterosexualität ist die populärste Ausprägung der Sexualität, aber nicht die einzige. Letztlich zeigen diese Definitionen, wie weit Männlichkeitsbilder inzwischen aufgelöst sind und wie Lebensläufe und Präferenzen für Männer zu selbst gewählten, variabel formbaren Lebensrealitäten werden.

Zwar waren Frauen bereits vor und während des Zweiten Weltkriegs berufstätig, jedoch ohne dass sich dies auf die Mode auswirkte, die sie trugen. In den 1950er Jahren war Mode etwas, das ihnen die großen Modehäuser vorsetzten. Mit dem Wiedereintritt in das Erwerbsleben und dem dazugehörenden Macht- und Gestaltungsanspruch wurde es notwendig, die Frauenmode nach Tragbarkeit, Bequemlichkeit und Anpassungsfähigkeit an Unternehmen und Tätigkeiten neu zu definieren. Die Damen-Modewelt, die bisher zumeist in männlicher Hand war, hat die Designerinnen entdeckt: Strenesse, Céline, Brioni, Gucci, Prada – Modemarken, die Frauen in Führungspositionen beschäftigen, deuten auf einen Wandel in der Branche hin. Mode für Frauen wird – wenn sie von Frauen gemacht wird – neu definiert. Weniger sexbesessen, dafür sinnlicher, weniger exzentrisch, dafür alltagstauglicher. Die Mode, die Frauen für Frauen entwerfen, soll tragfähig und so sein wie ihre Urheberinnen. Bereits Ende der 1970er Jahre bemerkte Vipiana Céline, Gründerin von »Céline«, die Frau, an die sie bei ihren Entwürfen denke, sei wie sie selbst: »Sie ist dynamisch, sie arbeitet, sie reist viel und sie verlässt sich nicht auf extravagante Kleidung, um die Leute davon zu überzeugen, dass sie eine großartige Persönlichkeit sei.«

Die Mode für Frauen passt sich den sozialen Veränderungen an. Unaufgeregter und pragmatischer geht eine neue Generation von Frauen mit der Mode um. Nicht mehr anderen gefallen wollen, sondern in erster Linie sich selbst, ist die Devise und wird die Trends der Mode beeinflussen. Die Vielzahl der Produkte entspricht den neuen, aktiven Rollen von Frauen. Coco Chanel führte klassische Männermaterialien wie Tweed und Jersey in die Frauenmode ein. Auch berufstätige Frauen in Führungspositionen sind Kundinnen, das hatte ja schon Jil Sander in den 1980er Jahren mit ihrem Stil definiert. Heute können Designer alle Fasern verwenden, alle Schnitte, alle Muster – je nach Bedarf. Für jeden Anlass bietet der Markt die entsprechende Bekleidung: ob Business oder Casual, Sport- oder Umstandskleidung, Outdoor- oder Abendgarderobe. Die Mode selbst ist zum Stoff für Luxus, Träume und Gefühle geworden. Plötzlich ist es möglich, sich mit ihrer Hilfe in den Parallelwelten von Sinnlichkeit und Funktionalität, Show und Tragbarkeit zu bewegen – das gilt nun für Männer und Frauen.

Wohnen als Rollenspiel

Durch die zunehmende Verstädterung der Erde und die damit einhergehende Notwendigkeit, viel bezahlbaren Wohnraum auf engstem Raum bereitzustellen, änderten sich die Wohnformen. Küchen wurden klein, private Badezimmer gab es oft gar keine, Toiletten befanden sich im Hof oder auf halber Treppe und häufig standen nur ein oder zwei Zimmer für große Familien zur Verfügung. Erst im vergangenen Jahrhundert, mit zunehmendem Wohlstand und dem Ausbau öffentlicher Versorgung mit Wasser, Abwasser und Elektrizität, wurden Badezimmer in Mietwohnungen integriert und auch die Anzahl der Zimmer stieg bei gleichzeitiger Abnahme der Bewohnerzahl. Ehepaare leisteten sich ein eigenes Schlafzimmer, sobald die finanzielle Situation dies zuließ. Der Zuschnitt der Wohnungen veränderte sich mit der Zeit: Der Repräsentanzraum, das Wohnzimmer, vergrößerte sich, dort wurden auch die neuesten technischen Errungenschaften wie Fernsehen, HiFi-Anlage oder Halogenlampen präsentiert.

Die klassische Raumaufteilung der 1950er Jahre mag manchen noch in Erinnerung sein: Das Kinderzimmer war ein kleiner Raum, im elterlichen Schlafzimmer standen Doppelbett und Schrankwand, das kleine Badezimmer hatte oft kein Tageslicht und die Küche wurde als kleiner, funktionaler Raum zur Essenszubereitung genutzt, nicht einsehbar von außen und mit einer Durchreiche versehen, um den Essbereich zu versorgen. Dieses Modell war nach dem Zweiten Weltkrieg in Ost- wie Westdeutschland die Blaupause für Wohnungen und Einfamilienhäuser und wurde so millionenfach gebaut.

Seit etlichen Jahren wird deutlich, dass die herkömmliche Wohnraumaufteilung von jüngeren Generationen als nicht mehr attraktiv empfunden wird. Konventionelle Wohnungen und Einfamilienhäuser aus den 1950ern bis 1980ern verlieren an Wert, dagegen entstehen Märkte für moderne Neubauten und Gründerzeitaltbauten, in denen signifikante Wertentwicklungen zu beobachten sind. Was ist passiert? Die Anzahl der Lebensphasen von Männern und Frauen hat sich erhöht. Ursprüngliche Modelle gingen von drei Lebensphasen aus: Kindheit und Jugend, Familienleben und Erwerbstätigkeit, Ruhestand und Alter. Bei einer Lebenserwartung von durchschnittlich 60 Jahren machte diese Aufteilung durchaus Sinn, doch bei einem Anstieg auf fast 90 Jahre reichen drei Lebensphasen nicht mehr aus. Wir durchlaufen in unserem Leben mittlerweile fünf oder sechs Lebensphasen, die alle durch ihren spezifischen Bedarf gekennzeichnet sind, wie zum Beispiel die junge Erwachsenenzeit mit Ausbildung, das Junggesellendasein oder das Alleinleben.

Familiengründung, Kindererziehung und Erwerbstätigkeit gehen fließend ineinander über. Menschen in diesem Zeitraum sind zum Beispiel oft nicht mehr an einen Ort gebunden, sie sind beruflich und privat mobil, arbeiten zu Hause und haben mehrere Wohnsitze. Wohnen stellt also in Zukunft viele kombinierte Anforderungen, die zusätzlich durch die Erwerbstätigkeit von Frauen, durch Patchwork-Familien oder zeitweise hinzukommende Haushalts- oder Pflegekräfte erhöht werden. Je mehr individuelle Ansprüche von Frauen und Männern Wohnraum abdecken kann, umso mehr Lebensphasen kann er beherbergen und als umso attraktiver wird er wahrgenommen.

Klassische, starre Raumaufteilungen werden den flexiblen Wohnformen nicht gerecht. Eigentlich wäre die ideale Wohnform ein Loft mit immer neu zu kombinierenden Wänden, um die Räume zu schaffen, den verschiedenartigen Bedarf zu decken. Gründerzeitwohnungen reichen mit ihren vielen ähnlich großen Zimmern und der kombinierten Wohn-, Koch- und Essmöglichkeit an die unterschiedlichen Wohnbedürfnisse von modernen Menschen heran. Die Altersspreizung ihrer Bewohnerinnen und Bewohner ist recht breit und reicht von Studierenden über etablierte Paare bis zu Familien und Singles.

Die Küche für den Mann, das Bad für die Frau

Mit den Anforderungen an die Lebensqualität des Wohnens hat sich auch die Einrichtung der Wohnungen, primär der von Küchen, Bädern und Repräsentanzräumen verändert: Nun gehört die Küche mit zum öffentlichen Bereich, in dem neben Funktionalität auch Status eine Rolle spielt. Küchen sind moderne private Repräsentations- und Kulträume geworden, die klinischen Hightech-Werkstätten oder Operationssälen gleichen. Edle Materialien werden zu Arbeitsplatten verarbeitet, Messer und Töpfe könnten auch im gewerblichen Bereich genutzt werden, und Geräte wie Herd, Backofen oder Kühlschrank bestechen durch technische Raffinesse. Neue Elemente wie der Weinkühlschrank, die Espressomaschine oder der Gasherd als »must-have« fanden Einzug in die Küche. Die Kosten mancher Kücheneinrichtungen sind vergleichbar mit denen eines Neuwagens im Premiumsegment – eine Entwicklung, die in Paarbeziehungen nur mit Billigung beider Partner passieren konnte. War einstmals beim Kauf von Einbauküchen das gute Preis-Leistungsverhältnis ausschlaggebend, so ist es heute zunehmend das Gefühl, etwas Besonderes zu besitzen und zeigen zu können.

Männer haben sich einen Teil der Küche erobert: Die Verrichtungen, die über Jahrtausende hinweg von Frauen erledigt wurden, erlangten

Wohnen als Rollenspiel

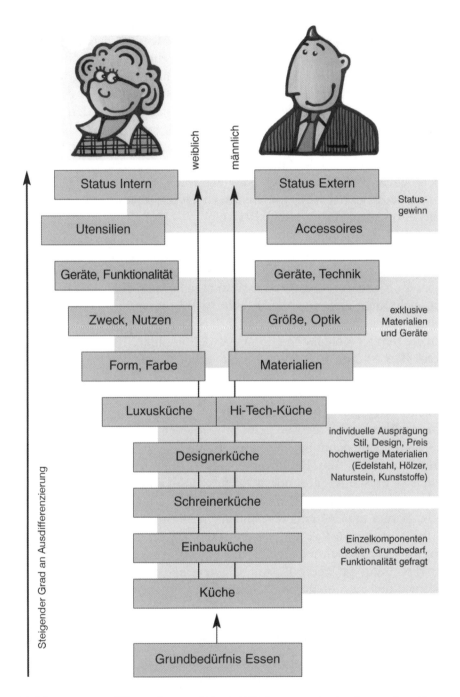

Abbildung 12: Ausdifferenzierungsbeispiel Küche – aus der Deckung eines Grundbedürfnisses entwickelt sich ein Statussymbol für Männer und Frauen

gesellschaftlichen Rang. Profi-Köche haben Männern deutlich gemacht, dass Kochen hochspezialisiertes Handwerk ist, dem sie sich widmen und dabei ihren eigenen sozialen und gesellschaftlichen Status erhöhen können. Sehr viele Männer kochen gerne, zwar nicht jeden Tag, aber mit Vergnügen, wenn damit weitere Statuserhöhung verbunden sein kann. Um Platz für die neuen Hightech-Küchen zu schaffen, wurden Teile des großen Wohnzimmers geopfert und zu einer offenen Wohnküche kombiniert, ein Modell, das bei den neueren Wohnbauten schon sehr häufig zu finden ist. Konzeptionelle Raumveränderungen wie große Küchen wurden erst möglich, weil Männer der Nutzung einen neuen Status geben; ein Prozess, der begleitet wird von hochpreisigen Interieurs, nach dem Motto: mein Auto – mein Haus – meine Küche!

Mit dem Besitz eines Badezimmers ist für Männer weniger Statusgewinn verbunden, deshalb haben sich Frauen diesen Raum zu ihrem persönlichen Refugium gemacht. Frauen legen bekanntlich großen Wert auf ihr Zuhause, den Ort, an dem sie sich sicher und geborgen fühlen. Es geht auch ihnen nicht nur um Selbstverwirklichung durch Gestalten des eigenen Wohnraumes, vielmehr verändern sich durch ihre neuen Rollen auch die Bereiche, die ihnen besonders wichtig sind.

Das Bad ist zum Beispiel solch ein neuer weiblicher Raum. Von der Nasszelle der 1970er Jahre zum weißen Badetempel des neuen Jahrtausends hat sich das Bad zu einer Art Aufenthaltsraum entwickelt. Dies entspringt weniger dem Wunsch nach intensiverer Körperpflege als der Tatsache, dass Frauen die Zeit genießen möchten, die sie jeden Tag im Bad verbringen: Entspannung, Wellness, Beauty und Recreation sind die neuen Nutzwerte. Ein Badezimmer gönnt Frau sich – weniger, um es Gästen zu präsentieren, sondern für das gute Gefühl, über einen Ort zu verfügen, der zumindest für eine gewisse Zeit nur ihr gehört, nachdem die Küche ja nun vom männlichen Partner mitbesetzt ist. Das Badezimmer soll das wieder zurückgeben, was das Arbeitsleben einfordert; ein Grund, warum gerade gut verdienende Frauen bei der Einrichtung und Ausgestaltung des Bades oft keine Kosten scheuen. Fliesen und Armaturen sind Ausdruck der eigenen geschmacklichen Präferenzen; das Bad entspricht dem Wunsch, etwas Besonderes zu sein, und gibt den Nutzerinnen die Erlaubnis zur Zelebrierung, Inszenierung und Erholung. Die Produkte und Dienstleistungen, die rund um das Bad entstehen – dazu gehören auch bereits die Planungen und Entwürfe – bilden also einen neuen Markt, dessen Kunden vornehmlich weiblich sind.

Von Luxusmarken Gender-Marketing lernen

Die Zeiten, als Luxusgüter etwas waren, das sich nur wenige ausgesuchte Menschen leisten konnten, scheinen vorüber. Luxusprodukte sind mittlerweile global verfügbar und jedem zugänglich, der sie bezahlen kann – oder will. Eine luxuriöse Lebensweise scheint bei Männern und Frauen gleichermaßen als Lebenstraum zu existieren und zeigt sich im Konsum von erlesenen Speisen und Getränken, teurer Kleidung, Schmuck, hochpreisigen Autos und exklusiven Domizilen.

Die gängige Theorie lässt glauben, dass der wirtschaftliche Erfolg von Luxusmarken in den letzten 20 bis 30 Jahren durch den erfolgreichen Verkauf in den aufstrebenden Ländern Asiens und Lateinamerikas zustande kam. Doch eine weitere Quelle dieses Erfolgs ist die weltweit erhöhte Berufstätigkeit von Frauen und das ihnen zur Verfügung stehende eigene Einkommen (Goldman Sachs, 2007). Natürlich wird das von Frauen verdiente Geld zunächst in die Familien transferiert, aber je mehr sich Positionen und persönliches Einkommen entwickeln, desto mehr ist es ihnen möglich, über ihre eigenen Ausgaben selber zu entscheiden. Auch aus diesem Grund haben jene Firmen, die konsequent gute Produkte für Frauen (Kleidung, Kosmetika, Schuhe und Accessoires) produzieren, in den letzten Jahrzehnten überdurchschnittlich gute Ergebnisse sowohl am Aktienmarkt als auch in den Bilanzen erzielen können. Sie konnten Börseneinbrüchen trotzen und sich besser als ihre Vergleichsindizes entwickeln.

Die Uhr zeigt mehr als die Zeit

Uhren, Kleidung, Schuhe und Kosmetika sind auf höchstem Niveau geschlechtlich ausdifferenziert. Schauen wir nur in einem Ort der Schweiz in die Auslagen der Schmuck- und Uhrengeschäfte, so öffnet sich eine breitgefächerte Produktwelt. Am Beispiel der Uhr wird deutlich, wie unterschiedlich das Produkt von Männern und Frauen wahrgenommen und empfunden wird. Zunächst zeigt die Uhr ja die Zeit, aber das scheint nebensächlich, geht es doch vielmehr darum, dass sie auf Frauen und Männer unterschiedliche Reize ausübt und Aspekte der Persönlichkeit bedient. Die Vielfalt der Materialien, Designs und Preislagen passt sich an den Geschmack der Zielgruppen an: sportlich, elegant, souverän, cool, funktionell, schlicht, modern oder zeitlos – als Gebrauchsgegenstand oder Kultobjekt, Schmuckstück oder Statussymbol, je nachdem, welche Projektion erzeugt wird. Bei fast allen Uhren lässt das Design erkennen, für welches Geschlecht sie entworfen und produziert wurden, nicht mehr der

Preis. Der ist für Männer und Frauen im Luxussegment ähnlich hoch. Beide Geschlechter sind unter bestimmten Bedingungen bereit, einen Markenaufschlag zu zahlen, unabhängig voneinander und zumeist mit ihrem jeweils eigenen Geld. Zudem ist erstaunlich, dass Frauen auch auf den Kauf von Herrenuhren Einfluss nehmen (siehe Studie von Erich Kirchler, Kapitel 3). Sie haben eine klare Vorstellung davon, wie männlich ihre Männer sein sollen, und dokumentieren dies durch die Mitkaufentscheidung.

Die Marketing-Story

Luxusmarken betreiben bereits seit vielen Jahren Gender- und Diversity-Marketing. Uhrenfirmen arbeiten zum Beispiel häufig mit Menschen, die im öffentlichen Leben präsent sind, wie Sportler und Sportlerinnen, Models, Schauspieler und Schauspielerinnen – Personen, die Produkten ihr Image leihen, es auf sie übertragen. So wird das Produkt als materieller Imageträger zum immateriellen Zauber, der auf den neuen Besitzer übergreift: männlich oder weiblich, intellektuell, musikalisch, sportlich, sexy, distinguiert und extravagant.

Dadurch, dass Luxusmarken seit langem weltweit agieren, sind sie Vorreiter für das Vermarkten von Produkten an weltweite Kundengruppen mit spezifischen Werten, Wahrnehmungen oder Interessen. Zwar sind asiatische oder lateinamerikanische Kundinnen kaum miteinander vergleichbar, jedoch hegen beide ähnliche Wünsche nach Luxusmarken und Selbstdarstellung. Die Reflektions- und Projektionsflächen, die Luxusprodukte bieten, ermöglichen Männern wie Frauen, ihre Persönlichkeit zu inszenieren und widerzuspiegeln; eine Herausforderung, welche die Anbieter von Luxusgütern angenommen haben und erfolgreich meistern.

Produkte des guten Geschmacks

Männer schätzen Luxusprodukte, weil sie in ihnen die Synthese von Form und Technik auf hohem Level verwirklicht sehen. Allerdings wird Luxus häufig nicht als solcher realisiert, sondern Männer sehen in einem Luxusprodukt oft eine Statuserhöhung ihrer selbst. Luxusmarketing funktioniert dann gut, wenn Frauen bereit sind, sich einen Luxusartikel zu leisten, denn Luxus materialisiert weibliche Empfindungen. Technisch und handwerklich perfekte Produkte symbolisieren den eigenen Wert und transferieren das Produkt auf eine Metaebene, die die Wertigkeit des eigenen Selbst dokumentiert.

Gesellschaftlich betrachtet beweist der Erfolg von Luxusprodukten das Streben des modernen Menschen nach Individualität, Sinneslust und Genuss. Werte, die heute bei beiden Geschlechtern vielfach andere traditionelle Werte verdrängt oder überschrieben haben. Der Konsum von Luxusgütern zeigt auch, wie stark Genderaspekte und Rollenverhalten den Lebensstil prägen, denn für beide Geschlechter gilt es, sich abzusetzen und zu unterscheiden in einer Welt, die sich in vielen anderen Aspekten angleicht. Egal ob Uhren, Reisen, Schmuck, Bekleidung, Autos – Produkte des Luxussegments müssen in Form, Design, Qualität, Farbe, Verarbeitung, Darbietung und in der Dienstleistung während des Verkaufs und danach perfekt sein, sonst werden sie nicht als Luxusartikel wahrgenommen. Wenn auch nur eine einzige Beanstandung von Frauen in einem dieser Felder auftaucht, dann ist es angeraten, dieser nachzugehen und sie zu beheben.

Verpackung und Preis: eine Synthese

Wenn die Verpackung das Innere nicht nur wie eine Schutzhülle umgibt, sondern eher wie eine Aura, wird auch sie zum Bestandteil und Mythos des Gesamtproduktes. Mehrere Schichten verbergen und schützen die Ware, geben aber zugleich deutliche Signale an die Außenwelt und signalisieren die luxuriösen Eigenschaften des Inhalts. Alle großen Marken beziehen die Verpackung in ihre Unternehmensidentität mit ein, denn sie wissen: Besonders Frauen lieben Verpackungen. Geben Inhalt und Umverpackung ein schlüssiges Gesamtbild, findet ein Produkt besonders bei Frauen große Akzeptanz.

Verpackungen geschlechtersensibel zu gestalten, bedeutet, sie auf die spezifischen Fähigkeiten und Wünsche von Frauen und Männern auszurichten. So legen Frauen Wert auf Raffinesse, Geruch und Haptik einer Verpackung; Männer schätzen Form, Größe und Handhabung. Weil eine Luxusverpackung zum Beispiel erhöhten Wert auf das Aussehen legt, wirkt das Produkt selbst bereits von außen außergewöhnlich, wie die Vielzahl der Parfümflacons beweist.

Gerade bei teuren Produkten spielt der Preis zumeist eine untergeordnete Rolle – solange alle anderen Faktoren stimmen. Die Kosten für Ausstrahlung, Exklusivität oder Eleganz sind schließlich Werte, hinter denen mehr steckt als Material- oder Produktionskosten. Es geht also nicht nur darum, ob das Produkt seinen Preis wert ist, sondern auch darum, ob die Kunden und Kundinnen das Produkt wert sind.

Die Anforderungen, die Frauen an Luxusgüter und Luxusdienstleistungen stellen, haben sie auch an andere Produkte und Dienstleistungen.

Deshalb können diese Anforderungen, einmal formuliert, auch in der Produktentwicklung oder -innovation sehr hilfreich sein. Und im Umkehrschluss ist es so, dass bei Produkten, die nicht dem Qualitätsanspruch von Frauen genügen, der Preis zu einem sehr wichtigen Entscheidungskriterium wird, sehr zum Nachteil der Produktanbieter in mittleren Segmenten.

Drei Beispiele globaler Luxusmarken

L'Oréal

L'Oréal hat als Unternehmen früh erkannt, dass die Basis für seine Produkte – die Zielgruppe Frau – global vorhanden, vielfältig und am eigenen Aussehen interessiert ist. L'Oréal wurde seit Beginn des 20. Jahrhunderts von einem Kleingewerbe in Paris zu einer globalen Marke entwickelt und ist heute der weltweit größte Kosmetikkonzern. Die Kunden und Kundinnen werden in allen Teilen der Erde angesprochen, vor allem in bevölkerungsreichen, aufstrebenden Regionen und Ländern wie Indien, China und Lateinamerika. Neben den eigenen Produktlinien produziert L'Oréal Kosmetik und Düfte auch gemeinsam mit Modemarken wie Giorgio Armani, Ralph Lauren und Cacharel und hat viele weitere bekannte Kosmetikmarken gekauft. Zum Konzern gehören mittlerweile 18 Marken, darunter L'Oréal Paris, The Body Shop, Helena Rubinstein und Vichy. Die milliardenhohen Aufwendungen für Werbung betragen ein Vielfaches des Forschungsaufwandes und machen L'Oréal omnipräsent in nahezu allen Medien.

In den 1980ern ließ sich das Unternehmen durch eine einzige prominente Persönlichkeit als Markenträgerin vertreten: Andie MacDowell. Seit den 1990er Jahren hat L'Oréal sein Image differenziert und weitere Persönlichkeiten als Testimonials ganz gezielt auf viele Produkte und Regionen ausgeweitet: Andie MacDowell für den amerikanischen Markt, Claudia Schiffer für den mitteleuropäischen Markt, Gong Li als Testimonial für Asien, Penelope Cruz für den aufstrebenden hispanischen Markt und seit 2007 Jane Fonda für alle reifen, erwachsenen und pflegebewussten Frauen über 60. Alle Frauenpersönlichkeiten sind immer genau nach ihrer Kompatibilität zu den spezifischen Kundinnen ausgewählt und können jahrelang als Imageträgerin agieren, denn ihre Akzeptanz beruht darauf, dass sie bereits in ihrem eigenen Fach Herausragendes geleistet haben. Für den afroamerikanischen Markt hat L'Oréal die Marke SoftSheen-Carson entwickelt, was eine höhere Marktdurchdringung ermöglichte, als L'Oréal selbst zu einer Marke für schwarze Frauen werden zu lassen.

Um ein weiteres Maß an Glaubwürdigkeit bei seinen weiblichen Kunden zu erlangen, unterstützt L'Oréal seit 1998 in der Initiative »For Women in Science« gemeinsam mit der UNESCO weibliche Natur- und Biowissenschaftlerinnen. Einmal im Jahr werden insgesamt fünf Frauen – aus jedem Kontinent (Europa, Nordamerika, Südamerika, Asien/Pazifik und Afrika) – ausgewählt und für ihre herausragenden Leistungen mit Einzelpreisen ausgezeichnet, die mit bis zu 100.000 US-Dollar dotiert sind. Ziel der Initiative ist es, den Anteil von Frauen in der Wissenschaft signifikant zu erhöhen und ihren Beitrag zur Forschung sichtbar zu machen, um wiederum andere Frauen zu ermutigen, sich in diesem Feld zu etablieren. Neben den jährlich ausgelobten Preisen für exzellente wissenschaftliche Leistungen verteilt die Initiative Stipendien an weitere fünfzehn junge Wissenschaftlerinnen, um ihnen das Erreichen des nächsten akademischen Grades zu ermöglichen.

Rolex

Rolex, die bekannte Schweizer Uhrenfirma im Hochpreissegment, verkauft ihre Produkte in erster Linie über Qualität und in zweiter Linie durch ausgesuchtes Sponsoring von Personen und Events. Menschen, die in ihrem Arbeitsbereich Außerordentliches geleistet haben, beispielsweise Sportler und Sportlerinnen oder Künstler und Künstlerinnen, sind die Multiplikatoren der Marke. Dabei achtet Rolex in der Auswahl der Personen auf eine Gleichverteilung der Geschlechter, denn als Kunden und Kundinnen sind Männer und Frauen ebenfalls gleich verteilt. Die Sportarten sind so ausgewählt, dass Männer und Frauen gleichermaßen darin Höchstleistungen erbringen können, beispielsweise Golf, Tennis oder Reitsport, und gleichzeitig sind es Sportarten, denen der Begriff von Luxus lange inhärent war. Hat Rolex einen männlichen Golfspieler wie Jack Nicklaus, dann gibt es natürlich auch mit Annika Sörenstam eine weibliche Golfspielerin. Ob Balletttänzerin, Pianist, Sopranistin und Bariton, die Künstler sind weiblich und männlich, aus allen Teilen der Welt und unterschiedlich alt. Diversity wird hier bewusst berücksichtigt – das Unternehmen Rolex zeigt damit die Verbindung zu seiner globalen Kundenbasis und unterscheidet sich von Uhrenmarken, die sich stärker auf ausschließlich männliche oder weibliche Zielgruppen spezialisiert haben.

Veuve Clicquot

Champagner als Symbol für Luxus, distinguierten Genuss, Stil und Geschmack gehört zu den alkoholischen Getränken, die bevorzugt von Frauen gekauft und konsumiert werden. Die hohe Akzeptanz bei Frauen und wohl auch die Geschichte der eigenen Firmengründerin hat Veuve Clicquot dazu veranlasst, sich konsequent als eine Champagnermarke für Frauen zu positionieren, vom Image und Design bis zu allen außergeschäftlichen Aktivitäten. Das Produkt und seine Vermarktung über Verpackung, Website, Illustrationen, Farbwahl – alle Einzelteile fügen sich zu einem Gesamtbild, das besonders feminin anmutet und Veuve Clicquot auch als Design- und Lifestylemarke etabliert.

Die Marke Veuve Clicquot nahm ihren Anfang im Jahre 1805, als Madame Nicole-Barbe Clicquot-Ponsardin die Leitung des Champagnerhauses ihres verstorbenen Mannes übernahm. Als Geschäftsfrau war die Witwe Clicquot – trotz der Ressentiments ihrer Umgebung – so erfolgreich, dass ihr Können und Name den Champagner prägten und das Unternehmen bei ihrem Tod im Jahr 1866 europaweit jährlich 750.000 Flaschen umsetzte. Heute hat sich Veuve Clicquot zu einer globalen Marke entwickelt, deren Management sich im Marketing auf seine erfolgreiche Gründerin besinnt. Einmal im Jahr wird zurzeit in zwölf Ländern mit Kernmärkten der Wirtschaftspreis »Veuve Clicquot Business Woman of the Year« oder »Prix Veuve Clicquot« an jeweils eine erfolgreiche Unternehmerin verliehen.

Inszenierte Persönlichkeiten

In der Kommunikation zwischen Unternehmen und Konsumentinnen und Konsumenten wird gerade in der Luxusbranche, aber auch in Mode, Kosmetik und Finanzdienstleistungen auf Persönlichkeiten des öffentlichen Lebens als Überbringer der Werbebotschaften, so genannte Testimonials, zurückgegriffen. Es handelt sich um bekannte Personen, die eine eigenständige Marke darstellen, die Wünsche und Werte, Begehrlichkeiten und Geschichten repräsentieren, mit denen sie auf einer Metaebene bestimmte Gruppen von Menschen verkörpern. Dabei wird auf die Kombination von Sinnlichkeit, Körperlichkeit, Weiblichkeit und Männlichkeit, Intellekt, Leistung, Risikobereitschaft und künstlerisches Schaffen geachtet. Der Mix dieser Personenmarken macht den Mix der Markenpersönlichkeiten aus, welche die Produktlieferanten ihrerseits auch sind.

International agierende Testimonials sind beispielsweise:

- der »sexiest man alive« George Clooney für Nespresso,
- die »sinnliche Killerin« Uma Thurman für Tag Heuer,
- die »Genderikone« Madonna für H&M,
- das »geschlechtsneutrale Massenpop-Phänomen« Britney Spears für Pepsi,
- der »Golfperfektionist« Tiger Woods für Accenture und Tag Heuer,
- der »Männermann« Robert de Niro für American Express und Johnnie Walker,
- der »metrosexuelle« James Bond (Daniel Craig) für Omega,
- die »Mainstream-Frau« Meg Ryan und der »Mainstream-Mann« Kiefer Sutherland für Baume & Mercier.

Durchgehend zu beobachten ist, dass die Personen eine vielfältige Mischung aus Alter, Geschlechterdefinition und Herkunft, also schon den Begriff Diversity verkörpern.

Deutsche Firmen zeigen seltener Imagekampagnen, bei denen sie bekannte Persönlichkeiten einsetzen. Eher ist das bei von der Politik initiierten gesellschaftlichen Aufklärungskampagnen zu sehen. Wenn man dagegen sieht, wie bei uns Unternehmen auf die Überzeugungskraft einer Persönlichkeit setzen, dann kann einen das Gefühl beschleichen, als Mann ist es gut, möglichst Sportler oder Moderator zu sein – dafür spricht die Häufigkeit, mit der Günter Netzer, Franz Beckenbauer, Johannes B. Kerner und Thomas Gottschalk eingesetzt werden. Es sind vornehmlich diese »Phantastischen Vier«, die immer wieder auftauchen. Ein weiter gefächertes Männerbild könnte mit Hape Kerkeling, Heino Ferch, Sebastian Koch oder Daniel Brühl dargestellt werden, um nur einige hervorragende Schauspieler und Entertainer zu nennen, die einen neuen Blick auf männliche Rollenausprägungen zulassen.

Moderatorinnen scheinen für das Überbringen von Unternehmensbotschaften nicht so geeignet, sonst müssten Anne Will, Sabine Christiansen, Elke Heidenreich oder Maybrit Illner häufiger in der Werbung zu sehen sein. National scheinen nur Veronica Ferres und Verona Pooth als Testimonials für längere Zeit und mehrere Produkte einsetzbar zu sein, wahrscheinlich verkörpern sie deutsche Idealbilder von Frauen. Übernational haben es die Superstars Stefanie Graf und Claudia Schiffer geschafft, in der globalen Werbewelt Testimonials abzugeben. Die Schauspielerinnen und Entertainerinnen Iris Berben, Anke Engelke, Hannelore Hoger, Senta Berger oder Maria Furtwängler sind in ihrer jeweils unterschiedlichen Ausstrahlung prädestiniert als Testimonials, haben sie doch in ihrem

Bereich Hervorragendes geleistet, aber sie werden nur selten eingesetzt. Für viele Frauen gelten sie als glaubwürdig und kompetent und wären damit potentiell ein Schlüssel, um neue Käufergruppen auch bei männlich konnotierten Produktwelten zu generieren. Die deutsche Werbeindustrie hat ihre Möglichkeiten an dieser Stelle noch nicht konsequent genutzt, sondern verlässt sich lieber, wie oben ausgeführt, auf die »Phantastischen Vier«.

6 Geschlechtersensibles Marketing umsetzen

Gender-Marketing legt einen Schwerpunkt auf das »P« für People. Anders als andere Ps des Marketings, beschreibt »People« eine Kategorie, die von Herstellern und Unternehmen nicht direkt geändert oder beeinflusst werden kann. Es geht allein um eine neue Wahrnehmung und Einschätzung von Menschen, die von Marketing- und Betriebswirtschaftsseite bisher eher durch Aspekte wie Kosten/Nutzen, Arbeitskraft, Alter, Schicht oder Einkommen erfasst wurden. Gender-Marketing will aber mehr als Einzelteile summieren und begreift Kunden und Kundinnen in der Komplexität ihrer Persönlichkeiten. Bevor Differenzierungen und Klassifizierungen beginnen können, sollte zunächst nach dem Geschlecht unterschieden werden. Dies ist so grundlegend, weil sich Menschen selbst auch zuerst als Mann oder Frau definieren, danach erst in weiteren Rollen.

Besonders interessant gestaltet sich der Einfluss von Gender-Marketing auf Marktforschung, Produktentwicklung und Werbung sowie die Verbindung zu Arbeitswelt, Familie und Gesellschaft – Bereiche, die sich ebenfalls gegenseitig beeinflussen und ergänzen. Gender-Studien beschäftigen sich bereits seit Jahrzehnten mit den Geschlechterrollen, ihren gesellschaftlichen Vernetzungen und Verzahnungen, Arbeitsbereichen, Entwicklungen und Möglichkeiten. Doch erst in jüngster Zeit haben sie damit begonnen, auch das Markt- und Konsumverhalten in die Forschung zu integrieren. Aber gerade das Verhalten von Menschen im Markt ist entscheidend für die Entwicklung unseres wirtschaftlichen Systems, von Arbeitswelt und Zukunft.

Gender: Quelle wirtschaftlicher Synergien

Marktkraft und Marktmacht

Rund 52 Prozent der Bevölkerung in Deutschland sind Frauen, eine große und heterogene Gruppe von 42 Millionen Menschen, deren breitgefächerte Bedürfnisse eine spürbare Kraft auf die Märkte ausüben. Unternehmen sollten das Kaufverhalten von Frauen mit besonderer Aufmerksamkeit studieren, denn die Potenziale sind noch lange nicht ausgeschöpft. Es sind nicht nur wenige privilegierte Frauen, die begonnen haben, ihr Leben erfolgreicher zu gestalten, es ist die breite Masse, die seit einigen Jahrzehnten radikale Veränderungen durchläuft. Die Möglichkeit, autonom über die eigenen Ausgaben entscheiden zu können, gibt Frauen Marktmacht, die sich in alle Bereiche der Wirtschaft weiter auswirken wird. Es ist nur noch eine Frage der Zeit, bis dies in Forderungen Ausdruck findet, die ich folgendermaßen zusammenfassen möchte:

- Gestaltung von Produkten und Dienstleistungen, die Frauen zu 100 Prozent gefallen und mehr Nutzen versprechen,
- Einflussnahme darauf, welche Produkte wie und wann erforscht, produziert oder verkauft werden,
- gleichberechtigte berufliche Entwicklungs- und Verdienstmöglichkeiten in den Unternehmen, für die sie arbeiten oder deren Produkte und Dienstleistungen sie nutzen.

Frauen fordern also Chancengleichheit und Gleichberechtigung, jedoch keine Gleichmacherei und nicht unbedingt identische Produkte oder Karrierepfade. Die Erkenntnisse aus vielen Jahren der betrieblichen Frauenförderung belegen, dass Erfolg von Frauen anders definiert wird und ihre Wege andere sind als die von Männern. Quotenregelungen und Frauenförderpläne, so umstritten sie auch sein mögen, haben den Anteil von Frauen in Spitzenpositionen erhöhen können. Allerdings konnte dies in der Privatwirtschaft bisher noch nicht erfolgreich genug durchgesetzt werden. Erst wenn der wirtschaftliche Nutzen deutlich wird, hält Gender als Querschnittsfunktion in Unternehmen Einzug.

Bisher zeigte sich der Aspekt Gender, wenn überhaupt, im Kontext von Frauenförderung, Chancengleichheit oder Diversity-Management. Manche Personalabteilung sieht Gender auch heute nur durch die Brille der Antidiskriminierungsgesetzgebung. Kürzlich sah ich eine Stellenanzeige, bei der eine »Sekretärin (m/w)« gesucht wurde. Dem Allgemeinen Gleichbehandlungsgesetz (AGG) wird damit zwar Genüge getan, doch reicht das aus? Die notwendigen Schritte zur Implementierung von Gender-Know-how in der Innovation und Produktwelt sollten von einer Machtbasis in der Unternehmensleitung ausgehen, die darin klare wirtschaftliche Vorteile identifiziert.

Die Arbeitswelt wird weiblicher

Immer mehr Frauen stehen dem Arbeitsmarkt zur Verfügung und verdienen ihr Einkommen unabhängig vom Ehemann oder Partner. Für die Besetzung von verantwortungsvollen Positionen mit zunehmend auch weiblichen Führungskräften sprechen mehrere Faktoren:

- Die demographische Entwicklung bewirkt, dass – zumindest in Deutschland – talentierter Nachwuchs knapp wird. Damit rücken immer mehr gut ausgebildete Frauen auf dem Arbeitsmarkt vor.

- Der hohe Ausbildungsgrad von Frauen (höherer Anteil an Abiturienten und gleicher Anteil an Studienabgängern im Vergleich zu Männern) macht sie auch für gute Positionen relevanter als bisher.
- Die Marktpräsenz bewirkt, dass Frauen sich zu wichtigen Stützen der Marktwirtschaft entwickeln – ob als Konsumentinnen, Unternehmerinnen oder Aktionärinnen.

Wenn Gender-Aspekte in die Unternehmen Einzug halten und als Gestaltungskategorie in alle Bereiche aufgenommen werden, insbesondere ins Marketing und die Organisationsentwicklung, sind Unternehmen besser gerüstet, ihren Beitrag zu gesellschaftlicher Verantwortung, zur Nachhaltigkeit und Vereinbarkeit von persönlichen und beruflichen Verpflichtungen zu leisten und dabei gleichzeitig weiterhin profitabel zu sein.

Männliche und weibliche Entscheidungsprozesse

Gender-Selling

Für Unternehmen ist es überlebenswichtig, für ihre Produkte und Dienstleistungen Kunden und Kundinnen zu finden: Sie wollen verkaufen, viel und schnell. Doch Konsum ist mehr als konsumieren – ihm gehen komplexe Entscheidungs- und Informationsprozesse voraus. Warum wird wie gehandelt und wann führt diese Handlung zum Kaufabschluss? Dies sind zentrale Fragen, die die Marktforschung immer wieder aufs Neue beschäftigen. Dabei werden alle möglichen Kriterien der Analyse miteinbezogen, unter anderem auch gesellschaftliche Kategorien, aber selten geschlechterbezogenes Wissen.

Bereits in der Entscheidungsfindung unterscheiden sich Männer und Frauen deutlich voneinander. Der männliche Entscheidungsprozess könnte eher als linear beschrieben werden. Es existiert ein Problem – oder Konsumwunsch – und dann beginnt eine gewisse Systematik, die von allen führenden männlichen Marketing-Experten ähnlich beschrieben wird (vgl. Kotler/Bliemel, 2001). So suchen viele Männer zunächst nach relevanten Informationen, oft im Alleingang, um daraus ihren Kriterienkatalog zu erstellen, der sie dabei unterstützt, ihre Entscheidung sachlich begründen zu können. Erst zu einem späteren Zeitpunkt wird Rat eingeholt, wahrscheinlich, wenn ein gefühlter Expertenstatus durch den Konsumenten erreicht wurde und es auf gleichrangiger Ebene zu einem Austausch zwischen Konsument und Produktanbieter kommen kann. Dann werden die Alternativen bewertet und die mit der größten Annäherung an den Kriterienkatalog erhält den Zuschlag.

Dahinter spielen sich kulturelle und gesellschaftliche Prozesse gleichermaßen ab. Für Männer sind häufig die Fakten wichtig, die ein Produkt beschreiben und es von anderen Produkten der gleichen Klasse abheben. Um die unterschiedlichen Herangehensweisen von Frauen und Männern beim Kaufprozess zu beschreiben, kann der Autokauf als Beispiel dienen. Männer fragen: »In wie vielen Sekunden von Null auf hundert? Wie stabil ist die Kurvenlage?« ABS, ESP, GPS – die technischen Raffinessen und Spielereien begeistern Männer. Auch PS, Anzahl der Zylinder, Spitzengeschwindigkeit, Art des Getriebes, Felgendurchmesser oder Ähnliches gehören auf das Entscheidungstableau. Zusätzlich werden der Statusnutzen (»Überholprestige«) oder Individualisierungsnutzen (»Freiheit und Abenteuer«) abgeprüft, um dann zur Endauswahl zu schreiten.

Bei Frauen liegen die Entscheidungskriterien anders. Sie fragen: »Lässt sich das Auto leicht einparken und wie gut hat man die Kinder im hinteren Wagenabschnitt im Blick? Bleibt die Garderobe sauber beim Einsteigen und ist ausreichend Stauraum vorhanden? Wie sicher sind die Sitze?« Schnell, wendig und benzineffizient darf das Fahrzeug zusätzlich sein. Die techniklastigen Verkaufsmaterialien und -dialoge der Autoverkäufer werden weiblichen Anforderungen deshalb häufig nicht gerecht. Fragen und Antworten weiblicher Kunden müssen verstärkt in die gesamte Kette des Vermarktungsprozesses integriert werden. Es scheint sogar, dass es eine Art kulturelle Übersetzungsaufgabe ist, die Vorstellungen der Hersteller und Händler mit den Argumenten und Wünschen von Kundinnen in Deckungsgleichheit zu bringen.

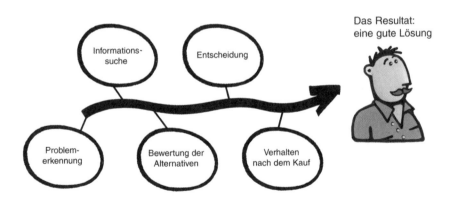

Abbildung 13: Der männliche Entscheidungsprozess

(Angelehnt an Martha Barletta und Philip Kotler)

Weibliche Entscheidungsprozesse verlaufen eher zirkulär oder spiralförmig. Oft formulieren Frauen zunächst noch nicht einmal konkrete Annahmen über ihren Wunsch oder ihren Bedarf, sondern pirschen sich durch

Fragen und Zuhören an. Auch die Art des Zuhörens oder der Annäherung an Produkte oder Dienstleistungen sowie deren kritische Untersuchung verläuft bei ihnen anders. Frauen fragen eher nach Hilfe, Rat oder Unterstützung als Männer. Sie verbinden Informationen, die aus technischer Sicht nicht unbedingt zusammenzugehören scheinen, und wechseln im Gespräch die Position. Das kann dazu führen, dass männliche Verkaufsberater und Kundinnen manchmal auf unterschiedlichen Ebenen miteinander kommunizieren, ohne sich zu verstehen.

Weibliche Vertriebspersonen (Verkäuferinnen, Beraterinnen) versuchen häufig, auf einer persönlichen Ebene mit Kunden und Kundinnen zu kommunizieren. Ihnen erscheint der Austausch persönlicher Erfahrungen und Vergleiche genauso wichtig wie Informationen über technische Features – was bei weiblichen Kunden durchaus funktioniert, auf Männer allerdings irritierend wirken kann. Verkäuferinnen treten mit dem Einstieg in die Beziehungsebene nicht als Expertinnen auf, die über freundliche Rangeleien mit Unterstützung ihres Expertenwissens zur persönlichen Ebene gelangen, sondern stellen sich als gleichrangige Gesprächspartnerinnen dar (vgl. dazu Barletta, 2003 und Jaffé, 2005).

In vielen Unternehmen des Einzelhandels findet man hierarchische Strukturen vor, die sich auf die Arbeitsabläufe wie Verkaufsgespräche, Reklamationen oder Umtausche übertragen. Diese Strukturen definieren den Entscheidungsspielraum des Verkaufspersonals und stellen sicher, dass das Expertenwissen zu Produkten beim Unternehmen bleibt. Mit der Aussage an der Verkaufsfront: »Das kann ich nicht entscheiden«, können sich Männer eher anfreunden. Sie sind es aufgrund ihrer Sozialisation gewohnt, in Rangordnungen zu denken, und es macht ihnen weniger aus, nach dem Chef zu fragen, mit dem dann die gleiche fröhliche Hierarchie-Rangelei weitergeht. Frauen, die eine Lösung auf gleicher Augenhöhe bevorzugen, finden die Forderung nach dem Vorgesetzten eher albern und fühlen sich in solchen Situationen schnell degradiert. Es macht ihnen keinen Spaß und sie kommen als Kundinnen nicht wieder.

Einzelhandelsunternehmen haben durch die Verkomplizierung von Prozessen und das Schaffen von hierarchischen Strukturen ihre Macht über Verbraucherentscheidungen dokumentiert. Die jüngeren Richtlinien zu Verbraucherfragen haben zumindest hier die Machtverhältnisse relativiert und haben Konsumentinnen und Konsumenten den Rücken gestärkt. Besonders die Vereinfachung beim Umtausch kommt Frauen entgegen, denn sie schätzen es, Vorgänge schnell und unkompliziert abzuwickeln. Diese Richtlinien haben aus meiner Sicht unbewusst mehr für die Binnenkonjunktur getan als abzusehen war, stärken sie doch Frauen in ihrem Bestreben nach Gleichrangigkeit und damit die positive Einstellung zum Konsum.

Männliche und weibliche Entscheidungsprozesse

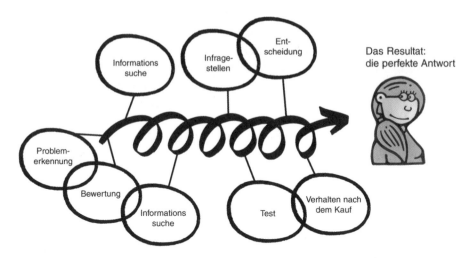

Abbildung 14: Der weibliche Entscheidungsprozess

(Angelehnt an Martha Barletta)

Gender-Consumer-Forscher aus den USA haben bereits vor über zehn Jahren damit begonnen, männliche und weibliche Kaufentscheidungen näher zu untersuchen, und dabei festgestellt, wie unterschiedlich Männer und Frauen an die Informationsgewinnung und -verarbeitung zu Produkten und Dienstleistungen herangehen. Deutlich zeigen dies die männlichen und weiblichen Kommunikationsmuster, wenn man sie gegenübergestellt:

Für Männer wichtig	Für Frauen wichtig
Hauptmerkmale des Produkts	gesamte Information
Bare Bones: nur das Produktgerüst	erläuternder Text
Informationsgespräche	Harmoniegespräche
den eigenen sozialen Status herausstellen	zwischenmenschliche Verbindungen herstellen
Wettbewerb und Rang klären	Zuneigung und Verbindung herstellen
besser sein	gleich sein
»Runtermachen« als Spiel und Zeichen des Respekts und der Zuneigung	Aufwerten des Gegenübers
Fakten und Besonderheiten des Produkts	persönliche Wünsche mit dem Produkt verbinden

Eigene Zusammenfassung, basierend auf den Quellen Martha Barletta, Deborah Tannen, Lisa Johnson, Andrea Learned

Die Liste verdeutlicht, dass Gender als Kategorie in der gesamten Prozesskette – von der Entwicklung bis zur Vermarktung – einen Wert darstellt. Wenn also Gender-Aspekte bereits in der Produktentwicklung und Marktforschung berücksichtigt würden, könnte der Nutzen im Verkaufsgespräch besser argumentiert werden. Stufendenken bei Männern oder Netzdenken bei Frauen sind wichtige Unterscheidungsmerkmale, wenn es darum geht, das Kaufverhalten der Geschlechter zu verstehen und besser zu bedienen. Sind bei Männern Hierarchieebenen, Techniknutzen oder Detailwissen in der Argumentationskette eines Verkaufsgesprächs zielführend, so sind bei Frauen die Beziehungsebenen und persönliche Wertschätzung des Verkaufspersonals ebenso wichtig wie das Wissen um ihren Bedarf und die Qualität der Beratung.

Was Frauen kompliziert erscheint, ist für Männer einfach – und umgekehrt. Viele unterschiedliche, scheinbar unvereinbare Tatsachen miteinander zu verknüpfen, fällt den meisten Frauen leicht. Männer hingegen bleiben lieber bei der Sache und schätzen klare Angaben. Ausnahmen bestätigen natürlich die Regel und widerlegen nicht, dass der Konsum Frauen einen anderen Lustgewinn verschafft als Männern, die sich zum Beispiel weniger von Details wie unfreundlichem Personal oder der Sauberkeit von Ladengeschäften beeinflussen lassen.

Marktforschung

Marktforschung vor neuen Herausforderungen

Marktforschung liegt am Schnittpunkt zwischen Unternehmen und Märkten und dient als Informationsquelle und Werkzeug bei Entscheidungsprozessen, ob Produkte im Markt eingeführt werden oder nicht. Alle am Marktgeschehen beteiligten Akteure sind auf externe Informationen angewiesen, die sich aus nur drei Quellen speisen: dem Handelsplatz (Börse, Verkaufsraum, Messe et cetera), der Marktforschung und den Konsumenten und Konsumentinnen selbst. Der Handelsplatz zum Beispiel liefert erst im Falle des Zustandekommens eines Geschäfts genaue Auskunft darüber, zu welchem Preis welche Käufer welche Ware abzunehmen bereit sind – also sehr spät im Produkterzeugungsprozess.

Marktforschung hat die Aufgabe, in der Gegenwart Aussagen über die Zukunft zu treffen. Dabei stellt sie natürlich die gleichen Fragen, die beim Zustandekommen eines Handels beantwortet werden: Welche Käufer werden welche Waren, Güter und Dienstleistungen benötigen und sind bereit, diese zu welchem Preis zu kaufen? Und wenn es möglich ist, soll auch noch herausgefunden werden, warum diese oder jene Entscheidung getroffen worden ist und warum nicht.

Die Marktforschung untersucht menschliches Verhalten innerhalb wirtschaftlicher Dimensionen und erstellt aus den Momentaufnahmen der Untersuchungen Hochrechnungen und Prognosen für die Zukunft. Unternehmen stecken viel Kapital in die Erforschung ihrer Zielgruppen. Sie brauchen die prognostizierten Daten, um Aufschluss zu erhalten, wie richtig oder falsch Einschätzungen der Unternehmen zu ihren Produkten, Entwicklungen oder Investitionen in der Gegenwart sind und welche Optionen für die Zukunft bestehen.

Ich begreife Marktforschung als eine interdisziplinäre Dienstleistung. Sie bedient sich der Methoden aus Mathematik, Soziologie, Zukunftsforschung, den Wirtschafts- und Sprachwissenschaften, Kenntnissen aus Ethnologie, Kunst, Geschichte und Religion sowie der menschlichen Neugier. Ihr wichtigstes Instrument ist nach wie vor die Befragung, die im Wesentlichen qualitativen oder quantitativen Charakter besitzt und größtenteils zu bereits existierenden Produkten und Dienstleistungen durchgeführt wird.

Die Zuordnung von Menschen zu definierten Gruppen bildet die Voraussetzung, Komplexität zu ordnen und beherrschbar zu machen. Grundlage für die Befragungen sind ausgeklügelte und geschickte Hypothesenbildungen über die zu erwartenden Ergebnisse. So werden inzwischen quantitative Befragungen mit qualitativen Gesprächsgruppen abgeglichen und umgekehrt. Um Teilnehmerinnen und Teilnehmer von Fokusgruppen zur Mitarbeit zu motivieren, erhalten diese meist einen Geldbetrag. Wie brauchbar die Ergebnisse tatsächlich sind, hängt letztlich nicht nur davon ab, ob die Befragten ihre ehrliche Meinung kommunizieren und ein echtes Engagement einbringen, sondern auch davon, wie gut die Fragenden geschult sind und ob zum Beispiel kulturelle Einflüsse, Geschlecht, Lebensphasen oder persönliche Besonderheiten bei den Probanden und Probandinnen mit berücksichtigt werden.

Die kulturellen Prägungen, Veränderungen und Widersprüche der globalen Gesellschaft sind inzwischen bis in die kleinste Fokusgruppe vorgedrungen und werden von den Befragten bewusst oder unbewusst in ihre eigenen Antworten eingebracht – was wiederum wichtig ist, um repräsentative Ergebnisse zu erzielen. Um die Komplexität besser zu verstehen und beherrschen zu können, erfindet die Marktforschung regelmäßig neue Gruppierungsschemata. Sie differenziert in Altersgruppen oder fasst sie in so genannten Sinus-Milieus zusammen, derzeit ein weit verbreitetes und gerne eingesetztes Werkzeug.

> Die **Sinus-Milieus** basieren auf den Lebenswelten und Lebensstilen unterschiedlicher Menschengruppen – und nicht auf formalen demografischen Kriterien wie Schulbildung, Beruf oder Einkommen. Grundlegende Wertorientierungen fließen dabei ebenso in die Analyse ein wie persönliche Einstellungen zu Alltag und Arbeit, Familienleben oder Konsum. Sinus-Milieus fassen also Menschen zusammen, die sich in ihrer Lebensauffassung und Lebensweise ähneln. Man könnte die Milieus auch als »Gruppen Gleichgesinnter« bezeichnen.

Passende Zusammenfassungen zu finden ist aus meiner Sicht bereits in homogenen Gesellschaften schwierig, die über eine relativ überschaubare Segmentierung ihrer gesellschaftlichen Gruppen verfügen. Besonders deutlich wird dies, wenn man Deutschlands unterschiedliche historische Entwicklungen im 20. Jahrhundert in Sinus-Milieus miteinander in Verbindung bringt. Einstellungen zu Leistungsbereitschaft, Emanzipation, Berufstätigkeit, Geburtenrate, Teilzeitarbeit oder Markenbildung und auch das Vokabular können nicht unreflektiert und unverändert von West- auf Ostdeutschland und umgekehrt übertragen werden. Die von Sociovision neu geschaffene Kategorie »DDR-Nostalgiker« unterstellt den Menschen in den Neuen Ländern, dass sie in allen anderen Dimensionen zu einer der westdeutschen Kategorien passen könnten. Durch diese Kategorisierung werden sie den in Ostdeutschland Geborenen ebenso wenig gerecht wie den Westdeutschen.

Wie ungenau inzwischen die Prognosefähigkeit der Marktforschung geworden ist, zeigen zum Beispiel Voraussagen zum Ausgang von Wahlen. Es geht um gut untersuchte Wahlberechtigte, mit einer begrenzten Anzahl von Wahlalternativen zu einem bestimmten Stichtag, und doch weichen die tatsächlichen Ergebnisse inzwischen signifikant von den abgegebenen Prognosen ab. Wie sollen Prognosen dann in globalen Märkten funktionieren, wo keine homogenen Gruppen mehr gebildet werden können? Inder unterscheiden sich von Ägyptern, Chinesinnen von Südamerikanerinnen, Homosexuelle von Heterosexuellen, Junge von Alten, Katholiken von Moslems und Frauen von Männern.

Große Nationen, vor allem Einwanderungsländer, bilden die unterschiedlichen Gruppen mittlerweile auch in ihren Heimatmärkten ab, so dass selbst diese nicht mehr homogen sind. Unsere Gesellschaft ist durch die Gleichzeitigkeit extremer Widersprüche gekennzeichnet – zum Beispiel durch große persönliche Freiheit einerseits und starke Kontrolle andererseits, durch eine »neue Armut« und Konsumzuwachs bei Luxusgütern, durch Umweltbewusstsein und zugleich extremen Kerosinverbrauch. Sie ist dadurch für die Marktforschung schwer zu erfassen. Auch Merkmale wie Kultur, Sprache, Geschlechterrolle oder Religion sind nicht

Marktforschung

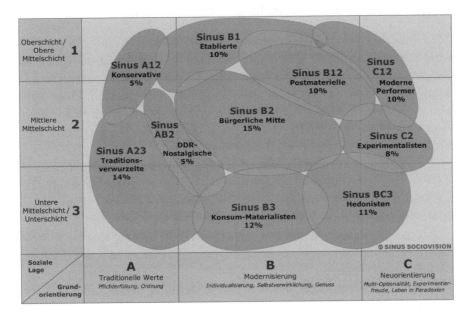

Abbildung 15: Die Sinus-Milieus in Deutschland 2007 – Soziale Lage und Grundorientierung

(Quelle: Sinus Sociovision)

mehr einheitlich und festgelegt, sondern können gewechselt werden. Da können selbst ausgefeilte Sinus-Milieus schwer mithalten.

Es wird aus meiner Sicht Zeit, dass die Marktforschung sich diesen Erkenntnissen anpasst und Klassifizierungen wie Gender und Alter anders als bisher einsetzt. Damit können auch über Länder- oder Kontinentgrenzen hinweg Gruppen gebildet werden. Frauen, egal wo und wie sie leben, haben zum Beispiel gemeinsam, dass sie in jedem Land dieser Erde schlechter bezahlt und anders behandelt werden als Männer. Sie sind meist mit den Aufgaben rund um die Familienarbeit betraut und sie besitzen ähnliche Vorlieben für Kleidung und Schmuck.

Auch Altern wird in vielen Ländern ähnlich erlebt. Zufriedenheit im Alter wächst, wenn soziale Integration, gute medizinische Versorgung und die Möglichkeit, lange Zeit aktiv an der Gesellschaft Anteil zu nehmen, gegeben sind. So manche Gruppe kann sich als eine Art »eigenes Volk im Volk« sehen, denn die individuellen Wahrnehmungen der Außenwelt werden unterschiedlich gefiltert und neu zusammengesetzt.

Gender- und Diversity-Studien für die Marktforschung

Das Einbeziehen von Gender und Diversity bedeutet eine ganzheitliche Betrachtungsweise der Menschen. Werte wie Akzeptanz, Respekt und Gleichrangigkeit kennzeichnen den Umgang miteinander und bieten allen Beteiligten einen individuellen wie ökonomischen Nutzen. Genau hier setzt meine Vorstellung von Marktforschung an, sie schafft die Verbindung zwischen Menschen (als Repräsentanten der Märkte) und Unternehmen (als Repräsentanten der Bedürfnisbefriedigung).

Unternehmen entwickeln häufig Annahmen zu den Bedürfnissen der Märkte, die sie dann nur noch mittels der Marktforschung überprüfen möchten. So werden Probanden zu Objekten ihrer Forschungen, statt sie als subjektive Partner wahrzunehmen, die den Geschäftserfolg erweitern könnten. Ein größerer Widerspruch zur Nutzbarmachung von Gender und Diversity für Unternehmen kann kaum formuliert werden – und doch liegt hier auch eine Chance.

Gender-Marketing und Diversity-Management bieten der Marktforschung neue Möglichkeiten, Unternehmen an die Lebensrealitäten von Menschen in vielfältigen Gesellschaften und globalisierten Märkten heranzuführen. Reife Marktteilnehmer und -teilnehmerinnen der Gegenwart sind größtenteils aufgeklärte Konsumentinnen und Konsumenten, die im Laufe ihres Lebens Produkterfahrungen gesammelt haben und mit zunehmendem Alter immer genauer wissen, was sie wollen. Sie haben viele Jahrzehnte Marken- und Produktwissen akkumuliert, unzählige Produkte und Dienstleistungen konsumiert und diese bewusst oder unbewusst als temporäre oder bleibende Bestandteile in ihre Persönlichkeit aufgenommen.

Nicht nur von den Produkten, auch von Unternehmen als Produktlieferanten, von Arbeitgebern und gesellschaftlichen Akteuren werden diese Marktteilnehmer zufriedengestellt oder enttäuscht, und diese Erfahrungen geben sie an andere weiter. Viele würden ihr Wissen Unternehmen zur Verfügung stellen, wenn es in geeigneter Form abgerufen und wertgeschätzt würde. Es bedarf also neuer Überlegungen und Ansätze in der Marktforschung, die Konsumentinnen und Konsumenten zu ermutigen, aktiv Anteil an der Beurteilung und Entwicklung von Produkten und Dienstleistungen zu nehmen. Das kann nur dann erfolgen, wenn die Grenzen zwischen Unternehmen und Märkten wieder durchlässiger und die Teilnehmenden am Markt zu gleichberechtigten Partnern werden und nicht wie bisher Forschungsobjekte bleiben, die über Geld motiviert werden mitzuarbeiten.

Welche Motivation sollten Marktteilnehmer und -teilnehmerinnen aber haben, Unternehmen dabei zu unterstützen, Ideen zu entwickeln und zu implementieren und anschließend Einschätzungen zu Preisen, Gestaltung, Kommunikation und Vertrieb abzugeben? Welche Motivation sollten Unternehmen haben, ihr kostbarstes Gut, innovative Produkte oder Vermarktungsstrategien in Work-in-Progress-Stadien, von außen überprüfen zu lassen? Schließlich liegt hier ihr Wettbewerbsvorteil gegenüber anderen Anbietern. Der Schlüssel liegt, sage ich, in deren intrinsischer, also in der Handlung selbst liegender, Motivation.

Trendforschende beschäftigen sich mit der Zukunft von Märkten und haben die deutliche These herausgearbeitet, dass Gesellschaften und Unternehmen mit größerer Wahrscheinlichkeit überleben, wenn sie die Ökologie und Ökonomie miteinander verbinden, die Gleichberechtigung von Männern und Frauen unterstützen und den freien Fluss von Spiritualität und wirtschaftlichem Handeln akzeptieren. In diesem Umfeld können neue Zweige der Marktforschung entstehen und Methoden zur Informations- und Innovationsgewinnung anbieten, die diese Werteorientierung unterstützen.

Marktforschung hat drei wesentliche Veränderungen zu verarbeiten:

- die Gruppenzusammenfassungen aufgrund von gesellschaftlicher Vielfalt und Globalisierung zu heterogenen und widersprüchlichen Mengen,
- die strategische Ausrichtung vieler Unternehmen von Produktions- zu Dienstleistungs- und Vermarktungsinnovationen, die häufig noch gar nicht existieren, vor allem, wenn sie Güter in ausgereiften Märkten oder Produktzyklen produzieren,
- die Fähigkeit herauszubilden, Prozesse zwischen gleichrangigen Akteuren zu steuern, deren Ausgang offen ist, statt in vorgegebenen Zielwerten zu agieren.

Extrinsisch und intrinsisch

Der Begriff »intrinsische Motivation« entstammt der Psychologie. Darunter wird die Absicht oder der Wunsch verstanden, eine bestimmte Handlung durchzuführen, weil sie aus sich heraus interessant, spannend oder aus anderen, nicht unbedingt zwingend rationalen Gründen zufriedenstellend erscheint. Sie fungiert als Belohnung und wird direkt mit einem positiven Erlebniszustand assoziiert. Aus »extrinsischen« Beweggründen wird gehandelt, wenn der Nutzen aufgrund ihrer antizipierten Folgen positiv bewertet wird. Diese Folgen können Geld, beruflicher Aufstieg oder Erlangen von Ansehen sein, jedenfalls liegen sie außerhalb der eigentlich durchgeführten Tätigkeit.

Intrinsisch motivierte Verhaltensweisen beinhalten Selbstbestimmung, Neugierde und Spontaneität, extrinsische Motivation wird von außen in Gang gesetzt. Beide Verhaltensweisen schließen sich nicht aus, sie können sich auch ergänzen. In der Marktforschung wird jedoch häufig durch äußere Anreize an die Probanden und Probandinnen wie Geschenke oder Bezahlung sichergestellt, dass sie bereit sind, an Befragungen mitzuwirken. Die intrinsische Motivation bietet Marktentwicklungen wichtige Impulse, denn Handlungen, die um ihrer selbst willen ausgeführt werden, können erhebliches Veränderungspotenzial in sich tragen – selbst wenn es viele Jahre dauert, bis es zu einem Massenphänomen wird.

Beispiele für die Entwicklung von neuen Produkten und Dienstleistungen aus intrinsischer Motivation heraus:

Linux ist ein Open-Source-Betriebssystem. Seit der Marktvorherrschaft von Microsoft als Betriebssystemlieferant für PCs gibt es eine wachsende Gemeinschaft von Softwareentwicklern, die ihre Kreativität und ihr logisches Denken in die Entwicklung von Linux stecken. Der Quellcode ist offen zugänglich und nicht-kommerziell. Das Engagement der Entwickler und Entwicklerinnen gründet auf intrinsischen Motiven wie Ehrgeiz (sie versuchen das Betriebssystem zu vervollkommnen), Kampfeslust (sie möchten Microsoft die Alleinherrschaft streitig machen) und Kommunikation (sie vernetzen sich mit Gleichgesinnten). Linux-Betriebssysteme sind stabil, weniger fehleranfällig, veränderungsfreundlich und können kostenlos über das Internet heruntergeladen werden. Die offene Gruppe der Entwickler »weiß« mehr als die geschlossene Gruppe der bezahlten Programmierer, die sich Firmenreglementierungen unterordnen. Aus dieser organisierten Gemeinschaft von Gleichgesinnten ist eine öffentlich wahrnehmbare Bedrohung für Microsoft, den Quasi-Monopolisten für Betriebssysteme, geworden. Immer mehr Unternehmen, auch öffentliche Verwaltungen, stellen ihre Computer und Netzwerke auf Betriebssysteme um, die auf Linux basieren. Damit ist aus dem einstmals ehrenamtlichen Projekt eine seriöse Einnahmequelle für viele Softwareentwickler geworden, die Unternehmen dabei helfen, Linux für ihre Bedürfnisse anzupassen.

Wikipedia ist eine mehrsprachige, freie Online-Enzyklopädie, die von vielen ungenannten Autoren und Autorinnen verfasst und bearbeitet wird und sich dadurch permanent weiterentwickelt. Zur Bearbeitung nutzen sie ein Wiki, eine Software, mit der jeder Internetnutzer im Browser neue Artikel verfassen oder bestehende verändern kann. Zur Sicherstellung der sachlichen und politischen Korrektheit der eingetragenen Informationen überprüfen »peers« (ausgewählte Gruppen von Fachkundigen) die Einträge und entfernen diese, wenn nötig. Nicht nur der Zugang zu den

Informationen ist kostenlos, es ist sogar erwünscht, sich über das reine Lesen hinaus durch Verfassen und Korrigieren der Einträge zu beteiligen. Somit gewährleistet Wikipedia – bei aller Umstrittenheit der Richtigkeit aller Artikel und der Auswahl der Begriffe – die aktive Teilnahme an der Verbreitung von zugänglichem Wissen und liefert eine aktuelle Informationsquelle für seine Benutzerinnen und Benutzer. Der Grundsatz »Wissen ist Macht« wird damit außer Kraft und Wissentransparenz an seine Stelle gesetzt. Die Motive für die Beteiligung anderer am eigenen Wissen sind vielfältig, aber in den meisten Fällen sind die Motive intrinsisch. Wenn es bestimmte extrinsische Motive Einzelner gibt, die die Wiki-Community als unlauter ablehnt, werden diese öffentlich gemacht und es kann zum Imageverlust derer führen, die »enttarnt« werden.

Ergebnisoffene, intrinsisch motivierte Marktforschung

In der Politik oder im Bürgerengagement wird häufig daran gearbeitet, Betroffene zu Beteiligten zu machen, mit dem Ziel, durch transparente, demokratische und ergebnisoffene Prozesse verwertbare, nachhaltige Ergebnisse zu erreichen. Das funktioniert nur dann wirklich gut, wenn die Betroffenen aus sich heraus motiviert sind, solche Prozesse zu unterstützen und sich einzubringen. Meist geschieht dies bei Themen, bei denen Bürgerinnen und Bürger und Verwaltung unterschiedlicher Auffassung sind oder Bürgerengagement eine Ausdrucksmöglichkeit der Unzufriedenheit ist und die Verwaltung die Umsetzung der Veränderungswünsche unterstützt.

Marktforschung wird unter wirtschaftlichen Gesichtspunkten betrieben und unterliegt somit nicht den gleichen Parametern wie öffentliche Entscheidungsprozesse. Dennoch besteht die Möglichkeit, eine ergebnisoffene Forschung und Ideengenerierung mit intrinsisch motivierten Methoden zu betreiben, indem zum Beispiel weibliche und männliche Akteure als externe Experten rechtzeitig in die Produktentwicklung integriert werden. Dabei sollten die Beteiligten unter gleichwertigen Bedingungen beteiligt werden, also auch von den unternehmensinternen Wissensträgern als gleichrangig angesehen werden – unabhängig von ihrer Position in Gesellschaft oder Unternehmen. Jeder Mensch ist in gewisser Weise und auf seine Art ein Experte, das hat schon Joseph Beuys erkannt, als er sagte, jeder Mensch sei ein Künstler. Experten auf ihrem jeweiligen Gebiet erkennen gegenseitig den Expertenstatus eines anderen an und werden zu Akteuren, die alle wiederum ein gemeinsames, intrinsisches Interesse am eigenen Erkenntnisgewinn verbindet. Jeder und jede wird zum Lernenden – auch das Unternehmen – und kann mittels intrinsischer Motivation in einen Prozess eintreten, der Erkenntnisgewinn sowie neue Ideen und Verbesserungen verspricht.

Die Merkmale des Vorgehens dieser Art der Marktforschung durch intrinsisch motivierte Gruppen werden von den Beteiligten wie eine Charta verhandelt und könnten so aussehen:

- Alle Beteiligten sind gleichrangig, da sie im Sinne der Problem- oder Fragestellung Experten sind.
- Das Ergebnis des Prozesses ist offen.
- Die Fragestellung, sollte sie sich als unlösbar erweisen, kann verändert werden.
- Der Entwicklungsprozess wird im Sinne des gemeinsamen Handelns und Lernens begleitend supervidiert und evaluiert.

Diese Merkmale sind charakteristisch für eine Methode, wie sie bei sozialen und gesellschaftlichen Gestaltungsprozessen bereits eingesetzt wird: die Action Research, auf deutsch Aktionsforschung. Action Research ist eine eingeführte Methode, die auf den amerikanischen Soziologen John Collier zurückgeht, der als US-Beauftragter in den 1930er-Jahren die Beziehung zwischen Weißen und Indianergruppen verbessern helfen sollte. Kurt Lewin, ein polnisch-amerikanischer Organisationspsychologe, hat bereits 1946 in den USA die dort entwickelte enge Kooperation und gemeinsame Problemfeststellung, -analyse und -lösung in ein methodisches Konzept umgesetzt: die Action Research. Sie wird von vier Grundprinzipien geleitet:

- *Partizipation:* Die Forscher und Forscherinnen sind keine außenstehenden objektiven Beobachter, sondern greifen parteilich in die Forschung ein.
- *Kommunikation:* Zwischen den Forschenden und den Untersuchten findet ein Austausch statt, so dass ein Lernprozess entsteht.
- *Interaktion:* Der Forschungsgegenstand weist einen engen Praxisbezug auf, wobei alle Beteiligten gemeinsam Probleme lösen möchten.
- *Reflexion:* Die Ergebnisse und die Art der Zusammenarbeit werden wiederholt sorgfältig überprüft und gegebenenfalls revidiert.

Man kann sich das folgendermaßen vorstellen: Der gesamte Prozess verläuft spiralförmig und wiederholend und koppelt Forschung und Handeln miteinander. Im Dialog zwischen den internen und externen Experten (männliche und weibliche Kunden und Nicht-Kunden, Verantwortliche in Unternehmen für Produktentwicklung oder Unternehmensstrategien) entsteht eine Situation von Erkennen, Verstehen und gemeinsamem Umsetzen. Dabei werden einerseits empirische Daten gesammelt, andererseits werden die daraus gewonnenen Erkenntnisse gleichzeitig wieder verwendet. Die Fragestellung konzentriert sich stärker auf den Sinn und übergeordneten Nutzen oder die Einflussnahme von Produkten und Dienstleistungen als auf technische Möglichkeiten oder Raffinessen. Begleitend werden in verschiedenen Rückkoppelungsschleifen einzelne Systemvariablen verändert, Daten erneut gesammelt, anschließend überprüft und wieder ausgewertet, solange, bis akzeptable Lösungen gefunden werden, auch wenn es sich um längere Zeiträume handelt.

Der Charme dieses Ansatzes liegt vor allem darin, die Grenzen zwischen dem Unternehmen und seinen Märkten flüssiger zu machen, und die Verschiedenartigkeit von männlichen und weiblichen Entscheidungsprozessen in den spiralförmigen Ansatz einzupflegen. Linearität ist durch die Art der Datenerhebung gegeben; die Spirale erlaubt, den Prozess zu immer wieder unterschiedlichen Fragen zu durchlaufen, und dabei die Ergebnisse von vorangegangenen Durchläufen mit zu berücksichtigen. Durch Supervision und Reflexion wird ausgeschlossen, dass Machtkämpfe ausfernden Einfluss nehmen, die selbst in als gleichrangig deklarierten Gruppen immer wieder aufkommen. Gerade in gemischt-geschlechtlichen Gruppen sind viele kulturelle Schichten von männlichem und weiblichem Verhalten größtenteils unreflektiert Bestandteil der Gruppendynamik. Dies kann mit Action Research explizit ausgeschlossen werden.

Die Frage ist nur, welches Unternehmen es sich leisten kann, solche Prozesse zu unterstützen, unterliegen doch die Entwicklungszeiten für neue Produkte extremem Wettbewerb. Manche Unternehmen, die interne Veränderungsprozesse durchlaufen und sich dabei mit Organisationsentwicklung beschäftigen, kennen schon die Wirkung von Action Research. Diese Unternehmen wissen: Das Geheimnis ist, eben nicht auf Schnelligkeit, sondern auf Motivation zu schauen, und damit an nachhaltigere Ergebnisse zu kommen.

Selbstlernender Organismus (SLO)

Für die Marktforschung stellt sich dieser Mechanismus ähnlich dar: Die Auswahl derer, die sonst an Befragungen teilnehmen, ist willkürlich, zufällig oder extrinsisch motiviert. Wie können an den Nahtstellen zwischen Menschen und Märkten Mitgestalter und Mitgestalterinnen gefunden werden, deren intrinsische Motivation durch ihr Engagement deutlich wird? Eine Möglichkeit ist es, auf Menschen zuzugehen, die sich ehrenamtlich für eine Sache engagieren, denn sie sind häufig intrinsisch motiviert, positiven Gestaltungsspielraum nutzen zu wollen. Mit genau solchen Menschen zusammenzuarbeiten, gibt Unternehmen Zugang zu authentischen Informationen und Bedürfnissen, die im Unternehmenskontext noch gar nicht formuliert werden können. Die Zusammenarbeit von Pharmafirmen mit Patientenorganisationen, die Zusammenarbeit von Diversity-Champions mit Organisationen, die für Rechte oder gegen Diskriminierung von Minderheiten eintreten, oder die Zusammenarbeit zwischen gewinnorientierten und gemeinnützigen Organisationen bei der Bekämpfung von Armut oder Hunger sind erste Ansätze in diese Richtung.

Dabei sind die auf langfristige Partnerschaften angelegten Kooperationen genau die Basis für gemeinsame Produktentwicklungs- und Marktforschungsprozesse, die mittels Action Research und Geschlechtersensibilität neue Wege beschreiten. Ein Prozess mit SLO-Groups kann beispielhaft folgendermaßen aussehen:

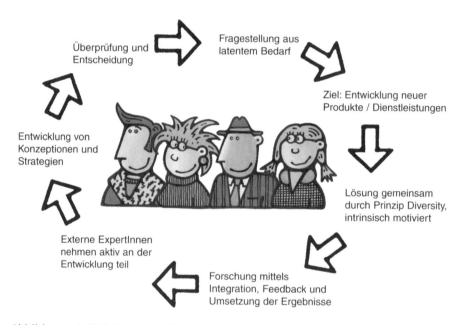

Abbildung 16: SLO-Groups in Unternehmen können schnell konzentriertes Wissen generieren und zu verbindlichen Ergebnissen gelangen

Um die beschriebenen Ziele zu erreichen, verwendet FrischCo. ein Beratungsprogramm, das aus mehreren Umsetzungsstufen besteht. Mittelpunkt der Beratung ist die Initiierung und Durchführung einer Kommunikations-Plattform, auf der ein gesteuerter, direkter Kontakt zwischen den Akteuren realisiert wird. Es handelt sich um eine Veranstaltung, deren

Dynamik die Möglichkeit bietet, schnell konzentriertes Wissen zu generieren und zu verbindlichen Ergebnissen zu gelangen. An den SLO-Groups (selbstlernender Organismus) nehmen Mitarbeiterinnen und Mitarbeiter, Führungskräfte, ausgewählte männliche und weibliche Kunden und Nicht-Kunden teil.

In der ersten Stufe wird die derzeitige Unternehmensrealität mittels qualifizierter Einzelinterviews ermittelt. Für gewöhnlich nehmen daran Entscheider und Entscheiderinnen aus Vertrieb, Marketing, Personal und Produktmanagement teil. Mit den Ergebnissen werden dann in der zweiten Stufe Workshops vorbereitet und durchgeführt. Die Teilnehmerzahl wird so festgelegt, dass mehrere Gruppen gebildet werden können, im Idealfall acht Gruppen mit jeweils acht Personen. Die Personen werden Gruppen zugeordnet, wobei die Zusammensetzung der einzelnen Gruppen unterschiedlich ist. Je nach Fragestellung sind die Gruppen homogen oder gemischt, etwa in Bezug auf Funktion, Hierarchie, Geschlecht oder geographische Herkunft. Jede Gruppe wird mittels Moderation angeleitet, die Moderatoren und Moderatorinnen sind aber gleichzeitig Teil der Gruppe und nehmen aktiv teil.

Diese Gruppen werden in mehreren Iterationsschritten immer wieder zusammengebracht und werden so zu einem selbstlernenden Organismus (SLO). Die Ergebnisse, die entstehen, sollen für den Auftraggeber – das Unternehmen – verwertbar sein. Es gilt also auch zwischen SLO-Groups und Unternehmen einen Punkt zu definieren, an dem die Mitglieder der SLO-Groups vertreten können, dass die entwickelten Ergebnisse von ihnen wieder abgegeben werden und das Unternehmen die Unterstützung bei der aktiven Vermarktung der SLO-Groups erhält.

Produktentwicklung

Produkte und Dienstleistungen für Männer und Frauen

Kaffeetrinken neu entdeckt

Cafés, in denen sich einst ältere Damen am Nachmittag trafen, sind fast ausgestorbene Orte des sozialen Kontakts. Der Niedergang des klassischen Cafés begann in den 1970er Jahren und konnte nur von ganz besonders hartnäckigen Anbietern verzögert, jedoch nicht verhindert werden. In deutschen Großstädten ist das Café mit selbst gemachten Kuchen und Torten aus dem Straßenbild fast gänzlich verschwunden.

Doch trotzdem ist der Kaffeekonsum nicht rückläufig, im Gegenteil, er ist weltweit explodiert, hat sich ausdifferenziert und neue Orte geschaffen, die selbst alteingesessene Institutionen verdrängt haben. War das Café einst für die Frauen das, was die Kneipe für den Mann war, so sind mittlerweile Coffeeshops wie Starbucks, Balzac Coffee oder McCafé Orte, die beide Geschlechter gleichermaßen ansprechen. Egal, ob alleine, zu zweit oder in Gruppen, diese Cafés sind neutrale Begegnungsstätten für Männer und Frauen geworden, ohne Alkoholzwang, ohne Anmache und ohne Bedienung. Es ist nicht der Kaffee, der hier anders schmeckt. Hier wird der Wunsch moderner Menschen nach Neutralität, Anonymität und Austauschbarkeit mit gemütlichen Sofas und Wireless LAN verbunden. Die individuelle Komponente hat sich verabschiedet und wird durch die Sicherheit ersetzt, die Orte bieten, wo auch Frauen alleine hingehen können, im Gegensatz zu vielen Bars. An dieser Entwicklung ist auch abzulesen, dass Männer einen Teil ihrer Zeit nicht mehr ausschließlich miteinander verbringen möchten, wie einst in der Stammkneipe, sondern in der Gesellschaft von Frauen, ohne dabei geschlechtsspezifische Rituale aufrechterhalten zu müssen. Frauen wiederum haben ihren Schutzraum geöffnet, so dass sie ihrerseits Begegnungen möglich machen. Männer und Frauen können und wollen sich im sozialen Raum annähern. Damit zeigt sich, dass es eine Veränderung der Geschlechterkommunikation gegeben hat, die in der Zukunft auch ihren Ausdruck in Produktentwicklung und Vermarktung finden kann.

Wer wäscht die Wäsche?

Als die Geschlechterwelt noch nach traditionellem Muster geordnet war, konnten sich Männer darauf verlassen, dass sie zu jeder Zeit in ihrem Leben, sei es als Sohn, Vater, Ehemann, Freund oder Junggeselle, immer eine weibliche Person finden würden, die sich um ihre Wäsche kümmert. Das konnte die Mutter sein, die Ehefrau, die Freundin, oder es waren die Frauen in der Wäscherei.

Dieses Muster hat Risse bekommen. In Deutschland leben schätzungsweise sechs Millionen der über 18-jährigen Männer in einem Ein-Personen-Haushalt, vier Millionen davon sind im Alter zwischen 18 und 54 Jahren, also keine Rentner (Mikrozensus, 2006). Es gibt demnach längere Phasen im aktiven Erwachsenenleben, in denen Männer einen Haushalt alleine führen. Selbst wenn sie Partnerinnen haben, stehen ihnen diese (als berufstätige Ehefrau, Freundin, Mutter oder Tochter) nicht unbedingt zur Verfügung. Doch niemand hat Männern gezeigt, welches Waschmittel für welche Materialien das richtige ist, wie die Waschmaschine bedient wird oder wie gebügelt werden soll. Dabei sind sechs Millionen Männer eine beachtliche Zielgruppe, die die Hersteller von Weißer Ware, Haushaltsutensilien und Dienstleistungen rund um den Haushalt noch entdecken können.

Es gilt, bisher ausgeblendete Produkte in die neuen Rollen und Wahrnehmungen von Männern zu integrieren und sie mit umfangreicher Kenntnis ihrer Lebensrealität als Männer anzusprechen. Männer werden allerdings nicht reagieren, wenn auf die weiblich konnotierten Haushaltsmittel einfach nur »Waschmittel für Männer« geschrieben wird. Mit dem Kauf eines Wasch- oder Putzmittels, einer Waschmaschine oder eines Bügeleisens wollen Männer eine Erhöhung ihres Sozialprestiges erfahren, was bei anderen technisch ausgefeilten Produkten schon selbstverständlich ist.

> **Bauknecht: »Bauknecht weiß, wie Männer waschen«**
> Seit 1911 macht uns Bauknecht das Leben ein bisschen leichter. Deutsche Qualität und Zuverlässigkeit konnte der Slogan »Bauknecht weiß, was Frauen wünschen« in die Köpfe der deutschen Familien bringen. Das Rollenbild in Deutschland hat sich stark verändert, und dieser neuen Rolle von Männern hat sich das Unternehmen angenommen.
> War Waschen früher reine Frauensache, so kommen Männer nun häufiger in die Situation, die Wäsche selber waschen zu müssen. Eine Tätigkeit, die die meisten von ihnen nicht gelernt haben. Jahrzehntelang wurde das Wissen über die Bedienung von Waschmaschinen, die Pflegeanleitungssymbole und die Wirkung von Waschmitteln von Frauen an Frauen weitergegeben, meist von Müttern an Töchter. »Männer können alles – nur keine Wäsche waschen«, so lautet das Ergebnis einer Umfrage des Herstellers. 80 Prozent der Männer sind nicht mit dem Umgang mit der Waschmaschine vertraut oder können nicht bügeln.
> Jetzt wirbt der Elektrogerätehersteller auch um die Zielgruppe »Mann« und bietet erstmals Waschkurse für Männer an. Diese werden gut angenommen und haben den positiven Nebeneffekt, dass Bauknecht damit seine Waschmaschinen als Hightech-Produkte auch Männern ins Bewusstsein bringt.
> Mit der Einführung der neuen »Pflegemaschine big« setzt Bauknecht auch neue Maßstäbe, was Größe und Pflege betrifft: Mit zehn Kilogramm Fassungsvermögen ist die Maschine nicht nur das perfekte Mitglied für größere Familien, in edlem Schwarz setzt die Maschine auch optische Akzente. »Big« richtet sich in erster Linie an Familien mit höherem Waschaufkommen. In der Werbung werden auch stolze Väter mit ihrer Waschmaschine porträtiert (siehe Abbildung 17).

Diversity schafft neue Produkte

Mit Diversity-Management lassen sich Produkt- und Dienstleistungsbedürfnisse besser bedienen. In Deutschland ist die ethnische und kulturelle Vielfalt von Frauen und Männern inzwischen so umfangreich geworden, dass man von der typisch »deutschen Frau« oder dem »deutschen Mann« schon lange nicht mehr sprechen kann. Der Trend geht dahin, dass

Abbildung 17: Die Waschmaschine »Bauknecht big« spricht Männer durch optische Akzente und Hightech an

besonders in großen Städten immer mehr Menschen leben, die dauerhaft oder temporär eingewandert sind. Bereits heute stammen schon viele Kinder aus der zweiten oder dritten Einwanderungsgeneration oder werden von binationalen Paaren oder Arbeitsmigranten auf Zeit erzogen. Für Unternehmen bedeutet dies, dass sie sich auf diese »neue Vielfalt« einstellen müssen. Egal, ob es sich um Produkte, Dienstleistungen, Vermarktung oder Marktforschung handelt, mittlerweile verfügen viele Kundinnen und Kunden über einen heterogenen Erfahrungshintergrund.

Waren zum Beispiel viele Jahrhunderte die katholische und evangelische Kirche vorherrschende religiöse Institutionen, so hat sich heute nach dem Christentum der Islam zur zweitstärksten Glaubensgemeinschaft in Deutschland entwickelt. Auch auf die Abwicklung von Geschäften wirken sich ethnische und religiöse Werte aus – eine Tatsache, die Finanzdienstleister interessieren sollte, da Muslime andere Vorstellungen bezüglich des Leihens und Anlegens von Geld haben als Menschen mit christlicher Sozialisation. Im christlich-abendländischen Kulturkreis kennt das Bankenwesen die Verzinsung von Geld und Kapital als wichtige Einnahmequelle. Wird Geld verliehen, so ist der Zins die Bezahlung. Dies ist mit dem islamischen Glauben nicht vereinbar, denn der Koran sieht ein Zinsverbot vor. Banken, die den islamischen Glauben kennen und berücksichtigen, kalkulieren anders. So werden Kredite als eine Einlage in das Unternehmen vergeben und die Bank damit am Gewinn oder Verlust beteiligt. Dabei wird ein Kreditinstitut eher zum aktiven Investor als zum passiven Kreditgeber. Diese andere Sichtweise verändert die Rolle des Geld gebenden Instituts. Es kann sich eher ein partnerschaftliches Verhältnis zwischen Bank und Kunden entwickeln, denn das Interesse am Geschäftserfolg der Unternehmen, in die investiert wird, ist groß.

Der »Burkini«

Australien ist ein Kontinent, der Arbeit und Wohlstand verspricht und als Einwanderungsland Menschen aus allen Teilen der Erde eine neue Heimat bietet. Unterschiedliche Kulturen, Religionen und Ansichten existieren nebeneinander und prägen das Image eines modernen demokratischen Landes. Australien ist auch der Kontinent mit den vermutlich bade- und strandverrücktesten Einwohnern der Welt. Das Strandleben hat Tradition und ist Bestandteil des kulturellen Lebens, ein sensibler Schnittpunkt der Kulturen.

Aufgrund der unterschiedlichen kulturellen Vorstellungen von Verhalten und Bekleidung am Strand kam es vor einigen Jahren an den Badestränden von Sydney und Melbourne zu rassistischen Ausschreitungen, die das Bild des friedlichen australischen Strandlebens empfindlich störten. Grund waren Kleidung und Badeverhalten der islamischen Einwanderer. Die Frauen trugen wie in islamisch geprägten Ländern auch beim Baden Varianten der Körperbedeckung – von Kopftuch bis Burka. Größer konnte der Kontrast nicht sein: einerseits weiße Australierinnen im Bikini, andererseits vollständig verhüllte arabische Einwandererinnen, die sich das Recht nahmen, den gleichen Strand zu nutzen. Die Stimmung schlug um und die Gewalt eskalierte.

Eine junge Australierin, deren Familie aus dem Libanon eingewandert war, hatte die rettende Idee. Sie entwickelte aus eigenem Antrieb – sie wollte wie ihre gleichaltrigen Geschlechtsgenossinnen auch ohne Angst vor Ablehnung den Strand nutzen und schwimmen – eine völlig neue Art der Badebekleidung für muslimische Frauen: den Burkini. Der »Burkini« ist, wie der Name schon sagt, die Synthese aus Burka und Bikini. Ein elastischer Stoff, der Körper und Kopf vollständig bedeckt, dessen Schnitt trotzdem genügend Bewegungsfreiheit zum Schwimmen lässt. Einen wesentlichen Nutzen erhält der Burkini durch seine soziale Akzeptanz, und er ist mittlerweile ein Bestandteil des Strandlebens und sogar zum Bekleidungsstück von muslimischen Rettungsschwimmerinnen geworden.

Vertrieb

Distribution: der Weg zum Kunden

Einzelhandel

Wenn die Annahme stimmt, dass Frauen für bis zu 80 Prozent der Ausgaben von Privathaushalten verantwortlich sind, dann ist der Einzelhandel mit den dazugehörenden Verkaufsförderungsmaßnahmen der Bereich, der sich mit Gender-Marketing am intensivsten beschäftigen müsste. Fragen dazu stellen sich in vielerlei Hinsicht: Wie zufrieden sind Frauen mit Beratung, Service oder Kaufprozess? Wie verhalten sich die Männer, die eine Konsumentin begleiten? Wie kann der Anteil der männlichen Kunden erhöht werden?

Der Einzelhandel ist eine Art Experimentierfeld geworden. Überall dort, wo ein persönlicher Kontakt zwischen weiblichen und männlichen Kunden und Unternehmen entsteht, sind sensible und schwierige Situationen zu meistern. In Geschäften ist der persönliche Kontakt zu Kunden und Kundinnen am unmittelbarsten und gleichzeitig entscheidend für die beteiligten Unternehmen.

Nicht nur der Handel selbst, auch die Hersteller sind in direkter Weise abhängig davon, wie der Point-of-Sale funktioniert. Wenn Konsumenten es bis in einen Laden geschafft haben, also den Waren ihre ungeteilte Aufmerksamkeit schenken, ist der Kauf beinahe schon getätigt – wären da nicht Hemmnisse und Hürden, die oftmals vom Geschäft selbst ausgehen. Erstaunlich ist zum Beispiel, wie wenig Liebe zum Detail gerade hier gezeigt wird. Der Eindruck entsteht, dass es selbstverständlich ist und anscheinend hohe Akzeptanz beim Kunden findet, wenn Produkte aus Kartons oder von Paletten abgegriffen werden können. Preisbewusst, schnell und sicher – dies sind die Attribute des Lebensmitteleinzelhandels. Doch ist das überall und immer so? Sind die immer gleichen Geschäfte der Ketten nicht austauschbar und gesichtslos? Ist es für Frauen oder Männer eines Alters wichtiger, in einem bestimmten Ambiente zu konsumieren? Fragen, die sich nur beantworten lassen, wenn sich Handel und Hersteller für ihre Kundinnen und Kunden interessieren, für ihre Verhaltensweisen, Motive und Lebensmuster. Ich beobachte, dass die Ausdifferenzierung von Geschäften in Deutschland häufig nur in zwei Richtungen geht: Größe und Sortiment. Je größer die Verkaufsfläche, umso mehr Ware findet Platz.

Die Einkaufswelt jenseits der Mode- und Luxusartikel bietet eher Einförmigkeit als Shopping-Erlebnis: In den Einkaufspassagen befinden sich überall die gleichen Marken, Geschäfte sehen sich ähnlich und verschiedene Ketten bieten ein identisches Angebot. Unqualifiziertes Personal und ein umständlicher Bezahlvorgang machen die Shopping-Lust schnell zum Shopping-Frust – besonders für Frauen. Einzel- und Fachhandelsgeschäfte mit Anspruch an die Inneneinrichtung und Präsentation der Waren sind selten geworden. Neuartige Konzepte oder individuelle Bedienung stellen eher die Ausnahme als die Regel dar. Statt der besseren und freundlicheren Kundenbetreuung entstehen immer weitere Discounter und Megamärkte – also mehr vom Gleichen.

Der Mangel an Innovation im Einzelhandel ist erstaunlich, sind es doch vor allem auch Frauen, die hier konsumieren. Sie reagieren auf Farben, Formen, Gerüche, Licht, Freundlichkeit und Atmosphäre genauso wie auf Preis und Leistung. Wenn Frauen zum Bummeln und Einkaufen aufgelegt sind, dann lieben sie die Möglichkeit, Waren zu probieren, zu riechen, zu schmecken. Einige Unternehmen setzen den Duft ihrer Waren gezielt in ihren Filialen ein und bedienen damit den bei Frauen stärker ausgeprägten Geruchssinn.

Lush, eine englische Kosmetikmarke mit Filialen in besten Lauflagen von Großstädten, macht dies zum Programm. Lush lässt bewusst Eingangstüren offen, so dass der Duft der Essenzen und Seifen auf die Straße hinausweht, um damit Frauen wie Bienen anzulocken. Im Übrigen lassen sie sich gerne locken, denn drinnen wartet die Möglichkeit, alle Produkte testen zu können. Auch Tchibo lockt seine Kundinnen mit Duft. Neben Kaffee und dessen Verkostung erfreut ein ständig wechselndes Angebot an Kleidung, Küchenaccessoires und Kleinelektronik das Herz der in der Mehrzahl weiblichen Kundschaft – und dies in einem Preissegment, in dem Frauen eigenständig und schnell über den Kauf entscheiden.

Der Einzelhandel spielt im Leben von Männern anscheinend eine andere Rolle als in der Welt von Frauen. Shoppen, bummeln, stöbern, wühlen, entdecken, testen, anprobieren, anfassen, schnuppern, sich vor dem Spiegel drehen, zuschlagen bei besonders günstigen Angeboten: Schon die Sprache entlarvt, welche Attribute mit Selbstverständlichkeit auf das Kaufverhalten von Frauen zutreffen. Eine Welt, die sie gerne mit Männern teilen würden, wäre da nicht ein unüberwindlicher Interessenkonflikt. Der männliche Shopping-Begleiter hat recht wenige Handlungsfreiräume, vor allem, wenn er von Frauen nur zum Fahren, Schleppen und Bezahlen eingesetzt wird. Einige clevere Ladenbesitzer stellen eine Art

Ruhezone für Männer bereit, kleine Sessel, Kaffeetresen oder Restaurantplätze. Was Männer nervt und Frauen beglückt, ist zugleich ein Studienfeld mit vielen Möglichkeiten zur Umsatzsteigerung – wenn die Gender-Perspektive richtig eingesetzt wird.

Als Kunden gehen Männer häufig zielorientiert vor. Sie bevorzugen es, vor Ort direkt und ohne Umwege an die Ware zu gelangen, sie an sich nehmen zu können und ohne viele Worte zur Kasse zu gehen. Wenn Produkte zur individuellen Befriedigung gekauft werden, Dinge, die männliche Leidenschaften unterstützen, dann ist das Ambiente relativ egal. Der Laden kann auch klein oder schäbig sein, Hauptsache Verkäufer und Kunde verständigen sich in einem tiefer gehenden Fachdialog. Ein Prozess, der sich hinziehen kann, wenn er »erlaubt« ist und keine Rendite- oder Umsatzvorgaben des Handels dies beeinträchtigen oder verhindern. Wenn die Fachkunde eines Verkäufers nicht mehr getestet werden kann, hemmt dies bei Männern ebenfalls die Lust am Konsum, denn Spieltrieb und Expertenwissen kommen nicht richtig zum Einsatz. Ob Autozubehör, Comic-, HiFi-, Computer-, Fahrrad-, Angel- oder Modellbauläden – Geschäfte für Männer werden von Frauen eher gemieden. Sie nehmen zwar das Fachsortiment wahr, fühlen sich aber nicht willkommen – K.-o.-Kriterien für den Kauf. Frauen wissen recht gut, dass sie in dem Spezialistenumfeld nicht gleichberechtigt sind, doch es existieren noch keine entsprechenden Alternativen. Genderspezifische Auswertungen im Einzelhandel können Aufschluss geben über Maßnahmen zu noch erfolgreicherem Beraten und Verkaufen.

Business-to-Business – Business as usual?

Weniger die gefällige Präsentation als die richtige Auswahl der Waren erscheint dem Großhandel wichtig. Vorherrschende Fragen sind etwa: Wer sind die Einkäufer? Über welche fachlichen Vorgaben verfügen sie? Wie groß ist ihr Verhandlungsspielraum? Wie sieht das Preis-Leistungsverhältnis aus? Wie können Kunden-Lieferanten-Beziehungen dauerhaft gestaltet werden? Alles deutet darauf hin, dass Großhandel ein männlich dominiertes Geschäft ist.

Auch Börsen, Messen und Märkte werden von Männern dominiert. Wer einmal über die HannoverMesse oder die CeBIT gelaufen ist, weiß, dass dieser Parcours nur mit Wanderschuhen zu bewältigen ist und man nach dem Besuch eine dreitägige Erholungsphase braucht. Besonders auf Fachmessen wird die einseitig männliche Ausrichtung deutlich, die Leistung, Stärke, Wettbewerb demonstriert. Auch Aufbau, Gestaltung oder innere Struktur vieler Messestände sowie die stereotypen Rollenzuweisungen des Messepersonals gehen davon aus, dass hier Geschäfte von Männern mit Männern gemacht werden. Doch auch der Großhandel und andere Business-to-Business-Bereiche sind nicht mehr ausschließliche Männerdomänen. Die Zusammensetzung der handelnden Personen ist in Bewegung geraten und verändert die meisten Branchen langfristig. Ob als angestellte Einkäuferin eines Unternehmens oder als Unternehmerin, Frauen werden zunehmend als ernst zu nehmende Verhandlungs- und Vertragspartnerinnen wahrgenommen.

Typischerweise übertragen amerikanische Großunternehmen ihr Diversity-Management bereits auch auf die Lieferantenseite, denn die Vorgaben der öffentlichen Hand in Amerika sind eindeutig. Es existieren dort bestimmte Quotierungen für die Abnahme der Leistungen von Lieferantengruppen, welche in der Wirtschaft als unterrepräsentiert gelten, beispielsweise Unternehmen, die zu mehr als 50 Prozent Frauen oder Afro-Amerikanern gehören und von ihnen geführt werden. Diese Quoten geben die Zulieferer der öffentlichen Hand in den USA wiederum an ihre Zulieferer weiter, so dass daraus eine Kette wird, die sicherstellt, dass Lieferantenvielfalt (»Supplier-Diversity«) eingehalten wird. Dieser Weg der dezidierten Auftragsvergabe an unterrepräsentierte Gruppen ist in den USA bereits zum gesamtgesellschaftlichen und wirtschaftlichen Gestaltungselement geworden.

Amerikanische Unternehmen, die in Europa Aufträge zu vergeben haben, fordern zunehmend »Supplier-Diversity« auch von ihren nicht-amerikanischen respektive europäischen Lieferanten. Sie nehmen Einfluss, indem sie andere Fragen stellen als nur solche nach Preis und Leistung. Zum Beispiel: Gibt es gesetzliche Regelungen bezüglich Geschlechtergerechtigkeit auch bei der Vergabe von Aufträgen der öffentlichen Hand? Sind bestimmte Quoten bezüglich der Lieferungen von unterrepräsentierten Gruppen zu erfüllen? Wie vielfältig ist das Einkäuferteam und auf was für ein Verkäuferteam treffen die Einkäufer?

Auch in Europa werden im Rahmen der Bekämpfung von Diskriminierung bisher unterschiedliche Gruppen durch die Auftragsvergabe der öffentlichen Hand unterstützt. In England sind Unternehmen, die von Behinderten geführt werden, in besonderer Weise zu berücksichtigen. Ebenso haben Österreich oder Schweden schon länger Gesetzgebungen, nach denen soziale Kriterien ebenfalls in die Vergabe einfließen können. Das sind bislang Einzelmaßnahmen, die sich nach und nach in den Diversity-Katalog der EU-Richtlinien einreihen.

In der Zukunft werden auch Unternehmen im Großhandel stärker auf die Vielfältigkeit ihrer Einkäufer-/Verkäuferteams achten, um im Wettlauf um die »weichen« Imagefaktoren weiterhin vorne mitspielen zu können.

Die Lieferantenkette wird durch US-amerikanische Unternehmen auf der einen Seite und europäische Richtlinien auf der anderen Seite stärker auf Vielfältigkeit und wirtschaftliche Teilhabe ausgerichtet. Unternehmensberatungen in Deutschland mit regierungsnahen Verwaltungen als Kunden entsenden bereits gemischtgeschlechtliche Teams, da dies ein Plus bei der Auftragsvergabe verspricht.

Große amerikanische Firmen publizieren die Summen der von ihnen eingekauften Leistungen auf den Internetseiten der unterrepräsentierten Gruppen. Sie setzen ihren gesellschaftlichen Auftrag bewusst als Marketinginstrument ein und steigern damit ihren Markenwert. Da außerhalb von Amerika kaum Zahlen zu der Zusammensetzung der Lieferanten nach ethnischen oder anderen Identitätsmerkmalen existieren, etablieren Firmen wie IBM oder HP ihre Supplier-Diversity-Programme in Europa.

Exemplarisch sei hier eine Übersicht von Hewlett-Packard über die Zusammensetzung der Lieferantenstruktur nach Diversity-Gesichtspunkten aufgeführt. HP ist ein globales Unternehmen, das sich für 2007 zum Ziel gesetzt hat, auch in Europa Volumina für seine Aufträge zu quotieren.

	2004	2005	2006
Kleine Unternehmen gesamt	3.040	3.011	3.510
Kleine Unternehmen, die Minderheiten gehören	909	1.052	1.150
Kleine Unternehmen, die Frauen gehören	362	407	380
Gesamtausgaben an Unternehmen, die Minderheiten gehören	1.100	1.100	1.200
Gesamtausgaben an Unternehmen, die Frauen gehören	397	424	400

Abbildung 18: Lieferantenausgaben in den USA in Millionen US-Dollar erfasst, nach »Supplier-Diversity«

(Quelle: www.hp.com/hpinfo/globalcitizenship/gcreport/supplychain/supplier/performance.html, Stand 20.7.2007)

Auch für deutsche Firmen wird es von Interesse sein, davon bin ich überzeugt, Supplier-Diversity-Programme ins Visier zu nehmen, um ihren gesamtgesellschaftlichen Einfluss zu erhöhen. Das »soziale Gesicht« eines Unternehmens verschafft Unternehmen einen glaubwürdigen, aus sich heraus entstehenden Imagegewinn – denn Mitarbeiter und Mitarbeiterinnen, Kundinnen und Kunden, egal welcher Branche, achten zunehmend darauf, welches Unternehmen mit welchen Werten sie mit ihrer Arbeit und ihrem Geld unterstützen.

Virtueller Handel wächst

Männer nutzen das Internet häufiger als Frauen (Quelle: (N)ONLINER-Atlas 2006) und führen viele ihrer Bankgeschäfte (Onlinebanking, Onlinebrokerage) online durch. Aber Frauen holen auf. So beziehen junge Frauen bis Mitte 30 schon jetzt mehr Produkte und Leistungen über das Internet als ihre gleichaltrige männliche Vergleichsgruppe (Quelle: Forschungsgruppe Wahlen, 2005). Dieser Trend wird anhalten, da E-Commerce vom Umfang des gesamten Handels erst wenige Prozentpunkte ausmacht und eine Verschiebung vom traditionellen Einzelhandel hin zum E-Commerce-Handel zu beobachten ist.

Frauen nutzen das Internet anders als Männer, habe ich festgestellt, sie sind intoleranter in der persönlichen Beurteilung von Webseiten. Menüführung, Übersichtlichkeit, Wiederauffindbarkeit von Informationen, Bereitstellung von Preisen und Sicherheit bei der finanziellen Transaktion sind ihre wichtigsten Kriterien. Werden diese Vorgaben von den Anbietern nicht erfüllt, verlassen Frauen die Seiten schnell und suchen andere Anbieter, die ihnen das Gewünschte in der passenden Form liefern, und schließen dort den Einkauf ab.

In der Tourismusbranche setzte dieser Trend vor einigen Jahren ein und entwickelt sich permanent weiter. Die klassischen Reisebüros als Zwischenhändler spüren, dass vor allem Frauen, die bisher treue Kundinnen waren, ihre Reisen nicht mehr ausschließlich bei ihnen, sondern über das Internet buchen. Ein Konsolidierungsprozess hat begonnen. Damit wird zwar deutlich, dass die Internetseiten der Veranstalter den Käuferinnen zusagen, doch dies bedeutet keineswegs mehr Unterstützung von Anbieterseite für ihre Vertragshändler, die Reisebüros. Diesmal geht der Veränderungsprozess von der großen Käuferinnengruppe aus und nicht von der kleinen Gruppe der Entscheider in den Unternehmensleitungen der Tourismusbranche. Vor allem die zunehmende Zahl der im Internet einkaufenden Frauen wird den Konsolidierungsprozess weiter beschleunigen.

Personal, das persönliche Potenzial von Unternehmen

Der Schlüssel für erfolgreiches Verkaufen ist das Verkaufspersonal. Der persönliche Kontakt zwischen Kunden und Unternehmen wird immer weiter reduziert und automatisiert. Dennoch ist er mit verantwortlich für das Bild, das Kunden von einem Unternehmen in ihrem Innern abspeichern und jederzeit abrufen können. Ein Geschäft ohne Personal gibt es nicht, selbst Automatengeschäfte wie Waschsalons haben Schnittstellen, die einen persönlichen Kontakt ermöglichen.

Verkäuferinnen und Verkäufer sind nicht nur für den Verkauf zuständig. Mittlerweile ist eine Vielzahl von interdisziplinären Aufgaben zu meistern, angefangen bei den passenden Umgangsformen über Beratung, Fachwissen und Beziehungsmanagement bis zum Kauf- oder Reklamationsvorgang und der Erfüllung von Leistungsvorgaben. Das Personal ist auch verantwortlich für den Grad des Wohlfühlfaktors, denn es hat zum Beispiel direkten Einfluss auf die Präsentation der Waren, auf Hintergrundmusik oder die Art der Ansprache der Kunden. Umgangsformen, Anrede, Körperabstand und so weiter sind Bestandteile der Kommunikation mit Kunden. In allen Geschäftsbereichen mit Kundenkontakt bietet es sich mittlerweile an, den richtigen Umgang miteinander zu trainieren – zu vielschichtig und unterschiedlich sind Verhaltensweisen, Sprache, Kommunikationsart und Körpersprache.

Diversity-Trainings machen die kulturellen Eigenarten eines Landes für Unternehmen aus anderen Kulturkreisen verständlich, um Geschäftsprozesse zu optimieren und Reibungsverluste zu verhindern. Mitarbeiterinnen und Mitarbeiter zu rekrutieren, Produkte erfolgreicher zu verkaufen und Missverständnisse zu vermeiden – Gender-Marketing und Diversity-Management haben diese Ziele gemeinsam. Sie beschäftigen sich mit interkultureller Kommunikation.

So wie es eine männliche und weibliche Kultur in jedem Land gibt, so sind übergreifende, allgemeingültige und gesamtgesellschaftliche kulturelle Eigenarten vorhanden. US-amerikanische Unternehmensentsandte, so genannte Expats, werden zum Beispiel gezielt auf die deutsche Dienstleistungskultur vorbereitet. Denn für Amerikaner und Amerikanerinnen ist es immer wieder wie ein Kulturschock zu erleben, wie schlecht Konsumentinnen und Konsumenten in Deutschland behandelt werden können, ohne dass irgendwelche Konsequenzen daraus entstehen.

Kundenbindung: Wie man miteinander umgeht

Für das Verhältnis zwischen Unternehmen und Kundinnen und Kunden sind personelle Schnittstellen verantwortlich, und gutes Beziehungsmanagement basiert vor allem auf der persönlichen, langfristigen Bindung der Beteiligten. Daran haben die technischen Möglichkeiten von Customer-Relationship-Management-Systemen (CRM), Callcentern oder Onlineabwicklungen wenig geändert. Die Qualität der Beziehung hängt aber mittlerweile nicht mehr so sehr an Einzelmaßnahmen, sondern hat sich auf alle Kommunikationsarten eines Unternehmens ausgeweitet. Hier fügen sich Einzelteile zum Gesamtbild einer Marke, deren Wert auch von der Art der Kommunikationsführung abhängt.

Kaufabwicklung, Reklamationsvorgang, Umtauschprozess – jedes Unternehmen zeigt durch seine Prozesse, wie wichtig selbst im Zeitalter der automatisierten Kommunikationsabläufe die Wahrnehmung auf beiden Seiten ist. Wenn zum Beispiel Frauen, die tagtäglich für ihre Familie Lebensmittel einkaufen, bei der Kaufabwicklung jedes Mal »schlecht« behandelt werden und beim Bezahlen Stress, Zeitdruck oder Gleichgültigkeit erfahren, so wirkt sich dieses Gefühl langfristig auf die Marke aus. Wenn sich der persönliche Kontakt auf die Frage nach der Kundenkarte beschränkt, so kann dies die Kommunikation mit den Kundinnen und Kunden auf Dauer nicht ersetzen und färbt auf die Marke ab, also auf das gesamte emotionale und fachliche Wahrnehmungsspektrum.

Bei großen Kunden ist die Kundenbindung durch die Unternehmen institutionalisiert, etwa durch Key-Account-Manager. Doch was passiert bei den vielen durchschnittlichen, kleineren Kunden? Kaum ist eine Bindung aufgebaut, wird umstrukturiert und die Bezugspersonen sind weg. Oder schlimmer noch, es kann erst gar keine Bindung aufgebaut werden, weil das Unternehmen, gerade bei immateriellen Diensten, über ein Callcenter kommuniziert und deshalb nicht wirklich verbindlich in Erscheinung tritt.

Was hat das mit Gender zu tun? Frauen sind oft in den schlecht bezahlten Jobs zu finden, die aber nahe am Kunden sind. Durch den geringen Wert ihrer Arbeitskraft stellen sie zugleich eine Kosten-Manövriermasse für Unternehmen dar. In das Personal am Point-of-Sale wird ungleich weniger Ausbildungszeit investiert als in das der Zentralfunktionen. Und da meistens Frauen diejenigen sind, die sich um das Alltägliche kümmern und sehr viel häufiger einkaufen müssen, sind auch sie es, die vermehrt unter schlechter Bedienung oder einer unzureichenden Serviceorientierung leiden. Frauen können nachtragend sein und geben gute wie schlechte Erfahrungen und Behandlung an ihre Kontaktpersonen und Familienangehörigen weiter.

Die demographische Entwicklung verändert die Struktur innerhalb der Gesellschaft und sorgt dafür, dass immer mehr Menschen nicht nur älter, sondern als Konsumenten reifer und ausgebildeter werden. Das weibliche Konsum-Know-how kann ein guter Ansatzpunkt für altersgerechte Produkte und Dienstleistungen sein. Frauen sind in ihrer Gesamtheit reifen männlichen Kunden sehr ähnlich; beide Zielgruppen wollen häufig von Unternehmen ähnlich umfangreiche Dienstleistungen, mehr Kundennähe und besseren Service.

Telekommunikation: die Leitung bis zur Steckdose

Allein die Tatsache, dass die Anbieter von Telekommunikationsleistungen traditionell aus dem Leitungs- und Versorgungsgeschäft stammen, hat eine ganze Branche geprägt. Meine Erfahrung bei großen Versorgern hat mir gezeigt, dass die Leistung bei der Steckdose aufhört und der Kunde sich um den Rest in Eigenregie zu kümmern hat. Wie bei Wasser, Strom und Gas war man auch bei Telekommunikationsdienstleistungen nicht zuständig für die Installation der Endgeräte und die Dienstleistung rund um den Verbrauchsort, man beschränkte sich auf das Ablesen des Zählers. Doch Markt und Wettbewerb im Telekommunikationssektor sind in Bewegung geraten. Seit Jahren verliert die Deutsche Telekom massiv an Kunden, denn diese wechseln zu Alternativanbietern. Dies ist zwar einerseits politisch gewollt, um Wettbewerb zu stärken, andererseits kennen sich die wenigsten Kunden bei den Unterschieden zwischen den Telekommunikationsanbietern wirklich aus. Sie wechseln nicht aufgrund besserer Produkte, sondern wegen gefühltem schlechtem Service. So wie sich nahezu alle Anbieter über Preis-/Leistung im Markt positionieren, so ist ihnen gemeinsam, dass die Preiskalkulationen trotzdem völlig intransparent sind.

Wenn also alle das Gleiche anbieten und die Kosten dafür sowieso unklar sind, so ist ein Verkaufsargument der bessere Service. Transparenz, Kundennähe, Erreichbarkeit und Freundlichkeit sind Faktoren, die Kunden suchen. Die Gründe für den Wechsel einer geschätzten Beziehung sind also weniger die Produkte, die man sowieso nicht sinnlich erfassen kann, als die Art und Weise des Umgangs und der Kommunikation miteinander. Wie bei einer schlechten Partnerschaft sind beide Partner heute viel schneller wieder getrennt, als dies früher einst der Fall war – ein Verhalten, das sich noch einfacher auf geschäftliche Verbindungen übertragen lässt.

Die Telekom versuchte in den letzten Jahren mit gezielten Maßnahmen gegenzusteuern und gerade im Internetgeschäft Kundinnen zu gewinnen und zu halten (Kampagne »Frauen ans Netz«). Dabei wurde viel über den Informationsbedarf, die Anforderungen bei der Installation und die Wünsche in Bezug auf Dienstleistungen gelernt: Einfach soll es sein, wie »aus einem Guss«, ohne Systembrüche und gerne mit der freundlichen und geduldigen Unterstützung durch gut ausgebildetes Personal, das ins Haus kommt. Wenn ihnen der unkomplizierte Zugang zu technischen Dienstleistungen ermöglicht wird, sind Frauen bereit, dies in Anspruch zu nehmen und dafür zu zahlen – ebenso wie Männer. T-Home, die neue Produktfamilie der Telekom, bietet diesen Service erfolgreich männlichen und weiblichen Kunden an.

Direktverkauf als Frauendomäne

Das häusliche Umfeld bietet Frauen einen vertrauten Rahmen und die Chance, sich geschäftlich zu betätigen und zu beweisen – auch dann, wenn sie auf dem freien Arbeitsmarkt schwer zu vermitteln sind. Präsentation und Verkauf von Produkten und Dienstleistungen in den eigenen vier Wänden konnten sich als Alternative zum stationären Handel etablieren und Branchen wie Tiefkühlheimdienste, Haushaltsgeräte, Kosmetika und Körperpflegeprodukte kontinuierliche Wachstumszahlen bescheren. Der Direktvertrieb beschäftigt in Deutschland rund 200.000 Menschen, über 90 Prozent davon Frauen. Sie arbeiten in unterschiedlichen Beschäftigungsmodellen, vor allem als selbstständige Handelsvertreter und -vertreterinnen.

Die USA liegen in diesem Vertriebskanal weit vorne, mit einem Gesamtumsatz von fast 30 Milliarden US-Dollar. In Deutschland beträgt er immerhin etwa zwei Milliarden Euro, Tendenz steigend. Vor allem Unternehmen wie Avon, Mary Kay, Tupperware, Amway und Vorwerk nutzen den Direktvertrieb und setzen auf den persönlichen Kontakt beim Verkaufsprozess. Das Sortiment wird durch geschultes, motiviertes Verkaufspersonal vorgestellt, das sich gleichrangig zu den Kundinnen verhält, das die Produkte selber benutzt, erklären kann und ebenfalls genau versteht, welche Anforderungen Frauen stellen.

Im Direktvertrieb wird deutlich, wie wichtig Werte wie Qualität, Vertrauen und Authentizität sind. Denn der Erfolg ist abhängig von der Motivation, Initiative und Vernetzung im persönlichen Umfeld und wird von Unternehmensseite mit speziellen Maßnahmen und Belohnungssystemen honoriert. Kritik an Produkten oder am Verkaufsprozess kann unmittelbar bei der Beziehungsperson des Unternehmens, der Direktverkäuferin, geübt werden. Deshalb schulen Unternehmen ihr Personal intensiv und wiederholend im Hinblick auf Produkte und Verkaufsgespräche.

Als Erfolgsgeheimnis des Direktvertriebs betrachte ich die Verknüpfung verschiedener Ebenen: Konsum und Unterhaltung, Gespräch und Präsentation. In einer geschützten Atmosphäre werden die verschiedenen Verhaltensweisen der Käuferinnen zugelassen, ja sie sind sogar erwünscht. Ganz unterschiedliche Aspekte wie Neugier, Prüfen, Herantasten, soziale Nähe, Austausch mit anderen sind Bestandteil des Verkaufsvorgangs, der letztendlich Sinn und Zweck der Veranstaltung ist. Ein ausgeklügeltes Bewertungs- und Belohnungssystem lässt Initiative und Motivation steigen und ermöglicht den sonst nicht erwerbstätigen Frauen, durch geschäftliche Kontakte soziale Isolation zu überwinden. Auch wird der Verkaufsprozess gleichgesetzt mit der persönlichen Empfehlung. Die Tatsache, dass sich Frauen in geschützten Bereichen wie dem Heim besonders frei und sicher fühlen, macht diesen Ort zum idealen Point-of-Sale für diese Zielgruppe und die Produkte, die ihr traditionell zugeordnet werden (Putzmittel, Accessoires, Kleinelektronik, Einrichtung et cetera). Für das Marketing entsteht aus dem US-amerikanischen Direktvertrieb ein Informations- und Forschungsfeld. Doch erst mit der Einbeziehung von Gender-Forschung können verwertbare und reproduzierbare Erkenntnisse generiert werden, da sonst möglicherweise falsche Ergebnisse abgeleitet werden.

Denn bislang ist es nur wenigen anderen Branchen gelungen, Direktverkauf auch für sich nutzbar zu machen, allen Multi-Level-Marketing-Aktivitäten zum Trotz. Es kann tatsächlich sein, dass dieser Vertriebsweg bei Frauen erfolgreicher ist – als Verkäuferin wie als Käuferin. Ich schließe daraus, dass der Direktvertrieb eine primär weibliche Nische darstellt, die sich nicht ohne Anpassung auf andere, männlich konnotierte Branchen übertragen lässt. Aber ich weiß auch, dass dies eine Möglichkeit ist, mehr Frauen als Handelsvertreterinnen in solchen Branchen einzusetzen, in denen sie bisher unterrepräsentiert sind, wie im Finanzdienstleistungsvertrieb.

Teleshopping ist Frauenshopping

Unter Teleshopping wird im Allgemeinen der Einkauf von Waren verstanden, die über Fernsehsender angeboten und ausgelobt werden. Es stellt mit rund 1,3 Milliarden Euro Umsatz – also noch nicht einmal ein Prozent des Gesamtumsatzvolumens im Einzelhandel – einen vergleichsweise kleinen Vertriebsweg dar. Da die Branche mit zweistelligen Wachstumsraten in den nächsten Jahren rechnet, lohnt es sich, sie etwas genauer zu betrachten.

In Deutschland teilen sich die drei großen Anbieter QVC, HSE24 und RTL-Shop den Markt. Das Geschäftsmodell folgt einem einfachen, gleichförmigen Muster: In kurzen Animierspots wird die Ware mit ihren Vorzügen präsentiert und dann 15 bis 20 Minuten lang zum Kauf angeboten, wobei deutlich gemacht werden soll, dass nur ein begrenzter Vorrat vorhanden ist. Schnell soll bei freundlichen Menschen telefonisch bestellt werden und sogleich wird die Ware per Post zugestellt. Damit ist der Kaufvorgang abgeschlossen.

Weibliche und männliche Experten preisen die Produkte an, die wiederum vor allem Frauen interessieren: Ob Mode, Beauty, Wellness, Accessoires, Kochen, Uhren, Wohnambiente, Produkte für Haus und Garten oder Kleinelektronik, die Preise sind verhältnismäßig niedrigschwellig – ein Grund, ohne schlechtes Gewissen zu konsumieren. Die Käuferinnen sind aber nicht nur vornehmlich weiblich, sondern befinden sich zumeist in ihrer zweiten Lebenshälfte, sind also anspruchsvolle Konsumentinnen. Ihnen ist gemein, dass sie die Ware kritisch prüfen, bevor sie zuschlagen, doch es verbinden sie weitere Eigenschaften und Wünsche: Sie kaufen gerne spontan, lassen sich überzeugen, lieben es, wenn ihnen Funktion und Vorzüge der Ware ausführlich erklärt werden, sie sind interessiert und neugierig. Viele dieser Eigenschaften werden vom Teleshopping befriedigt. Auch ist zu bemerken, dass ein Großteil der weiblichen Konsumenten ihre Produktkenntnis aus der Werbung bezieht, Print wie TV.

Werbung dient als wichtige Informationsquelle, und Werbung, die nicht vorrangig als solche interpretiert und bewertet wird, wirkt glaubwürdig und seriös. Dadurch, dass beim Teleshopping die Ware über die Präsentation verkauft wird, rückt die Glaub- und Vertrauenswürdigkeit der Propagandistinnen in den Fokus der Wahrnehmung, befriedigt das Bedürfnis nach Unterhaltung und danach, Teil einer Gemeinschaft zu sein. Da alle potenziellen Störfaktoren des Kaufs (mangelndes Rückgaberecht, unzuverlässige Lieferungen, Unsicherheit bei der Bezahlung) eliminiert werden, fühlen sich Teleshopperinnen sicher und kaufen nicht nur einmal.

Im Hinblick auf die demographische Entwicklung und das Bestreben von Unternehmen, auch Menschen über 49 Jahre als Kundinnen und Kunden zu gewinnen, sehe ich, dass Teleshopping eine interessante Distributionsalternative zu den anderen Distributionskanälen darstellt, mit denen ältere Menschen erreicht werden können. Außerdem ist damit zu rechnen, dass die Annäherungen zwischen Fernsehen, Internet und Telefonie (FIT) völlig neue FIT-Commerce-Möglichkeiten schaffen, die Anbieter im Teleshopping experimentell ausprobieren können.

Checkliste für Gender-Vertriebskanäle

- Achten Sie besonders auf Frauen und deren Bedürfnisse – auch in männlich konnotierten Branchen.
- Setzen Sie Design, Düfte und Klänge bei der Ladenausstattung und Darbietung der Ware bewusst und intelligent ein.
- Schaffen Sie Atmosphäre, Stimmung und Veränderung.
- Investieren Sie in Ihr weibliches und männliches Verkaufspersonal hinsichtlich Freundlichkeit, Serviceorientierung und Fachwissen.
- Wählen Sie Ihre Ware nach klar erkennbaren Kriterien aus, und kommunizieren Sie diese Kriterien durch Ihr Verkaufspersonal.
- Achten Sie auf Stimmigkeit zwischen Werbebotschaften, Marke und dem Point-of-Sale.
- Wenn Sie mehr Kunden eines Geschlechts haben, stellen Sie sicher, dass das andere Geschlecht sich ebenfalls in ihrem Laden wohlfühlt.

- Gestalten Sie den Bezahl- und Kaufakt so entspannt und angenehm wie möglich.
- Errichten Sie einfach zugängliche Kundentoiletten.

Werbung

Von Mass-Marketing zu individueller Ansprache

Die industrielle Fertigung des 19. Jahrhunderts leitete die Ära der Werbung ein. Mit der vielfachen Reproduktion ähnlicher Waren und Güter sowie den schnelleren Transportwegen war es möglich, mehr Produkte an immer mehr Menschen zu verkaufen, ein Wachstumsprozess setzte ein. Das wiederum verlangte, die Produkte der breiten Masse anzupreisen: die Geburtsstunde der Reklame. Name, Eigenschaften und Preis wurden öffentlich bekannt gemacht und es galt, den Kunden zu gewinnen. Das war nicht schwer, denn der Bedarf schien schier unerschöpflich.

Der Erfolg der Massenproduktion und damit auch der Massenwerbung gründet sich aus meiner Sicht darauf, dass Konsumentinnen und Konsumenten relativ ähnliche Bedürfnisse bei relativ ähnlichen soziologischen Merkmalen besaßen und deshalb als Zielgruppen im Markt definiert, angesprochen und erreicht werden konnten. Bei der Ausdifferenzierung von Produkten und Märkten durch global agierende Unternehmen und vielfältige (diverse) Kundengruppen ist das nicht mehr so selbstverständlich. Werbung steht heute vor der Herausforderung, mit unterschiedlich verteiltem Bedarf, Individualisierung und Globalisierung umzugehen. Hinzu kommt, dass Frauen und Männer inzwischen autonome Produktentscheidungen treffen, die ihnen bisher aus kulturellen, finanziellen oder sonstigen Gründen nicht möglich waren.

So stellen sich heute Fragen wie: Mit wem kommunizieren Unternehmen über welche Medien, mit welchen Botschaften, und welche Informationen fließen aus dem Markt zurück in die Unternehmen? Die Kontakte zur »Außenwelt«, zu Markt, Gesellschaft, Kunden, Kundinnen und Zielgruppen übernehmen zumeist spezialisierte Unternehmen wie PR-, Werbe-, Kommunikations-, Marketing-, Branding- oder Designagenturen und Marktforschungsunternehmen. Je früher Geschmack, Vorlieben und Entscheidungskriterien der Kunden und Kundinnen bewusst in Produkte und Kommunikation einfließen, desto erfolgreicher ist die Marktansprache. Ebenso ist ein Dialog mit den Kunden – also die Chance, ihre echten Bedarfe zu erfahren, effizienter, als Monologe in Form von undifferenzierter Massenwerbung mit extrem hohen Streuverlusten zu führen.

Es gilt zwar immer noch die AIDA-Formel umzusetzen (Attention-Interest-Desire-Action) und die Kunden aufzuklären, zu informieren, sowie den Nutzen zu kommunizieren, jedoch sind die Wege und Möglichkeiten sowie die Kombinationen im Marketing-Mix vielschichtiger geworden. Die Widersprüche von Versprechen und Verhalten von Unternehmen führen oft zu irrationalen Entscheidungen beim Kunden. Oft werden auch zeit- und kostenaufwändige Dialoge geführt, doch die Entscheidung bleibt dem Zufall überlassen. Diesen Prozess besser zu verstehen und zu steuern ist Aufgabe der Werbeagentur.

Kreativ und divers: Agenturen auf dem Prüfstand

Die Werbebranche versteht sich als das Bindeglied zwischen Unternehmen und Kunden hinsichtlich Produkt- und Imagekommunikation. Die kreative Übersetzungsleistung in beiderlei Richtungen macht den Wertbeitrag von Werbeagenturen im wirtschaftlichen Kontext aus. In der Werbewirtschaft sind rund eine halbe Million Menschen beschäftigt, die meisten von ihnen in Werbeagenturen, die im Durchschnitt zehn Mitarbeiter und Mitarbeiterinnen beschäftigen und einen Umsatz von zwei bis fünf Millionen Euro pro Jahr erzielen. Agenturen eröffnen und schließen oft in kurzen Zyklen, denn zwischen wirtschaftlichem Erfolg und Misserfolg liegt häufig nur ein einziger Kunde.

Die Werbung steht heute vor neuen Herausforderungen. Einerseits will sie kreativ sein, andererseits steckt sie zwischen Termindruck und Aktionismus fest. Sie will eigenständig sein, agiert aber doch aus wirtschaftlichen Gründen in vielen Fällen als Erfüllungsgehilfe eines Kunden. Obwohl Männer und Frauen hier arbeiten, sind die Führungskräfte mit wenigen Ausnahmen männlich, und auch die Zusammensetzung des Agenturpersonals nach gesellschaftlichem Abbild ist nicht zu finden – die Branche ist überdurchschnittlich jung, dynamisch und leistungsstark. Je jünger das Personal, umso preiswerter und belastbarer; der Altersschnitt des Agenturpersonals liegt bei 30 bis 35 Jahren. Daher wird bei der Beschäftigung mit Zielgruppen eher durch »sich Hineinversetzen« versucht, eine alternde oder diverse Gesellschaft zu simulieren, als sie im Agenturpersonal tatsächlich abzubilden.

Die Einnahmen der Werbeagenturen waren lange Zeit von ihren Media-Billingvolumina abhängig. Damit wurden die kreativen Agenturleistungen sozusagen subventioniert. Das ist heute nicht mehr so, mehr und mehr wird auf Honorarbasis abgerechnet. Unternehmen der Werbewirtschaft schließen sich deshalb zu Verbünden zusammen, um damit das Angebotsportfolio über die gesamte Wertschöpfungskette – von der

Marketing-Beratung über die Marktforschung bis in die Umsetzung der Verkaufsförderungsmaßnahmen – zu erweitern und Skaleneffekte besser nutzen zu können. Auf der Strecke geblieben ist dabei immer mehr die inhaltliche Auseinandersetzung mit den sich verändernden Anforderungen einer Gesellschaft an die Funktionalität, das Design und den Wert von Produkten und Dienstleistungen. Diese Bereiche werden zunehmend von strategischen Beratungsunternehmen betreut. Aus einer kreativen Branche ist eine betriebswirtschaftlich gesteuerte Prozesskette geworden.

Frauen arbeiten in Werbeagenturen zumeist Vollzeit, häufig in Zulieferfunktionen, selten mit Führungs- oder Etatverantwortung und meist bis zum Alter, in dem sie im Allgemeinen die Mutterrolle wahrnehmen können. Als junge Angestellte besitzen sie Mehrfachfunktionen und stellen zugleich eine riesige Zielgruppe für »Schnelldreher« (neudeutsch »Fast Moving Consumer Goods«, FMCG) wie Nahrung, Kosmetik, Mode und Gesundheitsprodukte dar. Frauen werden also Teil des Systems um die eigene Vermarktung, denn die Branche erzeugt zugleich die Motive, die sie selbst konsumiert.

Doch die Bilder und Botschaften, die von der Werbung produziert und von den Medien in unübersehbarer Vielzahl reproduziert werden, bieten nach wie vor wenig echte Identifikationsmodelle an. Häufig sind Darstellungen der Weiblichkeit in der deutschen Werbung stereotyp auf wenige Rollen begrenzt, häufig auf die, die besonders Männer ansprechen. »Sex sells« ist nicht mit Gender-Bewusstsein zu verwechseln und meint nach wie vor die Vermarktung über den weiblichen Körper. Dass nackte Körper von Frauen oder zumindest Teile davon visuelle Reize auf männliche Betrachter ausüben und damit verstärkt männliche Kunden anlocken, ist unbestritten. Umgekehrt funktionieren die Bildwelten allerdings nicht so gut. Von unbekleideten Frauen in der Werbung werden Frauen eher abgestoßen als angezogen, und nackte Männer sind für sie weniger interessant als gut Angezogene.

Der Deutsche Werberat erhält alljährlich die meisten Beschwerden über sexistische Werbung. Die Ähnlichkeit zwischen den Marketingverantwortlichen auf Unternehmensseite und den Key-Accountern der Agenturen macht eine Reflexion über vielfältige Kunden und Kundinnen schwierig. In gewisser Weise spiegeln sich Unternehmen in ihren Agenturen. Beide erkennen folglich gar nicht, wann eine Werbung diskriminierend oder sexistisch wirkt, oder sie betrachten dies als bloßes Stilmittel. Wie soll in einem solchen Umfeld Gender als soziologische Kategorie gewürdigt werden? Welche Erfahrung haben Agenturen mit Generationenwissen und Personal aus verschiedenen Lebensphasen? Wie können Frauen in ihrer Vielfalt wahrgenommen werden, wenn nur wenige tradierte Rollenbilder eingesetzt werden? Wie kann über Vielfalt reflektiert werden, wenn das Personal in Agenturen nicht älter wird als 35 Jahre? Unternehmen beginnen inzwischen, differenzierter auf ihre Kundenbasis zu blicken und zu verstehen, dass ältere Menschen anders angesprochen werden wollen als jüngere, Frauen anders als Männer oder junge Frauen anders als junge Männer. Aus diesem Grund ist die Beschäftigung mit Gender auch für Agenturen wichtig.

Eine Neuorientierung der Agenturen scheint notwendig, damit sie ihren Übersetzungsauftrag und ihre Vorreiterrolle in der Unternehmenskommunikation beibehalten. Es gilt, besonders für die Führungsebene von Agenturen – die meist männlich und mit einem ausgeprägten Ego ausgestattet ist –, sich in andere Menschen hineinzuversetzen, zu lernen und sich aktiv mit den gesellschaftlichen Rahmenbedingungen zu beschäftigen, um die passenden Werbebotschaften entwickeln zu können. Erste Anzeichen für einen »Gesinnungswandel« sind bei den großen Netzwerken zu finden: Grey Deutschland beschäftigt sich mit den soziologischen Aspekten von Geschlecht und Alter, Lowe Schweiz hat »New Diversity« ausgerufen und Ogilvy & Mather hat mit der Dove-Kampagne erfolgreich normalgewichtige Frauen ins öffentliche Bewusstsein gerückt.

In der Neuorientierung der Werbeagenturen liegt dann auch deren Chance: Gender und Diversity werden von Unternehmen zunehmend als imagesteigernde Kategorien gesehen, die im Markt, bei der Personalauswahl und auf die Aktionäre wirken. Aus einem anderen Blickwinkel lassen sich auch bisher nach innen gerichtete Werte und Maßnahmen nach außen übertragen und in neue kreative Lösungen umsetzen.

Hornbach: »Women at Work«

Die internationale Bau- und Heimwerkermarkt-Gruppe Hornbach setzt mit der Kampagne »Women at Work« seit 2003 einen Schwerpunkt auf die Zielgruppe »Frauen als Heimwerkerinnen«. Mit der Initiative will die Baumarktkette überholte Rollenklischees aufbrechen und zeigen, dass auch Frauen in der Lage sind, einen Nagel zu treffen. Doch egal, ob Bohrmaschine, Presslufthammer oder Farbrolle – die Kampagne zeigt keine durchschnittlichen Frauen, sondern solche, wie sie in der Vorstellungswelt von männlichen Hand- und Heimwerkern existieren: sexy, frech, selbstbewusst und zugleich ungeschickt und offenbar unbegabt. So zeigt die Kampagne, dass die Mitarbeiter bei Hornbach kompetente Männer sind, die zuhören können und Probleme verstehen, die den neu in den Do-it-yourself-Markt hinzugekommenen Frauen behilflich sind. Die mit Ironie und Provokation erfolgreich arbeitende Kampagne geht mittlerweile in die vierte Runde. Unter dem Slogan »Ein paar Kilo mehr sind kein Drama« werden Betonsäcke tragende Frauen genauso gezeigt wie eine Heimwerkerin, die einen Gartenteich anlegt und sich beim Ausschaufeln der Erde über »gesunde Bräune« freut.

Eine gelungene Gender-Marketing-Kampagne für Frauen könnte man meinen, wären da nicht auch doppeldeutige Bilder wie ein verbogener Nagel neben drei Blutstropfen auf reinem jungfräulichem Weiß (»Mein erstes Mal mit Hornbach«) oder eine liegende junge Frau, in sanften Farben weichgezeichnet, die wählen soll zwischen den bunten, phallisch anmutenden Werkzeuggriffen, die zum Greifen nah in einem Bogen über ihr angeordnet sind. Slogan: »Do it yourself.«.

Die Visuals und Darstellungen der Kampagne arbeiten mit dem Stilmittel der Überhöhung und zeigen attraktive Frauen, die es sich für Männer lohnt zu erobern. Damit entlarven sie die Kampagne auch als Gender-Marketing für Männer, die traditionellen Kunden von Hornbach: Männer, die die ölverschmierten Handwerkerinnen mit Amüsement betrachten. Auf plumpen Sexismus verzichtet die Kampagne dennoch, denn es gilt ja, die vielen Hornbach-Kundinnen nicht abzuschrecken. Ein professioneller Umgang mit Werkzeugen – wie bei Männern vorausgesetzt – wurde Frauen schließlich nicht in die Wiege gelegt. Sie haben handwerklich noch einiges zu lernen, denn traditionell wird handwerkliches Know-how von Vätern nicht an ihre Töchter, sondern an die Söhne weitergegeben. Dazu dienen die »Heimwerker-Kurse für Frauen«, die Hornbach mit Unterstützung durch seine Hersteller seit 2005 in den unterschiedlichen Filialen anbietet und die von Frauen sehr gut angenommen werden.

Den Umsatzzahlen scheint die Kampagne gut zu tun. Aus einer Presseinformation ist zu erfahren, dass nach einer repräsentativen Verbraucheranalyse der Anteil der weiblichen Kundschaft in den 91 deutschen Hornbach-Märkten in den vergangenen Jahren von 42 auf 45 Prozent gestiegen ist.

Abbildung 19: Die Gender-Marketing-Kampagne von Hornbach spielt mit Doppeldeutigkeiten

Sponsoring: Fußball contra Formel 1

Sponsoring ist zu einer beständigen Ausdrucksform für gesellschaftliches Engagement von Unternehmen geworden. Dabei stehen Zuwendungen für Sport, Kultur und für Initiativen mit gesellschaftlichem Auftrag im Vordergrund der Aktivitäten, die zugleich auch Image und Gesinnung des Unternehmens dokumentieren sollen. Beim Sport sind es zumeist die Mannschaftssportarten wie Fußball, Handball, Segeln oder Radsport, aber auch Einzeldisziplinen wie Golf, Tennis oder Formel 1, die gefördert werden. Wichtig für die Entscheidung für Sponsoring ist neben der Glaubwürdigkeit natürlich die mediale Durchdringung der Sportart. Auch Promotion und Sponsoring müssen neue Wege und Ausdrucksformen finden, da die Folgeerscheinungen der hohen Umsätze im Sport wie Bestechungsskandale im Fußball oder Doping im Radsport inzwischen zu einer ethischen Bedrohung für die fördernden Unternehmen geworden sind.

Bei näherer Betrachtung fällt auf, dass die meisten Unternehmen in hohem Maß männlich konnotierte Sportarten und männliche Sportler unterstützen. Die Sportarten, ihre Stars und Skandale, Erfolge und Misserfolge färben wiederum auch auf das Image der Geldgeber ab. Ich behaupte, dass Kampf und Wettbewerb, Teamgeist, Leistung und Siegeswille auch dafür sorgen, dass sich viele Unternehmen über das Sportsponsoring in den letzten zehn Jahren ein verstärkt männliches Image zugelegt haben. Sportsponsoring ist massenorientiert und unterstützt Sportarten, die hohe mediale Durchdringung vorweisen können, wie Formel 1, Tour de France oder Männerfußball. Das spricht wiederum mehr Männer als Frauen an – was Finanzdienstleistern, Versorgern und Technologiefirmen einen Zuwachs an tradierter Männlichkeit beschert.

Die Akzeptanz zeigt sich in der Höhe der Aufwendungen, so steigt der Zuwachs an Sponsoringausgaben prozentual mit den Verdienstmöglichkeiten männlicher Spitzensportler. Nur wenige Unternehmen haben sich dagegen mit der Förderung weiblicher Sportarten intensiv beschäftigt oder Frauen im Sport mit ähnlich hohen Beträgen unterstützt wie Männer. Auch sucht man vergeblich nach dem Sponsoring von Gymnastikdisziplinen, Tauchen, Fallschirmspringen oder Synchronschwimmen, da Sportsponsoring massen- und medienabhängig ist.

Solange Frauensport nicht eine ähnliche Breitenwirkung erfährt wie Männersport, zögern Sponsoren. Ausnahmen sind im Golf, Reit- oder Tennissport zu finden, wo Sponsoring von Luxus- oder Foodfirmen betrieben wird, die Akzeptanz und Kunden bei Männern und Frauen gleichermaßen suchen. Unternehmen, deren Anliegen es ist, dass ihre

Produkte vermehrt auch bei Frauen auf Interesse stoßen, sollten auch ihre Sponsoringaktivitäten dahingehend überprüfen, wie sie ihre Zuwendungen verteilen. Es kann durchaus Sinn machen, neben Männersport auch Frauensport zu fördern, den übrigens auch Männer mögen.

Neu und für Veranstalter wie Akteure völlig überraschend war die hohe Präsenz der weiblichen Fußballfans bei der Fußballweltmeisterschaft 2006. Die angeblich so fußballmuffigen Frauen erfreuten sich an dem Spektakel genauso wie die Männer. Fast 50 Prozent der Stadionbesucher und Fernsehzuschauer waren weiblich und in fast paritätischer Zahl auch auf der Fan-Meile in Berlin vertreten. Wie konnte das geschehen? Frauen interessierten sich auch schon bei früheren Europa- oder Weltmeisterschaften für Fußball, nur anders als Männer. Es sind weniger die technischen Daten, wie sie allwöchentlich mit Tabellen, Trainern und Toren die Bundesliga zelebriert, die nach wie vor eine Männerdomäne ist. Frauen werden eher von den kollektiven, unterhaltenden Aspekten des Sports gelockt und den Gefühlen, die sie nachvollziehen können. Neben der Leistung macht vor allem auch die menschliche Komponente den Sport für Frauen interessant.

Ob Stärken, Schwächen, Ausstrahlung, Stil, Erfolg oder Niederlage, Frauen interessieren sich sehr für die Menschen – auch ein Grund für die große Popularität von Sportlern und Sportlerinnen wie David Beckham, Boris Becker, Martina Navratilova, Stefanie Graf und Muhammed Ali. Für Sponsoren ist das eine wichtige Erkenntnis, denn sie können über emotional besetzte Sportarten und die geschickte PR der Akteure Frauen ebenso erreichen wie Männer. Erfolgreiches Sportsponsoring sollte neben der Männervariante immer auch die Frauenvariante berücksichtigen.

Beim Golfsport entsteht bei mir der Eindruck, dass nur Männer Golf spielen, sind doch die gesponserten und öffentlich wahrgenommenen Golfturniere bis auf wenige Ausnahmen Männerturniere. Doch tatsächlich sind inzwischen fast 50 Prozent der organisierten Golfspieler in Deutschland weiblich. Folglich würden auch Firmen, die Frauen-Golfturniere sponsern, hohe Aufmerksamkeit bei einem derzeit geringeren Einsatz finanzieller Mittel erreichen.

Die Alternativen zu den heutigen Sponsoringaktivitäten gehen also auch dahin, ein neues Bild von Männlichkeit zu entwerfen und dies zu unterstützen. Das können Aktivitäten sein, die Gesundheit zu einem positiv besetzten Wert für Männer machen, aktive Vaterschaft in Unternehmen fördern oder Preise für soziales Engagement ausschreiben. Die Unterstützung und Besetzung von Themen wie zum Beispiel Gesundheitsvorsorge, Bildung, Tierschutz, Bürgerengagement in den neuen Ländern oder Klimaschutzaktivitäten im eigenen Unternehmen versprechen wirkungsvolle Varianten des Sponsorings zu werden. Sie belohnen mit breitgefächerter gesellschaftlicher Akzeptanz langfristig mehr und wirkungsvoller als die Förderung von Sportarten mit Dopingimage.

Bilderkanon erweitern

Auf der Autobahn finden sich häufig Schilder mit Warnungen und Erziehungsversuchen gegen Raserei und andere riskante Verhaltensweisen – Botschaften, die bei hohen Geschwindigkeiten noch lesbar und verständlich sein müssen. Dies bedingt, dass hier kurze, einfache Sätze und prägnante Bilder Inhalte vermitteln, die in Bruchteilen von Sekunden bewusst wahrgenommen werden sollen. Bei der Wirtschaftskommunikation ist es mittlerweile so ähnlich: Die Informationen müssen in kürzester Zeit erfasst und verstanden werden, denn sie konkurrieren um das höchste Gut des Konsumenten – die ungeteilte Aufmerksamkeit.

Um dieses Dilemma zu lösen, bedient sich die Werbung unterschiedlicher Stilmittel, je nachdem welches Medium verwendet wird, welche Parallelreize existieren oder wie viel Zeit zur Verfügung steht. Ob schockierende Bilder wie einst die Benetton Werbung in den 1980er Jahren oder provozierende Bilder wie Sisley sie verwendet, allen Motiven ist gemeinsam, dass sie um die Aufmerksamkeit des Betrachters heischen und eine Leitfähigkeit zum Anbieter, zur Marke oder zum Produkt besitzen. Bilder gehen sofort und unmittelbar in den Kopf, sie sind wie ein Gleitmittel für die hinter oder in ihnen verborgenen Inhalte. Sie haben Macht, denn sie bewirken, dass man hin- oder wegsehen muss, dass Gefühle oder Wünsche entstehen. Um ein nonverbales Übereinkommen zwischen Anbieter und Abnehmer zu erzielen, benutzt die Werbung auch gerne vertraute, bekannte, innerlich bereits vorgeprägte Bilder. Bilder, die wir alle kennen, weil wir sie schon so häufig gesehen haben und weil wir selbst wie diese Bilder sind oder sein wollen.

Mit einigen Beispielen möchte ich verdeutlichen, wie Abbilder der Wirklichkeiten die Wahrnehmung beeinflussen und wie Filter wirken: Um zum Beispiel die Entscheidung für ein Finanzprodukt für die ganze Familie zu fördern, wird eine Familie gezeigt, meist mit zwei Kindern, mit dem Mann in der Führungsrolle und der Frau an seiner Seite, die sich unterstützend um die Kinder kümmert. Oder wenn es darum geht, erfolgreiche finanzielle Vorsorge für das Alter zu zeigen, wird ein glückliches älteres Paar abgebildet, in trauter Zweisamkeit, auf einer Jacht oder am Strand. Wenn Putzmittel verkauft werden, dann benutzen es ausschließlich Frauen, und bei hochpreisigen Premiumautomobilen wird an die Abenteuerlust und den Spieltrieb von Männern appelliert. Bei technischen Produkten werden Frauen gerne zur Verschönerung des Produktes eingesetzt, müssen aber keine Aufgaben mit dem Produkt lösen. Wenn es darum geht, unternehmerische Entscheidungen zu unterstützen (Expansionskredite für Unternehmen, Fuhrparkmanagement für Spediteure...), werden seriöse, grauhaarige Männer um die 50 gezeigt und so weiter.

Frauen in aktiven Entscheidungspositionen kommen ebenso wenig vor wie Männer, die sich um die Gesundheit ihrer Kinder kümmern. Frauen, die Bier trinken, scheinen kaum zu existieren, so wenig wie Männer, die einen Haushalt führen. Frauen über 45 sind nur als Großmütter, für medizinische Produkte oder Treppenlifte existent, Männer über 45 dagegen haben sich verwirklicht oder bekleiden als Experten wichtige Positionen. Diese Aufzählung ist natürlich nicht umfassend, sie zeigt aber, dass es sich um stereotype Rollenzuweisungen von Männern und Frauen handelt, die traditionelle Geschlechter- und Rollenbilder nach wie vor hochhalten. Selten werden Männer und Frauen in gleichberechtigten und gleichrangigen Dialogen gezeigt oder verhalten sich nicht der Norm entsprechend. Diese gleichförmige Bilderwelt empfinde ich als langweilig und bedrückend, aber auch respektlos, denn sie reduziert Menschen auf kleine Ausschnitte ihres Daseins und erfasst sie nicht mit der Gesamtheit ihrer Lebensrealitäten, Möglichkeiten und Entwicklungspotenziale.

Interessanterweise finden selbst die global agierenden Firmen in Deutschland, die Diversity-Management als Programm sehen, selten den Mut, sich von stereotypen Bilderwelten zu lösen oder eine diverse Werbung, wie sie in anderen Ländern bereits eingesetzt wird, nach Deutschland zu importieren. Beispielsweise wirbt ein Finanzdienstleister, der in Deutschland Diversity-Management betreibt, in Prospekten zur Altersvorsorge für Selbstständige mit folgenden Fallbeispielen: Ein Arzt mit in Teilzeit arbeitender Ehefrau, ein Handwerkermeister mit zwei Kindern und nicht-erwerbstätiger Frau und ein geschiedener unterhaltspflichtiger Unternehmer über 50 Jahre. Dieses Unternehmen verrät sein eigenes Diversity-Management, denn die Philosophie hat keinen Einzug in die gesamte Wertschöpfungskette gehalten, auch nicht in der Kommunikation mit den vielfältigen Kunden.

Individuelle und wertschätzende Lösungen zu finden oder einfach nur anders zu sein als andere, wird hierzulande als Wagnis betrachtet. Gleichförmigkeit und stereotype Wiederholung des Bekannten gilt als sicher oder weniger risikobehaftet, was die Akzeptanz bei den Kunden und die eigene Position betrifft. Doch damit wird die Möglichkeit verringert, sich anders zu positionieren, von den Mitbewerbern auf positive Art hervorzutun und andere, neue Kunden zu finden. Wenn also mehrere Finanzinstitute zeitgleich mit den Abbildungen ihrer Mitarbeiter werben, so lässt dies weder Rückschlüsse auf die Produkte noch auf die sonstigen Leistungen oder auf innovativen Umgang auf den Handelsmärkten zu.

Personalentwicklung

Markt und Arbeit bedingen einander. Das Bindeglied heißt Bedürfnisbefriedigung und zeigt, dass es notwendig ist, nicht ausschließlich auf den Markt, sondern auch in die Unternehmen selbst hineinzuschauen, inwieweit sich der Markt dort spiegelt. In der Arbeitswelt ist Gender zu einer neuen Kategorie geworden, da Frauen ja in männlich geprägte und ausgestaltete Strukturen hinzugekommen sind und sich diese durch die Feminisierung der Arbeitswelt verändern werden.

Welche kulturellen Beiträge zur Veränderung können und werden Frauen leisten? Selbstführungsanspruch, Netzwerkorientierung, flache Hierarchien und Teilzeitarbeit sind die ersten Anzeichen einer Mobilisierung der Arbeitswelt. Nicht nur die Schnelligkeit und Flexibilität der Produktion zählt, sondern auch die Beweglichkeit innerhalb der Unternehmen. So sind bei starren hierarchischen und geschlossenen Strukturen Durchlässigkeit und Transparenz zwischen Unternehmen und Kunden kaum möglich. Diese werden aber von Gesellschaft und Konsumenten zunehmend erwartet – auch, um die Entwicklung von stärker am Bedarf orientierten und möglicherweise für Männer und Frauen unterschiedlichen Produktentwicklungen zu ermöglichen.

In der Beurteilung von Unternehmen durch Markt und Personal werden in Zukunft nicht nur die Arbeitsbedingungen, sondern auch Faktoren wie Aktivitäten des Unternehmens gegen Mobbing und Diskriminierung oder für mehr Familienfreundlichkeit zählen. Erst wenn die Führungsspitzen der Unternehmen den Einfluss von äußeren gesellschaftlichen Veränderungen auf die inneren Strukturen erkennen, wird der Weg bereitet, Gender als Kategorie auch in Produktentwicklung, Marketing, Werbung und Vertrieb einzusetzen.

Die Situation von Frauen in der Geschäftswelt kann mit der Situation der zweiten Generation von Einwanderern verglichen werden: Das Hauptproblem ist die Zweisprachigkeit als Synonym für die unterschiedlichen Verständigungsrituale und -regeln, die Frauen und Männer während ihrer Sozialisation erlernt haben (vgl. auch Wittenberg-Cox 2005). Bei Frauen stehen vor allem Harmoniestreben, die Suche nach Gemeinsamkeiten und die Tendenz, sich gegenseitig zu bestätigen, im Vordergrund. Die »Sprache« der Männer unterliegt anderen Regeln: Sachlich soll sie sein, sie ist mit Statuskämpfen verknüpft, Grobheiten sind erlaubt (vgl. Tannen, 1995). Schon die aus dem angelsächsischen Raum stammenden

Bezeichnungen des Chief Executive Officer, des Chief Operations Officer und des Chief Marketing Officer, die sich auch hierzulande durchgesetzt haben, erinnern an militärische Kommandostrukturen und deuten auf Hierarchien und Befehlsfolgen in Unternehmen hin, die eher Abgrenzung als Integration fördern. In den »Women's Career Centern«, ob in Hamburg oder in New York, wollen Frauen nach wie vor wissen, wie wirkungsvolles und geschäftsförderndes Netzwerken funktioniert, auch ein Zeichen dafür, dass Frauen Lernende in der Unternehmenswelt sind.

Meine Erkenntnisse über die Bedürfnisse und Befindlichkeiten ihrer männlichen und weiblichen Mitarbeiter können Unternehmen helfen, Ansatzpunkte für die Erneuerung der Unternehmensentwicklung nach innen und außen zu finden, um das gesamte kreative und innovative Potenzial des Unternehmens in der Zukunft entdecken zu können. Denn egal, wie abgedroschen es klingen mag: Intrinsisch motivierte Mitarbeiter und Mitarbeiterinnen sind die besten Imageträger eines Unternehmens; sie verkaufen ungefragt die Philosophie und die Produkte »ihres« Unternehmens.

7 Mit Gender neue Märkte erobern

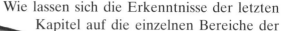

Wie lassen sich die Erkenntnisse der letzten Kapitel auf die einzelnen Bereiche der Wirtschaft anwenden und welche Marktchancen können sich daraus entwickeln? Die von mir hier gewählten Branchen stellen eine subjektive, aber zukunftsorientierte Auswahl dar und stehen stellvertretend für viele andere ungenutzte Möglichkeiten.

Egal ob immaterielle Produkte wie Finanzdienstleistungen und Informationstechnologie oder materielle wie das Automobil, unter Gender-Gesichtspunkten kann die Vermarktung neu durchdacht und bewertet werden. Durch das Internet und die wachsende Erwerbstätigkeit der Frauen entsteht ein neuer Umgang mit Zeit und Familie, der ebenfalls zu Produkt- und Dienstleistungsideen führt. Wenn abschließend der Bereich Wellness und Gesundheit analysiert wird, so mit geschlechtsspezifischem Blick auf einen der großen Megatrends der Zukunft.

Gender und Finanzdienstleistung

Längere Lebenserwerbszeiten, sinkende Renten und Unterbrechungen der Erwerbstätigkeit sind in vielen Bevölkerungsgruppen präsent, aber eher Frauen vertraut. Auch bei Männern ist der Job nicht mehr sicher und sie durchlaufen Phasen der Arbeitslosigkeit oder anderer Aus-Zeiten. Da Männer meist mehr eigenes Vermögen haben, um diese Situation abzumildern, ist für Frauen die persönliche und finanzielle Autonomie wichtiger denn je geworden.

Welche Antwort findet die Finanzdienstleistungsbranche, um Kundinnen und Kunden in verschiedenen Lebensphasen transparente und nutzenorientierte Finanzprodukte anbieten zu können? Frauen und Männer unabhängig voneinander anzusprechen, ihren jeweiligen Ausbildungsstand in Finanzfragen zu respektieren und ihr Wissen zu vergrößern, ohne in ständige Horrorszenarien von Altersarmut zu verfallen, könnten Maßnahmen der Branche in der Zukunft sein.

Frauen und ihr Geld

Es gab in der Geschichte einige reiche Frauen, die große Vermögen geerbt oder verwaltet haben, sei es als Adlige oder als Ehefrauen, Töchter, Geliebte, Geschiedene oder Witwen mächtiger, wohlhabender Männer.

Das Vermögen, mit dem viele ihr Leben finanzierten, erreichte sie zumeist in Form monatlicher Zahlungen, der so genannten Apanage. Gemeinsam war diesen Frauen, dass es meist keine männliche Alternative neben ihnen gab und dass sie über Männer an ihren Besitz gelangten.

Wenn Frauen aus sich heraus Vermögen schufen und durch Arbeit finanzielle Unabhängigkeit erreichten, dann meist als Kulturschaffende wie Schriftstellerinnen, Malerinnen, Schauspielerinnen oder als Filmstars. Doch dies betraf immer nur eine verschwindend kleine Gruppe von Frauen. Erst die Erwerbstätigkeit einer breiten Masse ermöglicht Frauen den Zugang zu eigenem Geld und verändert Einstellung und Umgang damit nachhaltig.

Die gesetzlichen Rahmenbedingungen für einen gleichberechtigten Umgang mit Geld existieren erst seit Mitte des 20. Jahrhunderts. Bis in die 1960er Jahre hinein galt: »Das Vermögen der Frau wird durch Eheschließung der Verwaltung des Mannes unterworfen.« Männer hatten somit das Verwaltungs- und Nutznießungsrecht am Vermögen ihrer Frauen. 1958 wurde das Gesetz zur Gleichstellung von Mann und Frau verabschiedet. Vorher durfte eine Frau ohne die Zustimmung ihres Ehemannes kein Bankkonto eröffnen. 1963 wurden Frauen Männern bei der gesetzlichen Erbfolge gleichgestellt.

Daran ist zu erkennen, dass ein großer gesellschaftlicher Umwälzungsfaktor, nämlich der autonome Umgang von Frauen mit Geld, erst vor weniger als 50 Jahren in Kraft gesetzt wurde. Zwei Generationen von Frauen haben das gelernt, was seit Hunderten von Generationen von Männern an ihre Söhne weitergegeben wurde: der existenzsichernde Umgang mit finanziellen Werten. Frauen sind ins »kalte Wasser« der Wirtschaft gesprungen. Sie besitzen zwar nun die Freiheit, sich dort zu bewähren, jedoch holen sie beim finanzwirtschaftlichen Wissen und praktischen Handwerkszeug jetzt erst auf. Die Finanzdienstleistungsbranche hat die volkswirtschaftliche Aufgabe zu meistern, Frauen ebenso gut und vorausschauend bei ihren Vermögensfragen zu beraten wie Männer, und das mit Kenntnis der unterschiedlichen und vielschichtigen Lebensrealitäten von Frauen. Mit eine Rolle spielt dabei auch der allgemeine Umgang mit Geld, unabhängig vom Geschlecht. Hier sind einige Thesen, die als Filter und Hemmnisse für finanzielle Entscheidungen beider Geschlechter wirken können:

- Die finanzwirtschaftliche Ausbildung aller Deutschen ist unvollständig, zum Beispiel ist vielen erwachsenen Menschen die finanzielle Wirkkraft von Zins und Zinseszins über Jahre und Jahrzehnte bis heute nicht klar.

- Geld gehört in Familien zu den großen Tabus, es wird weniger über Geld als über Sex geredet, was so weit gehen kann, dass Kinder oder Ehepartner nicht über das Gehalt oder Vermögen ihrer Eltern oder ihres Partners Bescheid wissen.
- Geldanlagen werden nicht nach sachlichen Gesichtspunkten mit Freunden, Bekannten oder Finanzberatern diskutiert, sondern mit den aus den Ursprungsfamilien übernommenen unreflektierten Wertvorstellungen betrachtet.

Ein Erkenntnisprozess hat eingesetzt: Da die männlichen Versorger nicht mehr uneingeschränkt zur Verfügung stehen, wird von Frauen zunehmend autonomes Handeln verlangt. Sind sie hier erfolgreich, stärkt das ihr Selbstwertgefühl.

Beratung ist Luxus

Erst seit wenigen Jahrzehnten werden Frauen nicht nur als Angestellte, sondern auch als Unternehmerinnen, Managerinnen und Selbstständige wahrgenommen. Die Basis dafür haben sie selbst bereitet und belegen inzwischen Wirtschaftsfächer an den Universitäten, besuchen internationale Business Schools, gründen eigene Unternehmen und nehmen Führungspositionen an. Der daraus resultierende Gestaltungsspielraum wirkt sich auch auf den Umgang mit Geld und die Finanzplanung aus.

Finanzdienstleister tun sich schwer, mit dieser Kundengruppe, die im Zweifel eher wächst als kleiner wird, ins Geschäft zu kommen. Sie glauben noch immer an den Mythos, dass sie nur mit den (Ehe-)Männern die wichtigen finanziellen Dinge regeln sollten. Frauen haben andere Fragen, ihre Lebenszyklen verlaufen nicht kontinuierlich und die Nutzenerwartung an Vermögensberater und -beraterinnen sind komplex; außerdem entscheiden sie sich nicht sofort. Das erleichtert die Beratung nicht.

Und da gibt es noch etwas, was meiner Meinung nach irgendwo in manchen Frauen schlummert: Ihr kollektives Gedächtnis warnt sie vor dem Umgang mit Geld. Das Vertrauen, das ihre Mütter und Großmütter in Banken hatten, hat zeitweilig Schaden genommen. Einer der Gründe dafür sind die Erfahrungen vieler Frauen als Bürgin für den Ehemann. So wurde gerade bei Immobilien bis vor kurzem häufig mit Krediten finanziert, egal wie gut oder schlecht sich die Bonität der Kreditnehmer darstellte. Tausendfach verteilten Banken das Risiko von Geldgeschäften und Finanzierungen auch auf die treugläubige, nicht-erwerbstätige Ehefrau, indem sie diese zur Bürgin machten. Wenn sich die Wunschvorstellungen in der Realität nicht bewahrheiteten, haben viele Männer durch eidesstattliche Versicherung ihre Zahlungsunfähigkeit erklärt, und manche Frauen haben aus Verantwortungsgefühl heraus die Kreditschulden ohne eigenes Einkommen übernommen. Eine umfassende Risikoberatung hat bei diesen Vorgängen eher selten eine Rolle gespielt. So kommunizieren die weiblichen »Buschtrommeln« positive und negative Erfahrungen. Ein Vertrauensverlust hat sich ausgebreitet und dem Image vieler Kreditinstitute geschadet.

Die Verkaufsargumente vieler Finanzdienstleister für vermögensbildende Maßnahmen seien hier kurz zusammengefasst: Es gibt hohe Rendite bei hohem Risiko (einst Spekulationen auf Tulpenzwiebeln oder Gold und heute auf Sektoren-Fonds, Hedge-Fonds und Aktien). Man erzielt Steuerersparnisse zum Beispiel durch Lebensversicherungen und Immobilien.

Steuerersparnis und Risikoanlagen waren für Frauen lange Zeit kein Thema, brauchten sie doch aufgrund des geringeren Verdienstes keine Steuern zu sparen und erschienen ihnen riskante Geldanlagen nicht erstrebenswert. Inzwischen bilden erwerbstätige Frauen eine unübersehbar große Gruppe, in der auch immer mehr Jüngere damit beginnen, sich intensiver mit ihrem eigenen Geld und den Vorstellungen von Zukunft durch Vermögensplanung zu befassen. Hinzu kommt, dass Steuerprivilegien für Immobilien, Lebensversicherungen und Vermögen nach und nach wegfallen und Finanzdienstleister den Nutzen von Geldanlagen auch ihren männlichen Kunden neu erklären müssen. Finanzdienstleister setzen deshalb zunehmend auf Beratung. Damit scheinen sie den Wünschen von Frauen besonders entgegenzukommen, wollen diese doch mehr ganzheitliche, qualitative Finanzberatung, die bezahlbar, nachvollzieh- und sanktionierbar ist. Doch trotzdem beobachte ich, dass Frauen und Finanzdienstleister noch immer unterschiedliche Sprachen sprechen.

Gute Beratung ist kein Billigartikel, sondern eine Kunst und ein Luxusgut. Nicht von ungefähr liegen die Zentralen der Schweizer Privatbanken räumlich nahe an den Uhrenmanufakturen. Am deutlichsten wird diese fast symbiotische Verbindung in Genf, der Geburtsstätte der Schweizer Uhrenindustrie und Sitz einiger der ältesten Privatbanken der Welt. Ich halte es für sinnvoll, auch Finanzberatung wie ein Luxusprodukt zu betrachten und zu bewerben. Das Begehren nach einer guten Finanzberatung sollte geweckt werden und als wertvoll erscheinen. Man muss es sich wert sein, einen Finanzberater oder eine Finanzberaterin wie einen guten Arzt zu konsultieren.

Deutsche Finanzdienstleister bewerben den Vermögensaufbau und die private Altersvorsorge häufig mit angstbesetzten Slogans, die auf Frauen abschreckend und auf Männer eher herausfordernd wirken. Hinzu kommt, dass Beratung kostenlos ist und damit keinen eigenständigen Wert besitzt. Vermittler werden über Provisionen bezahlt, die selbstverständlich in der Preiskalkulation des Finanzproduktes mit enthalten, aber nicht transparent und selten Bestandteil des Beratungsgesprächs sind. Wie auch Studien (vergleiche Streeck et. al, 2006) immer wieder belegen, lässt die Qualität der Beratung für Privatkunden und -kundinnen durch die großen Finanzdienstleister zu wünschen übrig und berücksichtigt die unterschiedlichen Verhaltensmuster weiblicher und männlicher Kunden zu wenig.

Lebensphasen, ein Schlüssel zur Beratung

Finanzberatung setzt neben der fachlichen Expertise den bewussten Umgang mit der Lebenssituation und Kenntnisse über finanzielle Wünsche und Werte Einzelner voraus. Auch ist oftmals nicht nur die singuläre Beratung gefordert, sondern die Begleitung über einen längeren Zeitraum. Zwar haben viele junge Menschen über Sparkonten oder Kreditkarten bereits früh Kontakt mit Banken, jedoch ist dies nicht mit Beratung verbunden und häufig abhängig vom (unbekannten) Einkommen der Eltern. Wie setzt die Finanzberatung also das vorhandene Wissen aus der Gender- und Generationenperspektive richtig um?

Erste Gelegenheiten, sich mit jungen Männern und Frauen als Kunden und Kundinnen zu beschäftigen, bietet die Ausbildungsphase. Studiengebühren, Kosten für Bewerbungen, Umzug in eine andere Stadt und so weiter bieten Finanzdienstleistern Möglichkeiten, um Kontakt aufzunehmen und den Grundstein für finanzielle Aufklärung und Kundenbindung zu legen. Verschiedene Ausbildungen und Studiengänge ziehen unterschiedliche Gehaltsentwicklungen nach sich. Auch wenn das Studium länger dauert als die Regelstudienzeit oder ein Auslandsaufenthalt nötig wird, kann dies ein Anlass sein, junge Menschen ganzheitlicher beratend zu begleiten. Möglicherweise danken sie dies dann mit einer nachhaltigen Bindung. Dabei ist es wie gesagt wichtig, ohne Vertriebsdruck zu beraten und der Beratung einen eigenständigen Wert beizumessen.

Kooperationen zwischen Hochschulen und Finanzdienstleistern könnten entsprechende Rahmenbedingungen schaffen, um junge Menschen mit finanzwirtschaftlichem Wissen und qualifizierten Beratern auszustatten. Bei den Wirtschaftswissenschaften, Jura oder einigen Naturwissenschaften ist die Verteilung von Männern und Frauen ausgeglichen, das hat zur Folge, dass auch die ersten Berufsjahre von Männern und Frauen ähnlich verlaufen. Die Gehälter sind dort annähernd gleich, ebenso wie die Verantwortungen und Rekrutierungen. Zu beobachten ist jedoch die Tendenz, dass besonders die Finanzstrukturvertriebe, ähnlich wie die privaten Krankenversicherungen, mehrheitlich an den jungen männlichen Erwerbstätigen interessiert sind. Der Grundstein für eine Kundinnenbindung könnte spätestens in dieser Phase gelegt werden, dies wird aber noch immer versäumt – zu vermuten ist, dass die Ansprache von Frauen noch klarer ausformuliert und gestaltet werden muss.

Im Leben von Frauen tauchen häufig ungefähr zur gleichen Zeit zwei wesentliche Veränderungsmomente auf, die ihre finanzielle Entwicklung entscheidend beeinflussen können: Die berufliche Karriere und die Geburt des ersten Kindes. Solange Frauen den »Deal« eingehen, ihre Arbeitszeit zu reduzieren und dafür einen Teil ihres eigenen Einkommens aufzugeben – ohne dafür eine angemessene finanzielle Gegenleistung aus dem Familieneinkommen zu erhalten –, können sie kaum eigenes Vermögen aufbauen. Ist allerdings das Selbstbewusstsein von Frauen in Bezug auf den eigenständigen Vermögensaufbau bereits früh ausgebildet worden, erscheint ihnen zum Beispiel die Forderung, ihre Familienarbeit wie eine Erwerbstätigkeit vergütet zu bekommen, nicht mehr abwegig.

Auch bei der Altersvorsorge gilt es, aufgrund der steigenden Lebenserwartung neue Wege zu beschreiten. Der Zeitrahmen, in dem Frauen wie Männer Rente beziehen, dehnt sich aus, gleichzeitig steigt die Zahl der Rentner und Rentnerinnen weiter. Es herrscht Konsens darüber, dass das staatliche Umlagesystem über seine Leistungsfähigkeit hinaus belastet wird und die private Vorsorge unumgänglich ist. Allerdings unterscheiden sich die Vorstellungen vom eigenen Alter bei den Geschlechtern, und auch die Realität im Alter sieht anders aus als in der Werbung.

Auf der einen Seite steht Finanzberatung oft vor dem Dilemma, fiktiv auf ein fernes Ziel gerichtet zu sein, auf der anderen Seite kann sie dafür nur die Realität zugrunde legen. Die unterschiedlichen Ansprüche, Wünsche und Vorstellungen von Frauen und Männern im Alter sind keine feste Größe, sondern ändern sich im Lauf des Lebens. Deshalb muss Finanzberatung immer wieder aktualisiert werden. Die finanziellen Auswirkungen diskontinuierlicher Erwerbsbiographien zeigen sich im Alter, wenn das Einkommen unvorhersehbare Kosten nicht decken kann. Viele Frauen und Männer brauchen deshalb eine externe Planungsunterstützung, um mit der Komplexität ihrer finanziellen Situation klar zu kommen. Doch damit diese greift, ist eine differenzierte Herangehensweise nötig.

In den vorangegangenen Kapiteln wurde schon erläutert, wie die Entscheidungsprozesse von Frauen ablaufen. Frauen sind markenbewusst, sie vergeben ihre Gunst jedoch nicht nur produktbezogen. Sympathie, Vertrauen und Glaubwürdigkeit spielen bei ihren Entscheidungen wesentliche Rollen. Sie beraten sich nicht nur mit fachkompetenten Gesprächspartnern, sondern auch mit Familie und Freundinnen. Die weibliche

Nutzenerwägung beantwortet zunächst die Frage: »Was erreiche ich mit der Entscheidung/dem Produkt?« und nicht unbedingt: »Was kann das Produkt?«. Das weibliche Auswahlverfahren verläuft wie überall schleifenartig. Neue Erfahrungen werden eingebaut und eine bereits getroffene Entscheidung kann an einer anderen Stelle wieder in Frage gestellt werden. Mitunter wird dieses Verhalten als Unselbstständigkeit oder Unsicherheit interpretiert, doch ist diese Art der Informationsgenerierung ebenso zielführend wie der männliche, stufenartige Entscheidungsprozess. Männer informieren sich und entscheiden autonom – auch aus dem Selbstverständnis heraus, dass sie selbstbewusst sind und keine Fehler machen werden.

Das begreifen auch die ersten Finanzdienstleister und greifen bei der Produktentwicklung und Beratung die unterschiedlichen Belange von Frauen und Männern auf. Geschlechtergerechte Finanzprodukte, die auch bei unterbrochenen Erwerbsbiographien funktionieren, könnten folgende Eigenschaften besitzen:

- jederzeitige Anpassung an Lebenszyklen durch Produktmodule,
- spezielle Optionen für Elternzeiten und Wiedereintritt in den Beruf,
- Berufsunfähigkeitsschutz für den zu Hause tätigen Partner (meist Frauen),
- jederzeitige Zuzahlungen und Entnahmen für lebenslange Anlagemöglichkeiten,
- Produktverzahnung zur optimalen Einbindung staatlicher Förderungsmöglichkeiten.

Auch bei der Beratung und Information gibt es Qualitätskriterien, die Finanzdienstleistern helfen können, Frauen (und Männer) angemessen anzusprechen:

- Frauen werden als eigenständige Kundengruppe wahrgenommen und ermutigt, ihre Entscheidungen autonom zu treffen,
- unstete Erwerbsbiographien werden in den Beratungen mitberücksichtigt,
- bei langfristigen Anlageentscheidungen sind Emotionen erlaubt und werden angemessen behandelt,
- die gesellschaftliche Aufklärung zu Finanzprodukten und -instrumenten wird gefördert.

Commerzbank: »Money – made by women«

Seit 1953 dürfen alle Frauen in Deutschland ein eigenes Konto führen und seit 1957 auch als Ehefrauen außerhalb des eigenen Haushalts einer Erwerbstätigkeit nachgehen, ohne den Ehemann fragen zu müssen. Heute üben rund 18 Millionen Frauen in Deutschland eine berufliche Tätigkeit aus und verfügen über ein eigenes Einkommen – bis 2010 sollen es knapp 19 Millionen sein. Das Potenzial an Bankkundinnen ist also vielversprechend. Doch es gibt bei den Finanzdienstleistungsunternehmen einen Nachholbedarf in puncto Beratung und Verkauf, denn Banken und Kundinnen kommen noch immer nicht optimal zusammen.

Laut einer Studie der Commerzbank (2002) wünschen sich 94 Prozent der befragten Frauen zwischen 20 und 60 Jahren ein spezifischeres Beratungsangebot von ihrer Bank. Darauf wurde reagiert, und seit 2002 bietet die Bank mit der Reihe »Money – made by women« ein speziell auf Interessentinnen zugeschnittenes Informationsangebot an. So informierten sich in den letzten vier Jahren rund 4.000 Teilnehmerinnen auf bundesweit rund 90 Veranstaltungen zu Themen wie Altersvorsorge, Geldanlage in Wertpapieren, Investmentfonds oder Immobilienfinanzierungen. Expertinnen und Experten erläutern Finanzthemen und gehen gezielt auf die besonderen Beratungsbedürfnisse von Frauen ein. Eine Erziehungspause bringt zum Beispiel Fehlzeiten in der Erwerbstätigkeit mit sich und muss in der persönlichen Anlagestrategie berücksichtigt werden. Auch die längere Lebenserwartung von Frauen stellt besondere Anforderungen an eine Finanzberatung.

Die Commerzbank hat im Laufe der letzten Jahre immer wieder neue Studien zum Finanzverhalten von Frauen in Auftrag gegeben. So ergab eine zweite Detailanalyse (2004) des Marktforschungsinstituts Sinus Sociovision, dass sich rund drei Viertel der Frauen nicht gerne mit ihren privaten Finanzen beschäftigen. Ausgangspunkt der Untersuchung war herauszufinden, ob und welche Unterschiede zwischen den Geschlechtern in der Einstellung zu Geldthemen existieren und wo die Gründe dafür liegen. Viele Frauen verdrängen ihre persönlichen Geldangelegenheiten, aber das ist auch abhängig von Bildungsstand und Gehalt. Frauen mit höherer Bildung oder gehobener Position im Beruf zeigen, dass geldaktives Handeln keine Domäne von Männern sein muss und nehmen die auf sie zugeschnittenen Beratungsangebote verstärkt an.

An umfassenden Studien und Erkenntnissen zum Thema Frauen und Finanzdienstleistungen mangelt es nicht. Umso schwerer ist es nachzuvollziehen, dass noch immer zu wenige Finanzdienstleister Beratung und Ansprache mehr auf die Bedürfnisse ihrer Kundinnen einstellen. Bisher sind neben der Commerzbank in dieser Hinsicht nur die UBS und die Weberbank mit dem »Lady's Office«, das 2007 in »Weberbank Family Office« umbenannt wurde, positiv am Markt in Erscheinung getreten.

Beratung ist (k)ein Spiel

Die Zukunft im Verkauf von Finanzdienstleistungen liegt aus meiner Sicht in der Qualität der Beratung. Das ergibt sich zwangsläufig aus dem Wegfall von Steuerprivilegien und durch die Haftungsregelungen für Berater. Damit Beratungsprozesse nicht wirkungslos bleiben, muss man wissen, wie Frauen beraten werden möchten und wie sie entscheiden. Dieser Frage ging Klaus Streeck mit seinen Studierenden im Jahr 2006 in einer Studie zu genderspezifischen kommunikativen Aspekten in der Beratung zur Altersvorsorge nach. Da die Studie meine Beobachtungen stützt, möchte ich sie hier etwas ausführlicher behandeln. Männer und Frauen bemerken, dass es keine objektiv »richtige« Anlage oder Vorsorge gibt, sondern nur eine der jeweiligen Situation angemessene.

Unabhängig vom eigenen Geschlecht kommen die Teilnehmenden der Studie übereinstimmend zu der Einschätzung, dass Beratung ein von beiden Seiten interessengeleitetes Spiel ist. Und wie bei jedem Spiel, so gibt es auch hier Regeln und Ziele, Gegner und Verbündete, Tricks, Strategien und Gewinner. Der Studie zufolge empfinden Männer die Beratungssituation als wettbewerbsorientiert. Sie gehen in ein inhaltliches Kräftemessen mit ihren Beratern und bereiten sich deshalb auf Beratungssituationen vor, indem sie sich zum Beispiel über die derzeit gültigen Zinssätze informieren oder das Ranking von Fonds auswendig lernen.

Wenn Beratung ein spielerischer Prozess ist, dessen Fortschritt und Erfolg von den Spielern und Spielerinnen abhängt, könnte man sich auch eine Art »Schiedsrichter« vorstellen, der den Prozess verifiziert und als gelungen oder verbesserungswürdig bezeichnet. Letztlich entscheidet aber die Person, die beraten wurde, ob der Vorgang ihren Vorstellungen entsprechend abgelaufen ist und funktioniert hat. Dabei sind zwar Marke und Fachwissen des Anbieters wichtige Faktoren, aber gerade für Kundinnen spielen Vertrauen, Empathie und das »Drumherum« keine unwesentliche Rolle bei ihren Verhandlungen. Das widerspricht einem wettbewerbsorientierten, spielerischen Austausch, da es ihnen nicht vorrangig um Kräftemessen und Gewinnen geht. Einige Beobachtungen bezüglich der Wahrnehmung von Frauen in den Beratungssituationen seien noch genannt, da sie sich mit den Aussagen der Finanzdienstleisterinnen decken, mit denen ich Interviews geführt habe:

- Frauen fühlen sich in ihrer geschlechtsspezifischen Individualität häufig nicht erkannt.
- Sie wünschen, die Entscheidung für ihre Altersvorsorge treffen zu können, ohne dass Zukunftsängste verbreitet werden.

- Sie wollen im Rahmen der Beratung erfahren, wie ein finanzieller Spielraum für ihr Alter überhaupt aussehen könnte.
- Sie möchten nicht unter Druck gesetzt werden, sondern schätzen ein glaubwürdiges Engagement ihnen oder anderen Gruppen gegenüber.
- Sie bauen Beziehungen auf, es gilt also eine Annäherung zwischen den Kundinnen und den Beratenden zu erreichen und kein wettbewerbsorientiertes Kräftemessen zu inszenieren.
- Sie ziehen weder das eine noch das andere Geschlecht bei den Beratenden vor, wichtiger scheint zu sein, dass die sozialen Bezüge mit ihnen geteilt werden.

Wenn Frauen erben

Mit dem Ende des Zweiten Weltkriegs setzte in Deutschland eine lang anhaltende Periode des Friedens und der wirtschaftlichen Stabilität ein. Seit dieser Zeit hat die Wirtschaftswunder-Generation Vermögen über mehrere Billionen Euro angehäuft, die in den nächsten zehn Jahren an die folgende Generation weitervererbt werden. Doch bei der heutigen Erbengeneration zeigt sich eine Veränderung zu ihren Vorgängern, denn hier sind plötzlich ebenso viele Frauen wie Männer vertreten. Diese relative Gleichverteilung der Erben resultiert daraus, dass in den meisten Familien seit den 1960er Jahren nur wenige Kinder geboren wurden. Das war in früheren Zeiten anders, bis vor dem Zweiten Weltkrieg waren in den Familien nicht nur viel mehr Kinder, es gab auch weniger zu vererben. Vererbt wurde nach einem ähnlichen Muster, und so erbten meist die erstgeborenen Söhne den Hof oder das Unternehmen. Die anderen Geschwister erhielten oftmals eine Abfindung, die Töchter wurden verheiratet und die jüngeren Söhne erhielten eine Ausbildung. Die Familien der Söhne wurden auch häufig mit Immobilien unterstützt, und solange alle diese Rollen erfüllten, hatten Töchter und Söhne zumindest eine ähnliche materielle Ausstattung. Sie bekamen jedoch nicht die gleichen Entscheidungsfreiheiten und Gestaltungsmöglichkeiten über ihr finanzielles Vermögen.

Heute stehen die Familien wie auch die Vermögensverwalter vor neuen Aufgaben und Herausforderungen. Bisher erbten Frauen, wenn überhaupt, als überlebende Witwen ein relativ bescheidenes Vermögen, eine Witwenrente oder in Ausnahmefällen Unternehmen, die sie weiterführen konnten, wenn der Altersunterschied zwischen dem Erblasser (meist dem Ehemann) und ihnen groß war.

Familienunternehmen, die über mehrere Generationen existieren, haben umfangreiche Erfahrungen in der Übergabe des Vermögens von einer

Generation auf die andere gesammelt. Für sie besteht die Herausforderung heute darin, den besten Erben im Sinne des Unternehmens zu finden. Wenn also die nächste Generation aus Töchtern besteht oder die Söhne kein unternehmerisches Talent entwickeln, gilt es, die Töchter auf das Erbe und die unternehmerische Karriere vorzubereiten. Beispiele für das erfolgreiche Umsetzen dieser Erbfolge sind die Familienunternehmen Underberg oder Wempe.

Frauen, die Familienunternehmen übernehmen, bereiten sich nach ihren eigenen Aussagen nicht nur durch ihre Ausbildung, sondern auch seelisch auf diese Aufgabe vor. Manchmal tun sie das, indem sie ihre gewohnte Umgebung verlassen und andernorts einer Erwerbstätigkeit nachgehen, dann wieder, indem sie etwas völlig anderes machen, und schließlich, indem sie vor der Unternehmensübernahme Familien gründen. Es gibt aber auch Erbinnen, die gar nicht vorhaben, in ein Familienunternehmen einzusteigen, und die ihr Geldvermögen in gemeinnützige Organisationen einbringen, um dort einen gesellschaftlichen Beitrag zu leisten und selber etwas völlig anderes tun zu können.

Aber was ist mit all den anderen Frauen, die erben und nicht darauf vorbereitet sind? Frauen in Deutschland sind erst seit 50 Jahren rechtlich in der Lage, ihr Erbe selbst zu verwalten. Die jetzige Erbinnengeneration ist oftmals die erste, die überhaupt etwas erben kann, weil Erbmasse da ist. In vielen Familien wird traditionell nicht miteinander über Geld gesprochen, es ist ein Tabuthema, und allenfalls die Söhne erhalten oberflächliche oder tiefere Einblicke. Geld ist Macht, und so bestätigt sich auch im Mikrokosmos Familie: Wer das Geld hat, der hat auch die Macht. Frauen wissen oft noch nicht einmal, wie viel ihre Männer verdienen oder gar wie hoch das Familienvermögen ist. Doch genauso, wie Rollenmuster in den Familien gelernt werden, werden auch die Einstellung zum Geld und der Umgang mit ihm von einer Generation auf die nächste übertragen.

Für Mädchen und Frauen bedeutet das, dass sie als Erwachsene häufig noch weniger gut geschult sind als ihre Brüder oder männlichen Partner und nicht darauf vorbereitet, ein Vermögen zu erben. Wenn Frauen schließlich erben, was viele im Übrigen auch überrascht, wissen sie oft nicht wie viel und wie sie damit umgehen sollen. Häufig müssen sie sogar mit sich ringen, dieses Erbe anzutreten, nicht nur formal, sondern auch emotional, und so lassen sie das Geerbte oft jahrelang einfach unverwaltet brachliegen.

Viele Frauen haben keinen Bezug zu dem geerbten Vermögen, leben nach der Erbschaft im gleichen Kontext wie vorher und wollen nicht, dass andere von dem Geld erfahren. Man könnte glatt vermuten, sie schämten sich, weil sie meinen, sie hätten es nicht verdient, so viel Geld zu besitzen.

Manche kennen die Hintergründe nicht, wie das Vermögen zustande kam, und andere befürchten, dass sich durch das Erbe die Beziehungs-Balancen verändern. Der Ausweg, den manche dieser Erbinnen wählen, wenn sie sich ausreichend mit der übertragenen Verantwortung beschäftigt haben, ist einen Teil des Geldes wegzugeben. Sie werden sich klar über ihre privilegierte Position als Frau in dieser Gesellschaft und möchten auch anderen die Möglichkeit geben, sich weiterentwickeln zu können. Sie gründen beispielsweise Stiftungen, um ihrem eigenen gesellschaftlichen Anliegen Ausdruck zu verleihen. Inzwischen werden von Frauen ebenso viele Stiftungen gegründet wie von Männern, eine kaum bekannte Tatsache.

Finanzdienstleistungsunternehmen haben sich bislang erst unzureichend damit beschäftigt, wie unterschiedlich Männer und Frauen in Deutschland mit geerbtem Geld umgehen. Sicherlich werden weiterhin Steueroptimierungen und klassische Anlageformen bei der Verwaltung dieser Geldvermögen eine Rolle spielen, aber so manche Frau stellt sich auch noch etwas anderes vor. Sie benötigen die Unterstützung und das Verständnis derer, mit denen sie bei der Vermögensverwaltung zusammenarbeiten – bezüglich ihrer persönlichen Situation und moralischen Bewertung des Vermögens. Dies kann nur durch langjährige und vertrauensvolle Beziehungen erreicht werden, womöglich gleichzeitig mehrere Generationen der Familien ansprechend – welches deutsche Bankhaus ist darauf im Augenblick vorbereitet? Ich vermute, schweizerische und luxemburgische Vermögensverwalter machen auch deshalb das Geschäft, weil sie generationenübergreifende Beziehungen zu ihren Kundinnen und Kunden pflegen. Doch dadurch, dass die nächste Erben- und Erbinnengeneration eine nicht zu vernachlässigende Größe erreichen wird, haben auch deutsche Vermögensverwalter die Chance aufzuzeigen, wie sich geerbtes Vermögen nicht nur ausschließlich gewinnmaximierend, sondern auch nachhaltig sinnstiftend einsetzen lässt.

Gender und Mobilität

Mobilität – der Wunsch, sich fortzubewegen und über Grenzen zu gehen, oft auch über die eigenen, kennzeichnet den Erfolg der menschlichen Rasse. Ob zu Fuß, mit Pferden, Kamelen, Planwagen, Postkutschen oder Booten, der Wille, sich über diesen Planeten zu bewegen, ermöglichte die Eroberung der Kontinente und Meere. Technische Erfindungen ersetzten über die Zeit die Muskelkraft von Mensch und Tier, es ließen sich immer längere Strecken zurücklegen und mehr Waren transportieren. Handel, Austausch und Entwicklung sind Folgen einer Mobilität, die heute den gesamten Globus erfasst hat.

Ob Flugzeug, Auto, Lokomotive, Containerschiff oder Fahrrad, die meisten der technischen Hilfsmittel zur Fortbewegung wurden von Männern erfunden und berücksichtigten zunächst vorrangig physikalische Gesetzmäßigkeiten und Nutzenaspekte. Heute sind Fortbewegungsmittel mehr als nur Mittel zur Fortbewegung. Sie sind zum unverzichtbaren Bestandteil unseres Lebens geworden: als Arbeitsmittel, Lebensinhalt, Wohnort und Betätigungsfeld.

Technik und Design, Nutzen und Verfügbarkeit, Kosten und Energieverbrauch, Akzeptanz und Sicherheit – viele verschiedene, miteinander konkurrierende Aspekte kennzeichnen aktuell unsere Einstellung zu den Fortbewegungsmitteln. Männer und Frauen brauchen sie gleichermaßen und nutzen sie trotzdem unterschiedlich. Wie äußert sich das? Mithilfe der Wahrnehmung der Mobilität durch den Filter Gender können Individualverkehr und öffentliche Verkehrsmittel differenzierter betrachtet, verbessert oder vermarktet werden.

Auto-Mobil

Seit der Industrialisierung haben menschliche Bewegungslust und Fortbewegungsdrang immer weitere und ganz unterschiedliche Ausdrucksmöglichkeiten gefunden. Die Erfindung des Automobils läutete den Individualverkehr ein und die zunehmende Fließbandfertigung machte es im letzten Jahrhundert zum weltweiten Massenphänomen. Kein anderes Verkehrsprodukt spielt eine so zentrale Rolle, ist mit so viel Emotionen und Irrationalitäten verbunden, keines wird auf so breiter Front geliebt und gehasst, bekämpft und benutzt. Die Widersprüchlichkeiten und Ausdrucksformen, die Menschen zu Individuen machen, reflektieren sich auch in ihrer Haltung zum Auto. Für die einen ist es Statussymbol, für die anderen Schutzraum oder Hülle, Lebensgefühl oder Grundlage ihrer Erwerbstätigkeit. Für diejenigen, die kein Auto besitzen, ist es Objekt der Begierde oder Gegenstand der totalen Ablehnung.

Egal, aus welcher Perspektive das Auto betrachtet wird, so ist dies immer nur eine Momentaufnahme, die von der jeweiligen Lebensphase eines Menschen gespiegelt wird. Freiheit in der Bewegung bedeutet für junge Männer etwas anderes als für Männer über 50, für Behinderte etwas anderes als für Außendienstmitarbeiter und für Frauen etwas anderes als für Männer.

Frauen fahren anders. Männer auch.

In den letzten 15 Jahren hat sich der Führerscheinbesitz in Deutschland bei Männern und Frauen bis zum Alter von 60 Jahren fast komplett angeglichen, erst bei den über 60-Jährigen besitzen heute signifikant weniger Frauen als Männer eine Fahrerlaubnis. Beim Verhältnis zwischen Männern und Frauen als Kfz-Halter ist eine ausgeglichene Verteilung bisher noch nicht eingetreten, durchschnittlich sind 30 Prozent der Halter weiblich, Tendenz kontinuierlich steigend. Es gibt demnach reichlich Marktpotenzial bei weiblichen Kunden. Diese Annahme wird gestützt durch die Erfordernisse einer Gesellschaft, die verlangt, dass ihre Mitglieder mobil und flexibel sein sollen, wie auch durch den heute nahezu selbstverständlichen Wunsch von Frauen, selber frei und unabhängig sein zu wollen.

Frauen bestätigen in gleichem Maße wie Männer, dass ihnen Autofahren Spaß macht. Doch geben sie an, dass ein Kfz eher »nur Mittel zum Zweck« ist, was zeigt, dass ihre emotionale Distanz zu Autos im Allgemeinen größer ist. Trotzdem können sie sich kaum vorstellen, darauf zu verzichten, als zu groß werden Nutzen und persönliche Freiheit empfunden. Neben der Aufholjagd, die Frauen in der Bildung gemacht haben, ist dies wahrscheinlich das deutlichste Zeichen weiblicher Emanzipation. Doch die Vorstellungen von Frauen in Bezug auf ihr Traumauto weichen von den Vorstellungen der Männer ab. Frauen fahren selten Ferrari oder verzehren sich nach einer schwarzen Limousine der Premiumklasse. Aber je mehr eigenes Geld Frauen verdienen, desto mehr sind sie auch bereit, in ihr Auto zu investieren. Das ist unter anderem daran abzulesen, dass sich die kleinen Zweitwagen für Frauen nicht mehr so gut verkaufen. Frauen sind im Durchschnitt preislich in der oberen Golfklasse angekommen; sind sie wohlhabend, bevorzugen sie Cabriolets, Geländelimousinen (auch Sports Utility Vehicles oder SUVs genannt), Kombis oder Vans – abhängig davon, ob Kinder im Haushalt leben oder nicht. Dennoch unterscheidet sich das Mobilitätsverhalten von Frauen in manchen Situationen, wie in der Familienphase, von dem der Männer.

Wenn Frauen ihr Auto nutzen, dann legen sie die unterschiedlichsten Wege zurück: zur Arbeit, mit den Kindern zur Schule, zum Hort, zum Einkaufen, für sich selbst oder Angehörige zum Arzt. Auch transportieren Frauen häufiger die Dinge des Alltags, und es fahren oft weitere Personen mit. Frauen verlangen nach Stauraum, Funktionalität und ökonomischem Benzinverbrauch. Männer in ihrer erwachsenen Lebensphase hingegen nutzen ihr Auto für tendenziell immer die gleichen Strecken: besonders für den täglichen Weg zum Arbeitsplatz, als Pendler oder Geschäftsreisende. Sie fahren durchschnittlich längere Strecken, diese aber zielgerichtet und sehr viel häufiger alleine als Frauen. Automobile werden deutlicher im Zusammenhang mit Erwerbstätigkeit gesehen und reflektieren Sozialprestige, Einkommen und Status – ein Grund, warum Männer tendenziell Limousinen oder Coupés bevorzugen.

Die folgende Liste führt Entscheidungskriterien für den Kauf eines Automobils auf, die eine signifikante Abweichung (fünf oder mehr Prozentpunkte) zwischen Männern und Frauen zeigen. Sie verdeutlicht auch verschiedene Anhaltspunkte für geschlechtsspezifische Entwicklung, Vermarktung und Vertrieb.

	Frauen	Männer
günstiger Verbrauch	95 %	90 %
Klimaanlage	67 %	74 %
niedrige Ladekante am Kofferraum	59 %	39 %
Ablagefläche Innenraum	58 %	45 %
Ordnungssystem Kofferraum und Staumöglichkeit	50 %	39 %

Abbildung 20: Entscheidungskriterien beim Autokauf
(Kompetenzzentrum Frau und Auto, Hochschule Niederrhein, 2006)

Welche Autos haben Zukunft?

Die heute älteren Autofahrer und -fahrerinnen sind »Vernunftfahrer« in völlig »unvernünftigen« Autos. Sie fahren rücksichtsvoll und im Rahmen der Geschwindigkeitsvorgaben, was sich sofort positiv auf ihren Benzinverbrauch auswirken würde – wenn die Autos kleiner wären oder andere Motoren hätten.

Ältere Männer gehören zur größten Käufergruppe der hochpreisigen Sportwagen und SUVs. Einst für abenteuerlustige Großstadtmänner konzipiert, die mit ihrem Auto eine Art zivilisierte Naturverbundenheit symbolisieren wollen, hat sich der SUV auch zu einem Auto entwickelt, das gerne von Frauen aus dem Mittelstand genutzt wird. Diese sind weder abenteuerlustig noch naturverbunden, sondern diese Art Fahrzeug kommt ihren Vorstellungen entgegen: Sie sitzen höher und fühlen sich dadurch sicherer. Klimaanlagen und andere technische Details sind bei den Luxus-SUVs ausgereift und einfach zu bedienen. Abstandsmesser zum Einparken, Übersichtlichkeit der Instrumente, höhenverstellbare Gurte und Innenspiegel mit großem Sichtfeld erfüllen ihre Wünsche ebenfalls bis ins Detail.

Durch die demographische Entwicklung ist damit zu rechnen, dass solche großen Autos weiterhin verkauft werden, steigt doch der Anteil älterer Menschen. Diese Automobile energieeffizient zu entwickeln, bleibt folglich eine wichtige Aufgabe der Automobilindustrie.

Die Automobilbranche gehört in Deutschland zu den wichtigsten Wirtschaftsbranchen überhaupt, jeder achte Arbeitsplatz hängt direkt oder indirekt von ihr ab. In vielen Unternehmensbereichen der Branche, speziell in Deutschland, dominieren Männer im jüngeren bis mittleren Alter. Diese Tatsache wirkt sich auf Entwicklung, Modelle, Marketing und Verkauf, also auf den gesamten Markt aus. Deutsche Automobilhersteller, auf der Suche nach weiblichen Führungskräften und Ingenieuren, haben damit begonnen, Gender-Aspekte für ihre Rekrutierungsmaßnahmen zu berücksichtigen. Dadurch erhöhen sie die Chance, für die Zukunft wettbewerbsfähig zu bleiben, denn auch im Binnenmarkt steigen die Marktpotenziale, wenn Frauen bewusster in die Wertschöpfungskette eingebunden werden.

> **Volvo: »YourConceptCar YCC«**
>
> Obwohl die YCC-Modellstudie von Volvo schon vor einigen Jahren durchgeführt wurde, erscheint sie aktuell und unübertroffen, was die Beschäftigung mit Frauenwünschen im Automobilsektor betrifft. Um zu erfahren, wie sich Frauen ihr Traumauto wünschen, gab Volvo einer Gruppe von neun Expertinnen, unterstützt von vielen Mitarbeiterinnen des Konzerns, die Möglichkeit, ihre Vorstellungen explizit umzusetzen – von der Produktentwicklung bis zum Prototyp. Mit dem für eine Automobilstudie sehr geringen Budget von 3 Millionen Euro und einem Jahr Zeit konnten die Volvo-Frauen »ihren« Wagen konzipieren, ein Fahrzeug, das die Bedürfnisse von Autofahrerinnen auf der ganzen Welt widerspiegelt. Beim Genfer Autosalon 2004 wurde es vorgestellt und die Sensation war perfekt.
>
> Die Erforschung der unterschiedlichen Mobilitätsanforderungen von Männern und Frauen stand am Anfang des Projektes, dann wurden spezifisch weibliche Ansprüche an Funktionalität, Optik und Haptik in die Konstruktion eingebunden. Volvo baut Autos im Premiumsegment. In dieser Klasse wünschen sich Frauen, ebenso wie Männer, Leistung, Prestige und Stil – Eigenschaften, die der YCC mit cleverem Stauraum, leichtem Ein- und Ausstieg, gutem Sichtfeld, einer variablen Ausstattung, intelligenter Einparkhilfe, 215 PS und einem Sechsgang-Power-Shift-Getriebe mit fünf Zylindern koppelt. Außerdem wurde deutlich, dass ein »weibliches« Auto nur minimale Wartungsaufgaben erforderlich macht, so dass keine Notwendigkeit mehr besteht, die Motorhaube zu öffnen, um Ölstand oder Wasservorrat zu kontrollieren. So sind nicht nur die Einfüllöffnungen für Benzin, sondern auch die für Öl und Scheibenwischwasser von außen zugänglich. Die Nackenstützen verfügen über einen Mittelspalt, so dass auch Frauen mit Pferdeschwanz hier keine Unbequemlichkeit erfahren. Da der Wagen innen individuell und variabel ausstattbar sein sollte, wurden Sitzbezüge konzipiert, die an unterschiedliche Geschmäcker oder Ansprüche ohne hohen finanziellen Aufwand angepasst werden können.
>
> Zwar werden Automobilstudien nicht eins zu eins in Serie gebracht (obwohl viele Frauen den YCC gerne gekauft hätten), doch etliche Produktmerkmale und Erkenntnisse fließen nach und nach in die Serienproduktion ein und erfüllen damit die Vorstellung von Automobilherstellern, gute Autos für Männer und Frauen zu produzieren.

Die Tankstelle: Ort der Einkehr oder Abwehr

Dass Tankstellen und Rastplätze geschlechtsneutrale Orte sind, kann bezweifelt werden, denn die Nutzung durch die Geschlechter ist ganz unterschiedlich. Für Männer oft mit positiven Emotionen verbunden, empfinden Frauen die Unterbrechung zum Tanken oft als lästige und wenig ansprechende Notwendigkeit.

Die Nutzer der Tankstellen in Deutschland sind zu über 60 Prozent männlich. Tankstellen sind tatsächlich männlich besetzte Ort, vor allem samstags. An einem schönen Frühlingsvormittag an der Tankstelle das Auto hingebungsvoll zu putzen, ist eine fast ausschließlich männliche Angelegenheit. Männer suchen Tankstellen auf, kaufen dort Getränke, tanken oder prüfen den Ölstand und verbringen dort Zeit. Frauen hingegen geben die Wartungs- und Pflege-Verantwortung für ihr Auto gerne ab, meist an ihren Ehemann oder Partner.

Ölkonzerne, die erkannt haben, dass ihnen weibliches Kundenpotenzial bisher entgangen ist, experimentieren mit unterschiedlichen Mitteln, wie sich Frauen stärker an Tankstellen und Marken binden lassen. Folgende Maßnahmen wurden ergriffen: mehr Helligkeit außen und innen, Sauberkeit in den Verkaufsräumen, keine Sex-Zeitschriften im Kassenbereich, Servicepersonal an den Zapfsäulen oder leichtere Speisen wie Salate und Pasta. Die Ausdehnung des Serviceangebots von Tankstellen kommt Frauen entgegen und verdeutlicht, dass Tankstellen mehr sind als Stellen zum Tanken.

Obwohl sich das Leistungsspektrum von Tankstellen erweitert hat und viele in kleine Supermärkte ohne Ladenschlusszeiten umgestaltet wurden, sind es noch immer keine Orte, an denen sich Frauen gerne aufhalten. Umständliches Befahren der Waschanlage, unhandliche, weil sehr große Einfüllstumpen oder unsauberes Einfüllen von Motorenöl – Tankstellenbetreiber haben erkannt, dass Service eine Schwachstelle vieler SB-Tankstellen ist und darüber nachgedacht, diesen wieder verstärkt einzusetzen. Doch das einstige Werkstatt-Image haftet vielen Tankstellen noch an. Zwar werden neben Motorenöl und Entfroster nun auch Blumen verkauft, doch das Umfeld ist maskulin. Wenn Tankstellen im Dunkeln schlecht beleuchtet sind oder abgelegen von Hauptverkehrswegen liegen, kann dies auf Frauen sogar bedrohlich wirken.

Auch Autobahnraststätten haben sich in den letzten Jahren stetig weiterentwickelt. Sie versuchen ihr Angebot familiengerecht und frauenfreundlich zu gestalten. Denn wenn Familien und Gruppen kommen, sind auch mehr Frauen dabei und ihre Kundschaft wird weiblicher. Das Angebot an Speisen hat sich geändert, Toiletten sind verfügbar und viele

Frauen arbeiten dort – ein Indiz, dass sich die Autobahnraststätte zum Ort für Service und Dienstleistung gewandelt hat. Autohöfe richten sich auf die Klientel der Fernfahrer aus, eine ausschließlich männliche Zielgruppe, und Autofahrer mit schmalerem Budget. Entsprechend geschlechterverteilt gestalten sich Angebot und Nachfrage.

BP/Aral: »Tanklust bei Frauen wecken«

BP/Aral beschäftigt sich seit einigen Jahren mit dem Mobilitätsverhalten von Männern und Frauen und den Anforderungen und Wünschen rund ums Tanken. Die Untersuchungen sind nicht allein darauf ausgerichtet, mehr Benzin umzusetzen. Imagefragen, Positionierung, Umweltgründe, anhaltende Kritik an Mineralölgesellschaften, Zukunftsausrichtung des Unternehmens oder die Notwendigkeit, auch Frauen als Beschäftigte und Kundinnen zu gewinnen, bewegen den Konzern zu hinterfragen, was die Menschen von ihm erwarten. In verschiedenen Studien hat das Unternehmen herausgefunden, dass die Nutzer der Tankstellen in Deutschland zu fast 70 Prozent männlich sind. Da jedoch der Anteil von Frauen bei Kfz-Neuzulassungen stetig zunimmt, wurde nach den Ursachen geforscht, warum Frauen so viel weniger häufig Tankstellen aufsuchen als Männer.

Wenn Frauen selbst tanken, bevorzugen sie Tankstellen, die ihnen gefallen und das Gefühl von Sicherheit geben. So sind zum Beispiel die Lage, Befahrbarkeit, Helligkeit, Sauberkeit oder Überschaubarkeit der Tankstelle ebenso wie die einfache Bedienbarkeit und Handlichkeit der Zapfsäulen entscheidungsrelevant für Frauen. Auch die Uniform des Personals vermittelt Kompetenz und spielt im Gesamtbild eine nicht zu unterschätzende Rolle. Das Angebot in den Tankstellenshops verfügt ebenfalls über männliche und weibliche Erfolgsfaktoren, die es zu beachten gilt. Art und Qualität der angebotenen Speisen und Serviceleistungen sind von Bedeutung, ebenso wie Verhalten und Umgangsformen des Personals – Kriterien, die mit dem Produkt Benzin wenig zu tun haben. Auch das Angebot von geschützten Kinderorten wird gut angenommen. Zusätzlich hat BP/Aral mit einer spezielle Cabriopflege darauf reagiert, dass Frauen gerne Cabriolets fahren, deren Pflege für Waschanlagen aufwändiger ist, vor allem wenn das Dach aus Segeltuch besteht.

Viele Erkenntnisse wurden in konkrete Maßnahmen umgesetzt, was tatsächlich signifikante Umsatzsteigerungen zur Folge hatte – sowohl durch weibliche als auch durch männliche Kunden. Ein Resultat, das Volvo ebenfalls bereits festgestellt hat: Was Frauen mögen, wird schnell auch von Männern adaptiert. Ohne die aktive Teilnahme der Frauen und das Erkennen ihrer Sicherheitsbedürfnisse oder des Familienfokus', wäre es wahrscheinlich nicht gelungen, diese Umsatzsteigerungen zu erzielen.

Umwelt schützen und statt dessen Mobilität bewahren

Innerhalb von höchstens zwei Generationen hat das Auto seinen Siegeszug angetreten und unser Mobilitätsverhalten nachhaltig beeinflusst. Männer und Frauen in den Industrieländern schätzen gleichermaßen die gewonnenen Freiheiten; Unabhängigkeit und Erweiterung des eigenen Radius' sind nicht mehr wegzudenken – doch alles hat auch eine Kehrseite. Die Abgase der Verbrennungsmotoren verändern unser Klima, und das Auto beeinflusst die Infrastruktur ganzer Regionen. Auf der einen Seite sorgt Mobilität für Arbeitsplätze und Wohlstand, auf der anderen für Verödung der Innenstädte und Umweltbelastung durch Versiegelung großer Flächen für Gewerbegebiete und Parkplätze.

Da die Klimaveränderungen und die Reduktion des CO_2-Ausstoßes eine der Herausforderungen des 21. Jahrhunderts sind, werden andere Werte bei Mobilitätswünschen notwendig. Doch werden sich Frauen und Männer in ihrem Mobilitätsverhalten immer ähnlicher, und so werden sie gemeinsam auch zur Lösung des Dilemmas »Umwelt schützen – Mobilität bewahren« beitragen müssen. Dazu müssen wiederum ihre geschlechtsspezifischen Unterschiede in der Bewertung von Status, Freiheit und Beweglichkeit angesprochen werden, und welche ihrer Handlungen zur jetzigen Situation geführt haben.

Wie wirkt sich das Geschlecht auf unser Mobilitätsverhalten und damit auf die Umwelt aus? Automobile sind emotional besetzte Gebilde. Wenn es gesellschaftlich akzeptiert ist, dass Status und Prestige durch große, teure Autos mit leistungsstarken Motoren demonstriert werden können und dies einen höheren Stellenwert hat als geringer Kraftstoffverbrauch, wird es schwierig sein, die Gesellschaft zum Umdenken zu bewegen. Hier gilt es einen individuellen Bewusstseinswandel einzuleiten, der bereits in der Fahrschule einsetzt und aufzeigt, dass es sich auch für junge Menschen, insbesondere Männer, lohnt, umweltbewusst und defensiv zu fahren. Erwachsenen Männern muss verdeutlicht werden, dass auch sie schadstoffarme, kleinere Autos fahren können ohne sich zu blamieren, als Anfänger zu gelten und unattraktiv zu wirken.

Frauen sind im Alltag diejenigen, die häufiger das Verkehrsmittel wechseln, häufig aus Umweltgründen, auch wenn dies beschwerlich ist. Sie fahren mit öffentlichen Verkehrsmitteln, mit dem Fahrrad, gehen zu Fuß und fahren Auto. Männer nutzen Fern-, U- und S-Bahn meist dann, wenn die Anbindung des öffentlichen Nahverkehrs an den Arbeitsplatz gekoppelt ist. Frauen als Haupteinkäufer der Familien besitzen großen Einfluss auf die Wahl des Einkaufsortes sowie des Verkehrsmittels. Aber erst die Mobilität der Frau und die Verfügbarkeit eines eigenen Fahrzeugs haben es ermöglicht, dass sich riesige Verbrauchermärkte an den Randzonen der Gemeinden ansiedeln konnten. So leisten natürlich auch Frauen einen Beitrag zur Klimaveränderung, den sie vielleicht selber unterschätzen.

Verkehrsverhalten und Umweltschutz bedingen sich gegenseitig. Selbst wenn der Benzinpreis explodiert, hat dies keine gravierenden Auswirkungen auf den individuellen Verkehr, und auch Reglementierungen wie Fahrverbote oder Parklizenzen verhindern nicht, dass immer mehr Autos zugelassen und genutzt werden. Die wachsende Zahl der Geschäfts- und Urlaubsreisen belastet die Umwelt. Die Auswahl des Verkehrsmittels für Geschäftsreisen ist abhängig von den Faktoren Preis und Zeit. Noch sind schätzungsweise 70 Prozent der Geschäftsreisenden männlich und nutzen gerne das Flugzeug. Die 30 Prozent weiblichen Geschäftsreisenden (Tendenz steigend) verhalten sich genauso, obwohl sie im privaten Bereich eher mit der Bahn fahren als fliegen. Die Weiterfahrt zum Zielort erfolgt wiederum mit dem Mietwagen oder Taxi, selbst wenn es Möglichkeiten gibt, öffentliche Verkehrsmittel zu nutzen. Es gilt also, das Sozialprestige des Öffentlichen Personennahverkehrs bei männlichen und weiblichen Geschäftsreisenden zu steigern.

Tempo und Radius der Mobilität

Nach der maßlosen Erweiterung des persönlichen Radius' wird der Trend der Zukunft wieder dessen Verkleinerung sein. Der Bewegungsrahmen wird sich den finanziellen und individuellen Gegebenheiten anpassen. Eine älter werdende Gesellschaft braucht andere Formen der Mobilität zusätzlich zum Individualverkehr. Ältere Frauen und Männer wünschen teilzuhaben am gesellschaftlichen Leben und hätten gerne Wohnungen in Innenstadtlagen mit fußläufigen Versorgungs- und Kontaktmöglichkeiten; sie verändern also während ihrer Lebensphasen auch ihr Mobilitätsverhalten. Waren Frauen einstmals an das Haus gebunden, sind sie nun frei und mobil. Wenn Männer mehr auf sich selbst achten, werden auch sie älter, bleiben rüstig und mobil bis ins hohe Alter – allein der Radius im persönlichen Umfeld wird kleiner. Die Städte- und Infrastrukturplanung wiederum wird sich darauf hin ausrichten, Verkehr zu reduzieren – nicht über Verbote, sondern über geeignete Angebote in kleineren Stadteinheiten und durch integrierte Verkehrskonzepte.

Die Schnittpunkte zwischen den einzelnen Verkehrsmitteln bewerten vor allem Frauen in urbanen Mobilitätszusammenhängen als Brüche. Das, was heute Mütter und einige Väter an Schwierigkeiten beim Schieben von Kinderwagen erleben, werden morgen Alte erleben, die die gleichen Erfahrungen im Rollstuhl machen. Frauen, die häufiger von einem Gefährt auf ein anderes umsteigen, verfügen über einen Erfahrungsvorsprung, der für die Verkehrs- und Infrastrukturplanung hilfreich sein kann.

Während Frauen sich über ihre automobile Schnelligkeit und Unabhängigkeit freuen, entdecken Männer die Langsamkeit neu. Der gleichnamige Buchtitel von Sten Nadolny aus den 1980er Jahren war der erste Vorbote dieser Entwicklung. Die Langsamkeit ist die Gegenbewegung zu den immer schneller werdenden Arbeitsanforderungen, die sich auch über die Mobilitätsnotwendigkeit äußern.

Für Investmentbanker war es normal, für ein Business-Meeting von Frankfurt nach New York zu fliegen, nun fliegen aber auch Politikerinnen, Marketer, Controllerinnen und IT-Spezialisten für immer kürzere Trips in die Hauptquartiere oder Zweigniederlassungen der global agierenden Wirtschaftsunternehmen. Körper und Seele reagieren zunehmend überfordert auf diese Strapazen. So klinken sich manche Männer für längere Zeiträume aus und entdecken das langsame Reisen neu. Sie pilgern den Jakobsweg oder reisen auf Frachtschiffen. Sie entdecken ihre Abenteuerlust wieder und paaren diese mit umweltverträglichem Handeln, indem sie bewusst auf Auto- und Flugreisen verzichten. Sind diese Männer die neuen Pioniere?

Gender und Informationstechnologie

Die Informationstechnologie hat aus der Gender-Perspektive zwei unterschiedliche Seiten: die technologische (Hardware und Software) und die anwendungsorientierte (Vernetzung und Individualnutzung). Der Begriff Informationstechnologie (IT) bezeichnet zunächst die Verbindung aus Informatik, Elektrotechnik und Datenverarbeitung und beinhaltet Hardware, Software und die dazugehörenden Vernetzungen. Kaum eine Erfindung hat alle Bereiche unseres Lebens innerhalb der letzten Jahrzehnte so nachhaltig beeinflusst wie die Umsetzung der Erkenntnis, dass mit Nullen und Einsen fast alles automatisiert und gesteuert werden kann.

Einstmals riesige Rechner wurden immer kleiner und leistungsfähiger, bis sie schließlich als PCs auf dem Schreibtisch landeten. Auf Nano-Ebene werden heute Prozessoren entwickelt, die im menschlichen Körper genauso einsetzbar sind wie zur Bearbeitung komplexer Logistikaufgaben. IT ist aber nicht nur elektronische Datenverarbeitung, Telekommunikation und Multimedia, sie hat sämtliche Wirtschaftsbranchen durchdrungen und deren Entwicklung beschleunigt. Mikroprozessoren steigern die Produktivität, automatisieren Abläufe und ersetzen menschliche Arbeitskraft wie einst die Dampfmaschine – mit der Folge, dass Arbeitsplätze wegfallen oder verlagert werden.

Die Verbindung von Computern und Anwendungen zu einem weltumspannenden Kommunikationsnetz, dem Internet, lässt neue Märkte entstehen und reflektiert sämtliche Ausprägungen menschlicher Kommunikation. Das Interessante an der Informatik ist auch, dass sie sich aus der technischen Isoliertheit geöffnet und zu einem globalen öffentlichen System entwickelt hat. Die Transformation der IT zeigt quasi, wie aus einem Kellerkind ein Weltstar wurde, der seine Popularität den immer weiter ins menschliche Leben eingreifenden Fähigkeiten verdankt. Die Umsetzung der Technologie in nutzbare Produkte wie Hardware und Software hat viele Akteure zum Teil unvorstellbar reich gemacht.

Bits und Bytes tragen nicht nur zum wirtschaftlichen und organisatorischen Fortschritt auf kollektiver Ebene bei, sondern ermöglichen auch auf individueller Ebene Veränderung, Freiheit und Gleichberechtigung. Der technologische Schub erfasst Männer und Frauen gleichermaßen, was sich in ihrem Interesse, der Nutzung und den Erfahrungen mit IT widerspiegelt und in immer neuen Produkten Ausdruck findet. Meine These ist, dass Männer und Frauen mit der gleichen technologischen Basis völlig unterschiedliches Nutzungsverhalten zeigen.

Hardware und Software: eine Welt für sich

Als der Computer vor 20 bis 25 Jahren in großem Stil Einzug in den Büroalltag hielt, haben ihn die Erwerbstätigen anders wahrgenommen als heute. In Verwaltungsabläufen, wo er die Schreibmaschine ersetzte, waren es zunächst Frauen, die sich mit ihm als neuem Arbeitsinstrument anfreunden mussten. Männern hingegen schien die Hardware viel interessanter, versprach doch der Umgang mit dem knappen und teuren Gut Rechnerleistung Prestige und Autonomie. Für die Anwendungsseite interessierten sich viele Informatiker gar nicht so sehr, die Faszination ging vom Betriebssystem aus. Die beiden Pole Entwicklung und Anwendung haben sich schnell angenähert, heute besitzt Software einen höheren Stellenwert als Betriebssystem und Hardware.

Bei den meisten technologisch getriebenen Erfindungen und Entwicklungen ist die Mehrzahl der Akteure nach wie vor männlich, so auch in der Informatik. Hier sind in Deutschland etwa 85 Prozent der Studierenden männlich, und die klassischen IT-Anbieter in Rechenzentren, bei Softwareentwicklung und Beratung beschäftigen nur in Ausnahmefällen Frauen. Frauen, die sich für IT interessieren, arbeiten oft in jenen Bereichen, die ein hohes Maß an Kommunikationsfähigkeit erfordern, wie zum Beispiel Projektmanagement und Training, oder in denen es um die Kombination von Anwendungen und Dienstleistung geht, wie bei Webdesign und Multimedia. Die anwenderfreundliche Benutzeroberfläche kommt weiblichen Vorstellungen entgegen, und je näher Anwendung und Nutzung am »richtigen« Leben sind, umso mehr sind Frauen geneigt, sich auch mit der dahinter liegenden Technik zu beschäftigen. Das ist unter anderem auch daran zu erkennen, dass die Studierenden der Wirtschaftsinformatik bis zu 30 Prozent weiblich sind.

Aber all dies sind westdeutsche Beobachtungen. In der ehemaligen DDR waren bis zu 50 Prozent der Computerwissenschaftler weiblich, denn die kulturelle Trennung von Berufen nach männlich und weiblich wurde zumindest eine Zeitlang in der DDR erfolgreich aufgehoben (vgl. Schinzel, 2002). Heute haben sich West- und Ostdeutschland auf dem niedrigeren westdeutschen Niveau angeglichen. In den aufstrebenden Volkswirtschaften wie Mexiko und Indien studiert ein signifikant höherer Anteil Frauen Informatik als in Deutschland, um damit die Chance auf einen gut bezahlten Arbeitsplatz zu erhöhen. Es hängt also auch vom kulturellen Umfeld und einer nutzenorientierten Fragestellung ab, wie hoch die Präferenz bei den beiden Geschlechtern ist, sich thematisch mit der Informatik zu beschäftigen.

Solange Softwareentwicklung von Frauen den Ingenieurswissenschaften zugeordnet und als uninteressant bewertet wird, lassen sich vorhandene Potenziale nicht anzapfen und nutzen. Um die Frauenquote zu erhöhen, ist es hilfreich, in den Informatikabteilungen interdisziplinärer vorzugehen, mit einem höheren Anteil an kommunikativen Elementen wie zum Beispiel Projektmanagement und Beratung. Aus meiner Sicht ist es für den Erfolg von IT-Vorhaben wichtig, Fragen nach Sinn, Relevanz und Wert ebenso zu stellen wie die nach der Realisierung von technisch Machbarem.

Für Hersteller von Hard- und Software ist das Marktpotenzial bei Männern und Frauen gleich groß, beide Geschlechter brauchen und kaufen Produkte der Informationstechnologie. Doch noch immer tun sich Frauen im Umgang mit und Kauf von Technik schwerer als Männer – darauf sollte sich die Produktkommunikation einstellen und Frauen als gleichberechtigte Kundinnen sehen, die aber andere Anknüpfungspunkte haben. Kryptische Typenbezeichnung, inkompatible Komponenten, eigenwillige Anleitungen zur Softwareinstallation, unbekannte Fachbegriffe und Läden, die auf Massenabfertigung konzipiert sind, machen das Einkaufserlebnis für Frauen unattraktiv. Weibliche Kunden haben nicht das gleiche Interesse am Fachsimpeln und nehmen deshalb aus Unsicherheit oder zur Vereinfachung der Kommunikation mit den Händlern ihre Partner, Söhne oder Freunde zum Rechnerkauf mit. Das kann zwar funktionieren, sollte jedoch nicht die Antwort des Computerhandels auf weibliche Kundschaft sein.

Gender-Checkliste für Hardware- und Software-Entwicklung und -Verkauf

- Womit lässt sich die Nutzung einer Anwendung verbessern oder vereinfachen?
- Welche Unterschiede gibt es für Männer und Frauen, wenn sie Aufgaben über den Computer selbst erledigen sollen?
- Wie können große Softwareprojekte erfolgreich gemanagt werden, unter stärkerer Berücksichtigung von kommunikativen Aspekten?
- Welche unterschiedlichen ergonomischen Anforderungen an Hardware und Software haben Männer und Frauen?
- Wie wünschen sich Männer und Frauen das Design von Hardware und Software?
- Welche unterschiedlichen Fragen stellen Frauen und Männer beim Kauf von Hardware und Software?

Das Internet wird weiblicher

Das Internet, einst für militärische Anwendungen entwickelt, wurde später von Hochschulen als Medium für den Wissensaustausch umstrukturiert. Aufgrund des traditionell großen Bedarfs der Universitäten nach schnellem Wissensaustausch wurden Webseiten mit hohem Informationsgehalt produziert. So waren die ersten Generationen von Internetseiten nur Insidern wirklich zugänglich, denn IP-Adressen hat kaum jemand notiert. Erst durch die zunehmende Vernetzung, die Möglichkeit, den Webseiten Namen zu geben, und die Nutzung von Suchprogrammen wurde es auch für weniger wissenschaftlich ausgerichtete Anwender und Anwenderinnen möglich, an die gesuchten Informationen im Web zu kommen.

Heute, nach noch nicht einmal 30 Jahren, umspannt das Internet wie eine Art unsichtbare Hülle den Globus und verschafft den Zugang zu einer zeitnahen, unübersehbaren Vielfalt an Informationen und Kontakten. Unternehmen nutzen das Medium inbound und outbound, aus der einfachen Präsenz haben sich komplexe Datenbankanwendungen entwickelt, das Internet ermöglicht den schnellen Zugriff auf Daten und direkte Interaktion zwischen Nutzern und Nutzerinnen. Der gewonnenen grenzenlosen Freiheit stehen aber auch Kontrolle, Spionage und Missbrauch gegenüber. Auch zeigt sich ganz deutlich, dass Männer und Frauen den Zugang zum Medium zwar besitzen, aber unterschiedlich damit umgehen. Die wichtigsten Nutzungsarten im Web sind derzeit: Information und Unterhaltung, virtuelle und reale Kontaktanbahnung und -pflege, Sex- und Lebenspartner finden sowie Aktivitäten mit wirtschaftlichem Hintergrund, vor allem E-Commerce und Online-Banking.

Noch verfügen in Deutschland insgesamt weniger Frauen als Männer über einen eigenen Internetzugang, das belegen die jährlich herausgegebenen Zahlen des (N)ONLINER-Atlas vom Kompetenzzentrum Technik-Diversity-Chancengleichheit. Bei Frauen bis 35 Jahre trifft das aber bereits nicht mehr zu. Bis zu 80 Prozent nutzen dort bereits aktiv ihren Internetanschluss, genauso häufig wie ihre männlichen Altersgenossen. Die größte wachsende Gruppe der Neuzugänge im Internet stellen Frauen ab 50 Jahren dar, und es ist nur noch eine Frage der Zeit, bis Männer und Frauen in Deutschland zu gleichen Teilen online sind. Die Durchdringung ist schon jetzt nicht mehr primär ein Geschlechter-, sondern eher ein Bildungsthema, so belegen neuere Studien beispielsweise die Korrelation zwischen Bildungsgrad und Besitz einer E-Mail-Adresse.

Neben konkreter Informationsgewinnung nutzen Frauen das Internet zur Kontaktpflege. Sie schreiben häufiger und längere E-Mails als Männer, sowohl privat als auch beruflich. Sie bloggen auch lieber, als dass sie chatten. Um Frauen über das Internet für Produkte und Dienstleistungen zu gewinnen, bringt es Vorteile, sie so individuell wie möglich anzusprechen, und zwar weniger über Newsletter, die Frauen aus Zeitgründen nicht lesen, als über individuelle E-Mails. Wenn einmal ein persönlicher Kontakt hergestellt wurde, dann sind Frauen sehr empfänglich für Kommunikation über E-Mail, auch zu Produkten und Dienstleistungen. Männer hingegen schätzen Newsletter, da sie in ihr allgemeines Muster zur Informationsgewinnung passen.

Damit Nutzer und Nutzerinnen im Internet spezielle Seiten finden können, sind Suchmaschinen unerlässlich, doch diese können nur das suchen, wonach sie gefragt werden. Es gilt also zu hinterfragen, wie sich das Suchverhalten und der Umgang mit dem Browser zwischen Frauen und Männern unterscheidet. Insgesamt sind Frauen im Netz ungeduldiger als Männer – sie schätzen übersichtliche Seiten, mit einfacher und wieder auffindbarer Navigation. Sie hangeln sich seltener von einer Seite zur nächsten, wie eine Art virtuelle Entdeckungsreise, sondern gehen eher zielgerichtet vor. Beantwortet eine Webseite ihre Fragen nicht, so wird sie schnell wieder verlassen. Die Suchworte sind leistungs- und nutzungsbeschreibend, seltener suchen Frauen nach ganz konkreten Produkt- oder Markennamen. Sie suchen nach Antworten auf ihre Fragen, sie erwarten sie schnell, übersichtlich und zuverlässig. Genauso handeln sie auch beim E-Commerce.

Von Sex-Commerce zu E-Commerce

Das Internet regt männliche Triebe an. Männer besuchen Männer-, Sport- und Finanzseiten, lesen Online-Zeitungen und nutzen das Internet als persönliche Informationsquelle und Spielwiese. Vor allem hat das Web seine ungeheure Verbreitung im privaten Bereich auch durch Millionen männlicher User und deren Besuche auf Erotik- und Sexseiten erfahren. Sie sind die mit Abstand am meisten frequentierten Sites im Internet, weit vor anderen kommerziellen Seiten.

Die Zeit, die Frauen im Netz verbringen, ist um einiges kürzer als die von Männern. Sie lassen sich gerne unterhalten und informieren – aber über andere Themen als Männer. So gehören Handels-, Mode- und Lifestyleseiten zu den von Frauen am meisten besuchten Websites. Die unterschiedliche Verweildauer der Geschlechter lässt auch Rückschlüsse auf deren Interessen und Nutzungen zu. Dabei zeigt sich, dass der stetige Anstieg der Handelsvolumina im nicht-sexorientierten Handel weitgehend mit der zunehmenden Internet-Nutzung von Frauen zusammenhängt.

Der Umsatz von Händlern mit Internetnutzern (B2C) kann jährlich zweistellige Zuwachsraten vorweisen und liegt in Deutschland für 2007 bei erwarteten 18 Milliarden Euro (als Vergleich: In den USA wurden 2006 über 100 Milliarden US-Dollar im B2C-Bereich umgesetzt). Nach der allgemeinen Einschätzung werden die Zuwachsraten vorerst so bleiben, zur Freude von Amazon, Ebay & Co. Neben den großen Versandhäusern wie Otto und Quelle werden aber auch Spezialgeschäfte in zunehmendem Maße davon profitieren, dass der Online-Einkauf mittlerweile fast identische Ausmaße erreicht hat wie die reine Informationsgewinnung. Verkauft werden hauptsächlich Bücher, Reisen und Büroartikel, zunehmend auch Arzneimittel – vorrangig Frauendomänen und keine leicht verderblichen Artikel. Erst im Anschluss kommen elektronische Erzeugnisse, Bau- und Heimwerkerbedarf und kostenpflichtige Downloads (Quelle: HDE-Umfrage 2007).

Um den Internethandel weiter zu optimieren und auch anderen Branchen den Einstieg zu erleichtern, kann Gender-Marketing als Informationsquelle und Werkzeug dienen. Übersichtlichkeit und Transparenz der Webseiten wurden schon angeführt, noch wichtiger sind die Sicherheit beim Bezahlen und das Rückgaberecht der Waren. Jene Unternehmen sind im Vorteil, die es schaffen, Vertrauen nachhaltig herzustellen und Prozesse zu entwickeln, die als sicher und vertrauensvoll empfunden werden. Dabei spielen Faktoren wie Reaktionszeit, Kommunikationsform und Transparenz vorrangige Rollen – was großen Markenunternehmen einen Vertrauensbonus beschert. Die Entscheidungskriterien und Konsummuster sind eng an das Geschlecht gebunden, beim Einkauf im Internet ist das nicht anders. Das zeigt sich auch im Einkaufsverhalten: Frauen entscheiden sich bevorzugt für Unternehmen, die ihnen bekannt sind oder empfohlen wurden, Männer haben weniger Vorbehalte auch mit

Unbekannten ins Geschäft zu kommen. Kundinnen und Kunden sind bereit, online zu bezahlen, der Sicherheitsstandard muss aber dem eines Geldinstituts entsprechen. Bei Reklamation und Rückgabe sollten Kunden und Kundinnen immer Recht haben, egal ob ihre Einschätzung stimmt oder nicht. Wer die Ware nicht zurücknimmt oder den Prozess verkompliziert, hat die Online-Kundin schon verloren.

Einkaufen im Internet empfinden Frauen als effizient. Es spart Wege, erscheint sicher und ist meist erfolgreich. Schnelles Einloggen ist wie durch die Eingangstüre eines großen Warenhauses zu spazieren, das 24 Stunden am Tag geöffnet hat. Kein unfreundliches Personal stört den Entscheidungsprozess, viele unterschiedliche Dinge sind wohlgeordnet zu finden, Bilder ersetzen die realen Produkte, alles ist stressfrei und sogar der Bezahlvorgang funktioniert reibungslos – das sind die Erwartungen, die auch immer häufiger erfüllt werden. Auch Preisvergleiche lassen sich problemlos einholen und verringern die Unsicherheit gerade bei technischen Gütern. Ohne Druck zu konsumieren erscheint besonders Frauen, die berufstätig sind und familiären Verpflichtungen nachkommen, als angenehmer Nebeneffekt, ebenso wie die Tatsache, dass jegliche Bewertung ihrer Person entfällt.

Verbindung von realer und virtueller Shoppingwelt

Eine große Herausforderung für Anbieter von Waren im Internet stellt die Verzahnung ihrer Aktivitäten mit dem realen Einkaufsvergnügen dar. Die Anonymität des Webs lässt keine persönliche Kundenbindung zu, doch über die Prozesskette und den Zustand der Ware erhalten die Adressaten Informationen, die eine Kundenbindung möglich machen. So ist herauszuarbeiten, welche Maßnahmen Frauen binden und welche Männer. Bilder, stressfreie Auswahl und einfacher Bestellvorgang sind zu vergleichen mit den Einkäufen bei Versandhäusern. Doch das Internet kann mehr als ein Katalog. Es könnte eine Art dreidimensionale, virtuelle Kundin anlegen, mit Größe, Maßen und Proportionen, die online die Kleidung anprobiert, Farben variiert und typgerechte Beratung wünscht. So wäre es möglich, dass eine virtuelle Stilberaterin die Rolle der Verkäuferin oder Freundin übernimmt. Möglichkeiten und Ideen in diese Richtung sollten aber immer von Fokusgruppen getestet und bewertet werden. Wie beim Versandhandel müssen im Internet die physischen und psychischen Reize eines Einkaufs ersetzt werden, dann werden Bestellungen zunehmend über das Internet abgewickelt.

Auf der einen Seite ist das Web ein Massenmedium, auf der anderen Seite bietet es die Möglichkeit, Individualität differenziert auszudrücken.

Interessengruppen vernetzen sich über Datenbanken und bilden Online-Communitys, die über räumliche und zeitliche Grenzen hinweg miteinander kommunizieren. Die Vernetzungsmöglichkeit lässt große und kleine Strukturen zu, ein lebendiger Raum entsteht. Online-Communitys wie Xing für geschäftliche Kontakte, YouTube für Videos oder MySpace für die persönliche Begegnung sind Erfolgsmodelle, die belegen, wie sich der Bedarf steuern und wirtschaftlich umsetzen lässt. Der virtuelle Kontakt mit Gleichgesinnten wird durch Schnittstellen im realen Leben erweitert, damit entsteht eine Prozesskette: Was virtuell begann, mündet in der Realität – eine Verabredung zwischen Gleichgesinnten kann von der Gesprächsrunde bis zum Shopping-Erlebnis reichen. Amazon und Ebay zum Beispiel nutzen die interaktiven Möglichkeiten des Internets, indem es möglich und sogar gewünscht ist, dass sich Kunden öffentlich äußern. Die Bewertungen und Rezensionen vermitteln Transparenz, das erzeugt Glaubwürdigkeit und diese spricht wiederum Frauen an und bindet sie.

Für Kunden und Kundinnen im Hochpreissegment werden solche Möglichkeiten bislang nicht angeboten. Die bisherigen Kunden- und Mitgliederbereiche von Warenanbietern sehen nur die Kommunikation zwischen Anbieter und Käufer vor, aber nicht zwischen den Konsumenten untereinander. Dabei wird es Teil der zukünftigen Marketingaufgaben sein, Konsumenten-Communitys zu gründen und zu betreuen. Denn je mehr über das Internet konsumiert wird, desto eher wird die Frage zu beantworten sein, welche Kernkompetenzen und Aufgaben Ladengeschäfte erfüllen müssen. So könnten sie sich in Showrooms verwandeln, wo nur noch präsentiert, beraten und bestellt wird, während die Ware über das Internet verkauft, logistisch abgewickelt und versandt wird. Das gibt auch die Möglichkeit, Ware individuell anzupassen, zum Beispiel kann Kleidung auf Maß geschneidert werden.

Dadurch, dass sich Konsumentinnen und Konsumenten über das Internet informieren, vergrößert sich auch ihr Wissen über Produkte. So können im Web Informationen abgefragt werden, die Frauen besonders interessieren, wie zum Beispiel Herkunft der Materialien und Art der Produktion. Das hilft auch dabei, Entscheidungsprozesse zu begründen und sich in der Komplexität der Angebote zurechtzufinden. Wenn über das Internet alle Informationen abgefragt werden können, welche Aufgaben wird das Verkaufspersonal haben? Die Modelle mit virtuellen Showrooms und realen Schnittstellen wie dem Ladengeschäft funktionieren dann besonders gut, wenn hochqualifiziertes und motiviertes Personal zur Verfügung steht, das die Produkte kennt und über gute kommunikative Fähigkeiten verfügt.

Entertainment und Gender-Swapping

Informationstechnologie, Internet, Medien und Telefonie nähern sich einander inhaltlich und technisch immer weiter an. Die kleinen digitalen Spielzeuge wie Palmtops, MP3-Player oder »Communicatoren« verdeutlichen dies ebenso wie Video-on-Demand, Internet-Telefonie und -Fernsehen. Den Schlüssel für die durchgängige Verfügbarkeit liefern weniger die Endprodukte selbst, sondern die Datenverbindungen. Je schneller ein Internet- oder Kabelzugang ist, umso mehr Datenvolumen kann auf den eigenen Rechner kopiert werden – der Nutzung sind damit keine Grenzen mehr gesetzt. Die Vernetzung und der schnelle Datentransfer bedeuten mehr Nutzungsmöglichkeiten für mehr Menschen.

Damit komplexe Technik in alle Haushalte Einzug hält und breite Akzeptanz findet, muss sie verständlich und simpel zu bedienen sein. Das Ziel, konsumentengerechtere einfache Anwendungen und Produkte zu konzipieren, hängt wiederum davon ab, wie gut die Entwickler und Hersteller ihre Endnutzer und -nutzerinnen kennen und verstehen. So wird ein erfolgreiches technisches Produkt in Zukunft kein singuläres Teil mehr sein, sondern sich in einer Nutzenkette befinden, die bestimmt wird von einem »Kontext der Nutzung«, das heißt, die Zusammensetzung der Kette richtet sich nach individuell verschiedenen Parametern. Frauen und Männer sehen solche Dinge unterschiedlich. Gender-Marketing liefert den Schlüssel zu diesem Verständnis, denn es hat gezeigt, dass zum Beispiel die spezifische Sichtweise von Frauen Anwendungen optimieren kann – ein Effekt, der sich auch in vielen anderen wirtschaftlichen Bereichen zeigt.

Den nächsten Megatrend erwarten führende Softwarehersteller im Home-Entertainment, in der parallelen Verfügbarkeit aller medialen Komponenten wie Film, Musik, Fernsehen und Spiele mit selektiven Kombinationsmöglichkeiten. Jeder und jede Einzelne kann sich Medien und Inhalte individuell und interaktiv zusammenstellen. In der Musikindustrie hat diese Umwälzung bereits begonnen und den Niedergang der fertig produzierten Musik-CDs eingeleitet. Apple hat diesen Trend mit iTunes aufgegriffen und Musik digital verfügbar gemacht – titelweise und zum kleinen Preis. Der dazugehörende Player, der iPod, wurde vom Design, von der Handhabung und Werbung geschickt auf die Zielgruppe Frauen und Männer ausgerichtet.

Prince vertrieb im Juni 2007 sein neues Album als kostenfreie Zeitungsbeilage, um zu verdeutlichen, dass er sein Geld mit Konzerten und nicht mit dem Verkauf von CDs verdient. In Mobiltelefone (eigentlich Multimedia-Geräte mit Telefonanschluss) sind MP3-Player integriert – so wird digitalisierte Musik überall auf- und abspielbar. Die Zusammensetzung der Musikstücke wird damit nicht mehr von der Plattenfirma oder dem Künstler festgelegt, sondern von den Anwendern und Anwenderinnen – was wiederum Auswirkungen auch auf die Musik selbst hat. Das ist aber ein anderes Thema.

Das Internet macht nicht nur alle Menschen gleich, es verpasst ihnen auch gleich neue Identitäten. Weder Geschlecht noch Alter, Bildungsgrad oder andere persönliche Merkmale sind an die reale Person gebunden, und aus den Namen, die sich Teilnehmer von Chatrooms geben, kann nicht mehr eindeutig geschlossen werden, ob die Akteure männlich oder weiblich sind. Im »Second Life« definieren die Spielerinnen und Spieler ihre Alter Egos selbst, so genannte Avatare. Im Web können durch Rollen- oder Geschlechtertausch neue Erlebniswelten entstehen – in denen sich dann wiederum geschlechtsstereotyp verhalten wird, ein Phänomen, genannt Gender-Swapping.

Im Bereich der Mobilität ist eine Angleichung im Verhalten in allen Kulturen und bei beiden Geschlechtern zu beobachten. Dagegen führt die Informationstechnologie, vor allem auch im Zusammenspiel mit Telefonie und Medien, zu ganz unterschiedlichem und individuellem Nutzungsverhalten. Die Nutzung des Mediums hängt neben dem Geschlecht von Faktoren wie Alter, Bildungsstand, Werten, Religion oder Nationalität ab. Diversity ist in der Informationstechnologie mehr noch als in anderen Branchen das Zugangswort zu Kundengruppen. Die Anwendungen differenzieren sich auch aufgrund der geringen Kosten des Mediums immer mehr aus, und Mainstream existiert nicht mehr. Das macht das Internet zu einem radikaldemokratischen Medium, in dem jeder und jede die Möglichkeit hat, sich selbst neu zu erfinden und Neues auszuprobieren. Das gilt auch für geschäftliches Handeln, Kontaktaufbau und den Umgang miteinander.

Gender und Ernährung

Ernährung ist ein Grundbedürfnis und zugleich Bestandteil eines gesellschaftlichen und emotionalen Kontextes und spiegelt Kulturen und Traditionen wider. Ausgehend von seiner Entwicklungsgeschichte war die Esskultur des Menschen lange Zeit ritualisiert und durch eine traditionelle Rollenverteilung klar geregelt. Der Mann schaffte die Voraussetzungen, die Frau war verantwortlich für die Essenszubereitung – ein Modell, das über Jahrtausende Bestand hatte. Heute ist der Nahrungserwerb in unserer Kultur weitestgehend jedem selbst überlassen und folgt keinem allgemeingültigen Muster mehr. Industrielle Fertigung, Arbeitszeiten, Verfügbarkeit – viele Faktoren haben den Umgang mit unserer Ernährung beeinflusst, doch keiner hat sie so nachhaltig verändert wie die zunehmende Erwerbstätigkeit der Frau. Die industriell erzeugten Lebensmittel sind ein Segen, und für immer mehr Menschen steht ein noch nie da gewesenes, ganzjährig verfügbares Angebot an Nahrung zur Verfügung. Dies bedeutet nicht notwendigerweise, dass sich Männer und Frauen ihren spezifischen Anforderungen gemäß ernähren, im Gegenteil, der bewusste Umgang mit essbaren Produkten erlangt erst seit kurzem durch den Bioboom an Bedeutung.

Frauen haben ihre Verantwortung und Macht im Sektor Ernährung weitestgehend abgegeben. Doch wer hat ihre Stelle eingenommen? Wer nährt die Menschheit, wenn nicht die Frau? Das über so viele Generationen angesammelte kollektive Wissen wurde von Lebensmitteltechnologie, Logistik, Gastronomie und Handel übernommen. Doch deren neue Rollen sind gerade erst dabei, sich zu entwickeln. Es gibt noch keinen Konzern, der es geschafft hat, Männer und Frauen individuell, gesund und kostengünstig mit fertig zubereiteter Nahrung zu versorgen. Im Hauswirtschaftsunterricht von Schulen konnten Mädchen und junge Frauen bis vor wenigen Jahrzehnten kochen lernen, was seit den 1970er Jahren abgeschafft wurde. Junge Männer waren davon ausgeschlossen, weder in den Schulen noch in den Familien mussten und durften sie kochen lernen. Heute sind sehr viele Menschen bereits in der zweiten Generation nicht mehr in der Lage, für sich oder ihre Familie zu kochen.

Fast Food folgt Frauenerwerbstätigkeit

Durch die Berufstätigkeit von Männern und Frauen fehlt Zeit für die individuelle Nahrungszubereitung in vielen Haushalten. Bereits Anfang des letzten Jahrhunderts hatte die deutsche Frauenrechtlerin Clara Zetkin erkannt, dass die Befreiung der Frauen einhergeht mit der Entbindung von der Verpflichtung, im häuslichen Bereich Essen zubereiten zu müssen. Es entwickeln sich neue Formen der Essensherstellung, -zusammensetzung und -bereitstellung, die Auswirkungen auf Gesundheit, Wohlbefinden und Leistungsfähigkeit haben. Wenn Erwachsene die Verantwortung für die Ernährung an andere abgeben, sowohl für sich selbst als auch für ihre Familienangehörigen, dann resultiert das in

- zu dicken Menschen, Erwachsenen wie Kindern,
- ernährungsbedingten Krankheiten,
- Leistungsschwäche und Infektanfälligkeit.

Ähnlich wie der Umgang mit Geld, wird auch das Essverhalten, das Kinder in der Familie lernen, im Erwachsenenalter übernommen. Deshalb zeichnen sich die Esstrends der nahen Zukunft hier bereits ab:

- Es werden weniger gemeinsame Mahlzeiten zu Hause eingenommen.
- Schnellrestaurants wie McDonald's sind erfolgreich, weil Kinder und Jugendliche explizit erwünscht sind und das Essen bezahlbar ist.
- Bewusstem Essen wird unzureichende Bedeutung beigemessen.

Die Essgewohnheiten haben bisher die Tagesstruktur beeinflusst. Der Ort, an dem die Nahrung zubereitet und aufgenommen wurde, war bisher einer der Mittelpunkte des Familienlebens. Fällt er weg, wird er ersetzt durch andere Orte. Mögliche Alternativen für Familien sind Orte außerhalb der Wohnung wie kinderfreundliche Restaurants mit individuell kombinierbaren Portionen und Preisen, die für Familien bezahlbar sind, sowie Kindergärten und Schulen, die Mittagessen für Kinder anbieten.

Die Erwerbstätigkeit schafft die Notwendigkeit, sich außer Haus mit Nahrung zu versorgen, falls keine Kantine zur Verfügung steht. Das macht Männer und Frauen zur Mittagszeit zu einer Art Jäger. Fastfood-Ketten, Schnellimbisse und die Anbieter von Mittagstischen leben von Berufstätigen, deren Arbeitszeiten die Essenspausen bestimmen. Die zu kurze Mittagspause ist ein oft genannter Grund, warum das klassische Mittagessen häufig entfallen muss oder durch das Abendessen ersetzt wird. Auch Frauen gehen häufiger alleine Essen, was bis vor wenigen Jahren noch mit einem Stigma behaftet war. Fastfood-Restaurants mit kleinen Tischen bieten Frauen daher geeignete anonyme Plätze, um alleine essen zu gehen, ohne Blicke auf sich zu ziehen. Kantinen fördern den sozialen Zusammenhalt in großen Betrieben und Organisationen, stehen der Öffentlichkeit allerdings nur eingeschränkt zur Verfügung. Auch ist die Versorgung von Erwerbstätigen mit fertigen Speisen zum Ersatz für das »richtige« Essen geworden, oft ein Problem für Frauen wie Männer, die sich gesund, abwechslungsreich und kostengünstig ernähren möchten.

Bei der Herstellung, Verarbeitung und Zubereitung von Nahrung spielt der Zeitfaktor eine wesentliche Rolle. Neben dem Geld entscheidet die zur Verfügung stehende Zeit darüber, was und wo wir essen. Erwerbstätige Männer und Frauen stehen unter permanentem Zeitdruck, es muss schnell gehen mit dem Essen. In diesem Umfeld konnten sich Fastfood-Anbieter hervorragend entwickeln, denn dort wird zu jeder Zeit, und vor allem für Kinder und junge Erwachsene, außerhalb kollektiver Kochbetriebe Nahrung bereitgestellt.

Sag mir, was du isst ...

Doch auch Initiativen wie die Slow-Food-Bewegung zeigen, dass der Markt zunehmend dahin tendiert, sich nach den Bedürfnissen, Wünschen und

Geschmäckern auszurichten. Ernährung bleibt also weiterhin eine gesamtgesellschaftliche Ausdrucksform, die sich ändert, je nachdem, wie es die Gesellschaft tut. Eine bewusste Auseinandersetzung mit Ernährung kann zu einem volkswirtschaftlichen Wettbewerbsvorteil werden. Umgekehrt, wenn dies nicht geschieht, hat das volkswirtschaftlich negative Konsequenzen.

- Schnell und preiswert hochwertiges Essen für viele Menschen zur Verfügung zu stellen, wird ein Standortvorteil für Geschäfts- und Familienansiedlungen für Städte und Gemeinden werden.
- Gesellschaften werden sich beim Essen deutlicher in Arm und Reich trennen, und die Schichtzugehörigkeit bestimmt Körpergewicht und Gesundheitszustand.
- Die permanente Verfügbarkeit löst die Nahrungsaufnahme von der Tageszeit, so wie ungeregelte Arbeitszeiten die zeitversetzte Aufnahme von Nahrung bedingen.

Inzwischen trennt auch die Ernährung gesellschaftliche Gruppen stärker voneinander. So zeigt sich Wohlstand zum Beispiel nicht mehr, indem man mehr, sondern indem man bewusster isst. Die Beschäftigung mit dem eigenen Selbst zählt zu den Luxusgütern unserer Gesellschaft, und dazu gehört auch die Wertschätzung gesunden Essens. Auch das Essverhalten von Männern und Frauen unterscheidet sich nicht nur untereinander, sondern ist auch in sich durch Widersprüche gekennzeichnet. Für berufstätige Männer typisch ist, dass sie auf der einen Seite wenig Zeit haben, auf der anderen aber trotzdem genießen wollen. Für Frauen soll es gesund sein, aber schnell und unkompliziert in der Zubereitung. Eine Vielzahl dieser Gegensätzlichkeiten wird auch bei den Essstörungen deutlich wie Magersucht oder Bulimie, unter denen vornehmlich Frauen leiden, aber zunehmend auch Männer.

Die Trends innerhalb unserer Gesellschaft, was die Nahrungsaufnahme und die Bewertung von Nahrung betrifft, teilen sich grob in zwei Bereiche: Bioboom und Billigware. In Deutschland beeinflusste die Bio-Bewegung die Entwicklung der Partei Bündnis 90/Die Grünen und umgekehrt. Zunächst waren es in den 1970er Jahren Außenseiter, randständige Gruppen, die in autonomen Betrieben Bioprodukte anbauten. Erst 30 Jahre später – gefördert durch die Einführung des Bio-Siegels, größere Akzeptanz bei Verbrauchern und ein wachsendes Angebot – haben Bioprodukte in Deutschland ihren Siegeszug angetreten, eine Entwicklung, die noch vor einigen Jahren nicht vorhersehbar war und politisch nicht unterstützt wurde.

In den USA ist gesunde Ernährung zu einem enormen Wirtschaftssektor geworden. Die Supermarktkette Whole Foods, seit fast drei Jahrzehnten auf dem Markt, expandiert inzwischen in die intellektuellen und kreativen Zentren Amerikas und ist die weltweit größte Handelskette für biologische und organische Lebensmittel. Die Bereitschaft gut ausgebildeter und finanziell konsolidierter Frauen und Männer ist gestiegen, auf ihre Ernährung zu achten und dafür einen nicht geringen Aufpreis zu zahlen. Dabei ist ihnen nicht nur das Endprodukt mit seinen einzelnen Inhaltsstoffen wichtig, sondern die gesamte Produktionskette ihrer Nahrungsmittel, wie Art und Ort der Herstellung, die Verpackung und deren Entsorgung. Jedes einzelne Produkt von Whole Foods ist komplett nach Nährwerten, Herkunft und Erzeugungsart ausgezeichnet. Die treibenden Kräfte für den Erfolg der Supermarktkette waren primär erwachsene Frauen und Ökofreaks beiderlei Geschlechts, die den Zusammenhang zwischen Ernährung und Gesundheit verinnerlicht hatten und danach handelten, also entsprechend kauften. Erst später kamen Personengruppen wie erwachsene Männer und auch junge Menschen als weitere Käuferschichten hinzu.

Verbraucher und Verbraucherinnen entscheiden

Mit der Bio-Bewegung kam auch Bewegung in den Verbraucherschutz, wo unter anderem schon seit vielen Jahren eine vollständige Deklarierungspflicht der Lebensmittel gefordert wird. Auch beim Verbraucherschutz könnte intrinsische Motivation mehr bewegen. Verbraucherschutz in Deutschland ist staatlich stärker gestützt, als dies Verbraucher und Verbraucherinnen wirklich eigenverantwortlich fordern. Der Verbraucherschutz wirkt nicht so interessant oder spannend wie andere politische Betätigungsfelder, und die Verbraucherinnen und Verbraucher sind häufig aus Bequemlichkeit mit dem zufrieden, was sie vorfinden. Deshalb sind die Kräfte, die keine vollständige Auszeichnung von Lebensmitteln und flächendeckende Kontrollen wünschen, stärker als die, die eine Deklarierung befürworten. Trotzdem geschehen auch hier, zunächst schleichend und versteckt, Veränderungen, so dass es nur eine Frage der Zeit ist, bis Verbraucher und Verbraucherinnen verstärkt nach gesunden und schadstofffreien Lebensmitteln verlangen.

Der Preis von Billigfleisch wird von denen gemacht, die ihn bezahlen und damit Gammelfleisch, Tierquälerei und Ausbeutung menschlicher Arbeitskraft wissentlich in Kauf nehmen. Wenn Herkunft, Erzeugungsart und Lagerung transparent gemacht werden, wird sich dies auf die Kaufentscheidung und die Anteile im Markt langfristig auswirken. So wie inzwischen gute Metzger ihr Fleisch kennzeichnen und damit diejenigen informieren, die für die Nahrungsbeschaffung verantwortlich sind – noch immer zumeist Frauen, die für ihre Familien einkaufen. Diese Entwicklung ist in allen deutschen Ballungszentren zu beobachten. Das Kaufverhalten von Frauen zeigt auch in diesem Beispiel, wie die Veränderung erst von Einzelnen ausgelöst wird, um später zum Massenphänomen zu werden. Politiker, Lobbyisten, Fleischerzeuger, Futterlieferanten, Viehhändler, Schlachtereien, Metzger, verarbeitende Industrie, Einzelhandel – die Kette der Beteiligten täte gut daran, in Zukunft den Wunsch nach Transparenz zu respektieren und sich danach auszurichten. Sonst werden es andere Erzeuger aus Neuseeland, Schottland oder Kanada sein, die dem deutschen Markt biologisches Fleisch zur Verfügung stellen, und die Situation für deutsche Hersteller wird noch prekärer. Ganz einfach ausgedrückt: Gerade im Nahrungsmittelbereich ist es von höchster Bedeutung für die Zukunft, das Vertrauen der Frauen zu gewinnen und zu halten.

Herb oder süß?

Die Lebensmittelindustrie spielt neben der Kosmetik-, Mode- und Luxusbranche eine Vorreiterrolle in Bezug auf Gendermarketing und Genderprodukte. Die Hauptzielgruppe sind Frauen, die sich traditionell mehr mit Ernährung und Gesundheit beschäftigen und körperbewusster sind. Das gesteigerte Körperbewusstsein hat mittlerweile Hersteller und Handel dazu inspiriert, neue Produktlinien zu konzipieren und dabei auch darauf zu schauen, ob Männer oder Frauen die Endkonsumenten sind. Ob light, kalorienreduziert, fettarm, cholesterinfrei – Frauen achten auf die Zutaten. Männer hingegen interessiert mehr Geschmack, Menge, Optik, also das Endprodukt.

Nahrungsmitteldesign, also die Zusammensetzung und das geschmackliche Ergebnis von Fertigprodukten, folgt dem Geschmack des Konsumenten-Mainstreams. Doch muss auch hier nach männlichen und weiblichen Geschmacksempfindungen geforscht und unterschieden werden. Lightprodukte oder verdauungsfördernde Joghurts sind primär für Frauen konzipiert. Männer reagieren auf den Slogan »Du darfst« eher konsterniert, denn ihnen ist gesellschaftlich vieles erlaubt – sie brauchen keine Erlaubnis. »Du darfst« wird es schwer haben, eine Männermarke zu werden, obwohl durch das zunehmende Ernährungsbewusstsein auch Männer kalorienreduzierte Lebensmittel konsumieren. Werden Männer als Kunden der Lebensmittelbranche angesprochen, dann zumeist als Genießer, Gourmets oder Käufer hochpreisiger Küchen und Kochutensilien. Es wird eher ihrem Ego geschmeichelt als ihr Gesundheitsbewusstsein angesprochen. Der Begriff »Gesundheitsapostel« spiegelt die eher konservativ-skeptische Einstellung der Gesellschaft im Umgang mit Ernährung und Gesundheit wider.

Produkte rund um die Ernährung verkaufen sich bei Männern meist über Testimonials und im Fitnesskontext. Junge Köche wie Tim Mälzer, Rolf Zacherl oder Jamie Oliver sind Kochstars und erklären den Zusammenhang zwischen Einkauf, Kochen und Genuss. Damit wird auch Männern der Weg an den Herd als Alltagsaufgabe möglich – im Übrigen auch eine Forderung von jungen Frauen an ihre Partner, schließlich beinhaltet partnerschaftliches Zusammensein auch die Zubereitung und den gemeinsamen Verzehr einer Mahlzeit.

Fleisch und Alkohol gelten als männlich zugeordnete Nahrungsmittel, und Männer werden hauptsächlich in diesem Zusammenhang von der Nahrungsmittelindustrie als Kunden wahrgenommen, alljährlich zu sehen in der Grillsaison. Im nächsten Schritt wird es daher wichtig sein, Männer auch für Gemüse, Rohkost und Obst zu begeistern. Gesellschaften, deren Mitglieder immer älter werden, sind darauf angewiesen, dass jeder Einzelne so lange wie möglich gesund bleibt und sich selbst versorgen kann. Deshalb müssen auch Männer in der Lage sein, sich selber mit der entsprechenden Nahrung zu versorgen und auf die Signale des Körpers zu achten. Zu beobachten ist, dass mit zunehmendem Alter dieser Zusammenhang auch Männern bewusster wird, und sie deshalb bereit sind, in ihre Nahrung zu investieren. Sind sie im Rentenalter, so ist auch mehr Zeit vorhanden, den Kochvorgang zu zelebrieren und in der Küche zu Experten zu werden. Feinkostläden, Biosupermärkte, Wein- und Lebensmittelproduzenten, Küchenhersteller – viele Branchen können sich auf männliche Kunden einstellen und auch diese ganz individuell ansprechen, zum Beispiel als Gourmet und Weltenbürger, als Experten der Sinnlichkeit oder Weinkenner.

Getränke: Lebens- und Genussmittel

Im Allgemeinen trinken Männer gerne Alkohol und im Besonderen vertragen sie mehr davon als Frauen. Die körperliche und gesellschaftliche Akzeptanz des Alkohols ist bei Männern traditionell größer als bei Frauen – eine Voraussetzung, um vorwiegend männliche Kunden für Alkohol zu umwerben. Seit einiger Zeit versuchen Anbieter, verstärkt Frauen als Zielgruppen für alkoholische Getränke zu gewinnen, und haben ihre Getränke auch auf einen »weiblichen« Geschmack hin ausgerichtet, im Alkoholgehalt reduziert und zu Lifestyle-Produkten gemixt. Alkoholika wie Wein und Biermixgetränke werden gemischtgeschlechtlich positioniert, im Gegensatz zu den vorherrschenden Männerspots für Bier, die das Bild viele Jahrzehnte geprägt haben. Nun haben auch weibliche Sommeliers die Aufgabe, das Interesse an Wein bei Frauen zu wecken, und jüngere Frauen lassen sich durch eine Neupositionierung von Biermarken ansprechen.

Insgesamt wird deutlich, dass sich Geschlechterstereotype in Produkte und Markenbilder einprägen. Sobald sich die Gesellschaft mit ihren Bildern ändert, müssen auch die Markenbilder der Getränkeindustrie angepasst werden. Es gibt hier neue Ansätze: Mineralwasser, das für gesundheitsbewusste männliche Kunden wirbt, und Cola für kalorienbewusste Frauen und Männer. Ein weiteres Beispiel ist ein neuer Softdrink, der von Männern wie Frauen gerne konsumiert wird, die ihn aber aus unterschiedlichen Motiven für sich entdeckt haben.

> **Bionade: »Das offizielle Getränk einer besseren Welt«**
>
> Bionade ist eine Neuheit auf dem Getränkemarkt. Der alkoholfreie, moussierende Softdrink wird im Fermentationsverfahren aus natürlichen Rohstoffen, Malz und Wasser hergestellt und ähnlich wie Bier in einem Gärungsprozess zum Endprodukt umgewandelt. Im patentierten Herstellungsverfahren wird durch Bakterienstämme Zucker zu Gluconsäure vergoren – ein natürlicher Prozess ohne chemische Einwirkung. Die Idee entstand bereits 1985 in einer traditionsreichen unterfränkischen Brauerei. Es sollte ein Erfrischungsgetränk gebraut werden, das rein, biologisch, ohne chemische Zusätze ist und nur einen geringen Zuckeranteil besitzt – eine Alternative zu den mit Kohlensäure, Zucker oder Süßstoff versetzten Limonaden. Angeboten wird Bionade heute ausschließlich in 0,33l-Mehrwegflaschen mit unterschiedlichen Geschmacksrichtungen.
>
> Als das Produkt 1995 Marktreife erreicht hatte, waren Bioläden zunächst die einzigen Vertriebsmöglichkeiten. Heute ist Bionade fast flächendeckend erhältlich und ein neues Lifestyle-Getränk. Beachtlich ist, dass der Vertrieb ohne Werbung begann.
>
> Bionade schmeckt Männern und Frauen gleich gut, doch die tiefer liegenden Gründe für den Genuss differieren. Bezüglich der Kaufentscheidung, in Abgrenzung zu anderen nicht-alkoholischen Erfrischungsgetränken, fällt die Antwort bei beiden Geschlechtern ganz unterschiedlich aus: Frauen achten auf die Gesundheit, denn mit wenig Zucker und den natürlichen Inhaltsstoffen schont Bionade Figur und Zähne, ist biologisch wertvoll und für die ganze Familie eine Alternative zu stark gezuckerten Softdrinks. Das klare Erscheinungsbild, der weniger süße Geschmack und die biologischen Inhaltsstoffe prägen sich ein in die Köpfe von Müttern, die für sich und ihre Kinder lieber Bionade kaufen als Cola. Männer sagen, dass es ihnen schmeckt; es erinnert sie wegen der Fermentierung ein bisschen an Bier. Außerdem hat es keinen Alkohol und ist damit ein Gegentrend zum Flatrate-Trinken, das auch nicht alle jungen Männer gut finden. Dass sich Bionade aus der Bionische zum Massenprodukt entwickelte, liegt mit am Bioboom, aber auch an der emotionalen Besetzung des Produktes und seiner Genussweise.
>
> Zwar ist Bionade keine Ideologie, doch seit 2007 wirbt das Unternehmen mit dem Claim »Das offizielle Getränk einer besseren Welt« und unterstützt das Internetportal »Stille Taten«. Dahinter steht keine Organisation, kein Verein. Kurz gesagt sind »Stille Taten« anonyme gute Taten von Menschen, die keinerlei Gegenleistung dafür erwarten. Zum Beispiel ein ausgefüllter Lottoschein, versteckt

in einer Restaurant-Serviette, die bereits bezahlte Karte an der Kinokasse, oder das auf mysteriöse Weise vom Schnee befreite Auto an einem Wintermorgen. Was zurückbleibt, ist lediglich eine anonyme Grußkarte auf den Seiten von »Stille Taten«.

Bionade ist ein aus Gender-Marketing-Gesichtspunkten gelungenes Produkt. Das Image, das sich Bionade mit der Zeit aufbauen konnte, findet bei beiden Geschlechtern gleichermaßen Akzeptanz, denn es spricht Männer und Frauen an – wenn auch aus unterschiedlichen Beweggründen. Es ist ein Beispiel für ein neues Produkt, das durch Intuition entstand und sich durch intrinsische Motivation verbreitete.

Abbildung 21: Bionade – eine neue Generation der Softdrinks. Mit wenig Zucker und natürlichen Inhaltsstoffen ist sie eine Alternative für Frauen und Männer gleichermaßen

Der Food-Court: ein Importmodell

Wie kann die Beköstigung vieler Menschen außer Haus in Zukunft gut, gesund und günstig gelöst werden? In asiatischen Kulturkreisen schon lange erprobt und bewährt sind die Garküchen: Markthallen oder -plätze voll mit unterschiedlichen Imbissständen, die warme Gerichte schnell und preiswert vor Ort herstellen und verkaufen. In westlichen Ländern, speziell in den USA und Kanada, findet sich das Pendant: der Food-Court, ein Bereich von Restaurants und Imbissen mit gemeinsamen Sitzgruppen, oft in Einkaufszentren oder Bahnhöfen. Hier sind es zwar eher unterschiedliche Herkunftsküchen (italienisch, indisch, amerikanisch, chinesisch), aber das Prinzip ist das gleiche: Menschen bezahlbar zu bekochen, ohne jemanden auszuschließen oder Subventionen zuzusteuern, wie bei Mensen oder Kantinen. In Deutschland befindet sich diese Entwicklung erst am Anfang, und die Ansiedlung solcher Food-Courts ist auch in anderen europäischen Ländern zu beobachten. Ein Trend, der bestätigt, dass ein wirtschaftlicher und gesellschaftlicher Bedarf an einer neuen Art von Orten zur Nahrungsaufnahme und Kommunikation besteht.

Ein öffentlicher Ort der Nahrungsaufnahme muss von Frauen oft erst »erobert« werden, deshalb ist ein Vorteil solcher Courts, dass sich Frauen dort auch alleine aufhalten können. Der traditionelle öffentliche Frauenraum in Deutschland, das Café, ist weitgehend verschwunden, und die Nachfolgemodelle wie Starbucks oder Balzac Coffee zielen auf andere Kundengruppen. Die Lücke kann also gut durch solche Courts geschlossen werden, wenn sie für Frauen und Männer attraktive Orte sind, die mit preiswerten und gesunden Nahrungsangeboten locken.

Eine weitere Dienstleistungsbranche, die sich rapide entwickelt, sind Massen-Caterer. Sie liefern bislang an Schulen oder Kantinen vorgefertigte Mahlzeiten, die dann nur noch aufgewärmt werden. Durch den Ausbau von Ganztagsschulen und die Öffnung von Kantinen auch für Betriebsfremde können sich Anbieter in diesem Markt vergrößern und spezialisieren. Die Zusammensetzung des Personals von Unternehmen ändert sich. Diversity wird ja inzwischen als Wettbewerbsvorteil für Wirtschaftsunternehmen gesehen, deshalb wird sich auch das Nahrungsangebot der Massen-Caterer darauf einstellen. Frauen, Angehörige unterschiedlicher Religionen oder Diabetiker verlangen weniger Fleisch, Saucen und Fett. Daher haben vor allem solche Massen-Caterer Erfolg, die auch vegetarische, leichte und biologische standardisierte Essen anbieten. Dieser Trend ist in Branchen sichtbar, die traditionell mehr als 50 Prozent weibliche Mitarbeiter haben. Salatbars und frisch zubereitete, leichte asiatische oder mediterrane Gerichte werden oft von Frauen gewünscht – ein Trend, der sich ausbreitet und inzwischen auch bei Männern auf Zustimmung stößt.

Gender und Gesundheit

Gesundheit ist kein ultimativer physikalischer Zustand, sondern ein Ergebnis der Lebensweise und abhängig von Empfindungen und Bewertung – Parameter, die sich schnell ändern können. Die Art und Weise, wie Gesundheit und Zufriedenheit in Deutschland wahrgenommen werden, ist abhängig von Faktoren wie Geschlecht, Alter, Ausbildung, Erwerbstätigkeit oder Wohnort. Der deutsche Gender Datenreport 2005 nennt einige der individuellen Gefühle zur Gesundheit bei Männern und Frauen: Insgesamt fühlen sich Frauen nach eigenen Aussagen häufiger unwohl oder krank als Männer, sie werden aber nicht häufiger krankgeschrieben. Jüngere, westdeutsche, voll erwerbstätige Männer mit hohem Ausbildungsstatus fühlen sich am gesündesten und am wohlsten. Für Männer ist die Jugend die unfallträchtigere Periode in ihrem Leben, bei Frauen ist es das Alter. Bei den über 18-Jährigen sind fast 60 Prozent der Männer und fast 40 Prozent der Frauen übergewichtig. Männer rauchen mehr und trinken öfter Alkohol als Frauen. Sie erleiden häufiger schwere und tödliche Arbeitsunfälle und begehen auch deutlich häufiger Selbstmord als Frauen. Frauen stellen zwar mehr als die Hälfte der Krankenhauspatienten, Männer bleiben aber im Durchschnitt vier Tage länger im Krankenhaus.

Frauen kosten das Gesundheitssystem mehr Geld als Männer. Allerdings hat das zwei wesentliche geschlechtsspezifische Ursachen, die Lebenssituationen und die Zuordnung durch den Gesundheitskostenapparat. Die Kosten für Verhütung, Schwangerschaft und Geburt werden nach wie vor zu 100 Prozent den Frauen zugeordnet, obwohl Männer ursächlich mit daran beteiligt sind. Der zweite große Kostenblock bei Frauen ist die Pflege, was darauf beruht, dass ihre Lebenserwartung höher ist als die von Männern. Hier ist aber zu bedenken, dass die Frauen ihre meist älteren männlichen Partner oft selbst gepflegt haben, später für die eigene Pflege jedoch externe Hilfe benötigen.

Im stationären Bereich sind die häufigsten Krankheitsdiagnosen bei Männern Herz-Kreislauf-Krankheiten und Krankheiten, die von der Lebensweise abhängen, wie physische Folgen von Alkoholismus oder Diabetes. Bei Frauen sind im Krankenhaus Geburten und Brustkrebs die häufigsten Diagnosen. Herz-Kreislauf-Erkrankungen sind bei Frauen erheblich seltener diagnostiziert, holen aber als Todesursache auf. Gerade weil Männer seltener in psychologischer Behandlung sind, weisen sie höhere Selbstmordraten als Frauen auf. Dagegen verlaufen bei Frauen Herzinfarkte häufiger tödlich als bei Männern, da sie oft nicht sofort erkannt werden.

Gesundheitspolitik und Medizin haben inzwischen erkannt, dass Gender und Gesundheit sich zu einem zunehmend wichtigen volkswirtschaftlichen wie gesellschaftlichen Thema entwickelt. Durch Gender-Mainstreaming werden inzwischen in diesen Bereichen konsequent Daten gesammelt und ausgewertet. Ob die Pharmaindustrie bei dieser Entwicklung mitzieht, kann noch nicht allgemeingültig beobachtet werden, außer bei Fachgebieten wie Sexualkrankheiten, in der Gynäkologie, bei Erektionsstörungen von Männern und bei der Analyse, dass Frauen die Gesundheitsmanager der Familien sind. In der Forschung, gerade in der Erprobungsphase von Medikamenten, setzt sich erst jetzt langsam die Erkenntnis durch, dass eine geschlechtersensible Auswertung auch hier nützlich wäre.

Viele Medikamente, die rezeptfrei in Apotheken erhältlich sind, werden von Frauen gekauft. Pharmafirmen kommunizieren daher besonders intensiv mit der Zielgruppe Frau zu vielen Arzneimitteln, die auch von Männern eingenommen werden. Die Gesundheitsindustrie steht aber vor neuen Aufgaben: Wenn Männer, wie durch die Zahlen deutlich wird, eine geringere Lebenserwartung und durch ihren Lebenswandel erhöhte Krankheitsrisiken im Herz-Kreislauf- und Stoffwechselbereich haben und auch psychisch angreifbarer sind bis zum Selbstmord, wird es Zeit, sich damit auseinanderzusetzen. Dabei reicht es nicht, sich auf die familiären Gesundheitsmanagerinnen zu verlassen. Wenn sich ein Kulturkreis auf diese Prämisse verlässt, dann müssen einige Voraussetzungen gegeben sein: Frauen brauchen innerhalb der Familie Kompetenz und Entscheidungsautonomie, zum Beispiel bei der Wahl der Ärztin oder des Arztes, bei der Auswahl und Zubereitung der Nahrung oder beim Bezahlen oder Verabreichen von Arzneimitteln. Männer brauchen eine Partnerin, die bereit ist, diese Aufgaben zu übernehmen.

In Anbetracht fortschreitender Veränderungen im Zusammenleben von Männern und Frauen bleibt jedoch offen, ob die Verantwortlichkeiten so funktionieren. Da die Beratung und persönliche Betreuung durch den Arzt/die Ärztin in der Regel auf ein Minimum beschränkt wurde, Scheidungsraten steigen und Männer phasenweise alleine leben, stellt sich die Frage, wie sich die Verantwortlichkeit für die eigene Gesundheit in jedem Menschen aktivieren lässt. Für den gesamten Komplex Gesundheit und Wohlbefinden ergeben sich zunächst drei größere Bereiche, in denen Männer als neue Zielgruppe erreicht werden können und wo sich neue Märkte erschließen lassen: Prävention, Wellness und Work-Life-Balance.

Prävention

Frauen sprechen auf medizinische Präventionsangebote erheblich besser an als Männer. Sie sind es gewöhnt, auf Signale ihres Körpers zu achten. Viele Jungen und Männer wachsen mit der Devise »Ein Indianer kennt keinen Schmerz« auf, und darauf beruht ihre Einstellung zum Körper, zu Gesundheit und Krankheit. Krankheit bedeutet Schwäche, also sind Präventionsmaßnahmen psychologisch mit noch mehr Schwäche verbunden. Noch ist es viel leichter für Männer als für Frauen dick zu sein, solange sie dabei nicht krank sind. Erst wenn ein gesunder und schlanker Körper zum Statusmerkmal für Männer geworden ist, werden sie sich in dieser Hinsicht mit Prävention beschäftigen.

Der Weg zu Präventionsuntersuchungen und -maßnahmen wird weniger über Arztpraxen und Krankenhäuser führen, symbolisieren diese doch gerade den Schwächezustand, als über männliche Kulturräume, zum Beispiel Fitnessstudios, Saunen, Sportvereine oder Trainingscamps – Orte, an denen sich Männer um ihren Körper kümmern, mit denen sie positive körperliche Empfindungen assoziieren und die ihnen das Gefühl von Stärke geben. Vergleichbar ist die notwendige Anstrengung des Umdenkens und der Veränderung mit der, die es bedurfte, Profifußballer vom Nutzen des »Mädchensports« Gymnastik zu überzeugen. Denn erst als realisiert wurde, dass sich die Verletzungsgefahr drastisch verringerte, wenn Muskeln, Sehnen und Bänder gedehnt und warm waren, konnten sich Fußballer öffentlich bei Seilspringen und Gummitwist zeigen.

Abgesehen von der eigentlichen Prävention finden Männer oft nur schwer die Worte, um körperliche Zustände zu beschreiben. Unwohlsein oder Schmerz zu lokalisieren und zu verbalisieren ist ein langjähriger Erfahrungsprozess, den Frauen schon früh durchlaufen. Monatlicher Zyklus, Schwangerschaft und Geburt sind Schmerzerfahrungen, über die Frauen sich auch miteinander austauschen. Männern hingegen wird weder zu Hause noch in der Schule oder anderenorts ein Forum geboten, wo sie sich über ihren Körper, über Sexualität hinaus, austauschen können. Für die Kommunikation von Präventionsmaßnahmen existieren also weder medizinische noch emotionale Begriffe, die hilfreich sind. Daher gilt es, die Kommunikation über akzeptierte Wege und Schnittstellen herzustellen.

Erste Experimente sind schon zu beobachten. So hat die Landeszentrale für Gesundheit Rheinland-Pfalz kürzlich den »Männer-TÜV« ins Leben gerufen und bietet nun einen Check nicht nur für das Auto, sondern ebenfalls für den Mann an. An der Universität Hamburg wurde das erste Institut für Männergesundheit gegründet, und in der Schweiz erscheint vierteljährlich die Publikation *männer|zeitung*, in der Gesundheit und Prävention auch regelmäßige Themen sind.

Wellness

Wellness wird im europäischen Kulturkreis in erster Linie Frauen zugeordnet. Sie sind diejenigen, denen Wellnesswochenenden im Kurhotel mit Massagen, Thermalbädern und Ayurveda angeboten werden und die dies als männerfreies Refugium alleine oder gemeinsam mit Freundinnen gerne annehmen. Aus eigenem Antrieb heraus, um sich von ihren stressvollen Berufszwängen zu erholen, fahren die wenigsten Männer in Kurorte. Sie gelten dort nach wie vor als klassische Kurgäste, denen nach Operationen oder schweren Erkrankungen Rehabilitationsmaßnahmen verordnet werden. Doch die Angst des Mannes vor der Krankheit macht ihn zum Profi im Verdrängen. Wer immer funktionieren musste, potent und leistungsfähig war, sich sozusagen unsterblich fühlte, kann nicht wegen jedem Wehwehchen zum Doktor rennen. Das hat zur Folge, dass viele Männer sich zu spät mitteilen und handeln.

Nach verschiedenen Gesundheits- und Krankenkassenreformen haben sich viele Kurorte neu positioniert und anderen Kundengruppen zugewandt. Einige Kurorte beginnen ihre Vermarktungsstrategien zunehmend auch auf Männer auszurichten, die nun ihr Check-up mit Rundumversorgung und Wellness verbinden können. Dabei steht nicht die Vorsorgeuntersuchung im Mittelpunkt, sondern es geht ebenso um den Status des Kurangebotes mit Golfplätzen oder Marinas. Die Vermarktung von Kurorten und Heilanwendungen wird sich in der Zukunft verstärkt mit gesellschaftlichen und beruflichen Entwicklungen beschäftigen müssen, da die große Zeit der staatlichen Kostenübernahme vorbei ist. Erholung, Präventivmedizin und Wellness lassen einen Markt für neue und differenzierte Produkte entstehen, gerade auch im Hinblick auf die unterschiedlichen Wünsche von Männern und Frauen sowie jüngerer und älterer Menschen.

Work-Life-Balance

Work-Life-Balance wurde häufig aus weiblicher Sicht im Kontext der Vereinbarkeit von Familie und Beruf und der Auswirkungen auf Unternehmen und Märkte betrachtet. Doch erst wenn man den männlichen Part einbezieht, verdeutlicht sich das Bild. Das deutschsprachige *Harvard Business Manager Magazin* wirbt gelegentlich damit, dass das Einzige, was man nach einem 16-Stunden-Tag noch lesen möchte, ist, wie man ihn vermeidet. Die Leser dieses Magazins sind mehrheitlich Männer in verantwortungsvollen Positionen, die meisten mit Familie und im dauerhaften geistigen und körperlichen Einsatz für die Unternehmen, die ihr Gehalt zahlen. Sie sind Kandidaten für den frühen Manager- oder Rentnertod, ausgelöst durch stressbedingten Herzinfarkt oder Schlaganfall.

In Japan war das Phänomen bekannt, lange bevor öffentlich darüber gesprochen wurde (Karoschi). Es gibt zwar keine statistischen Auswertungen über Manager, die kurz nach ihrer Pensionierung sterben, doch es sind viele und die Tendenz ist steigend. Diese Männer sind relativ gesund, aber ihr Körper und ihre Psyche verkraften die Umstellung von jahrelangem Hochleistungseinsatz auf jähes Rentnerdasein nicht. Bereits in der aktiven Zeit ihrer Berufstätigkeit hätten sie einen Weg finden müssen, die Balance zwischen Beruf und Freizeit herzustellen. Radikale Stimmen nennen diese selbstschuldnerisch verursachte und männliche Gesundheitsgefährdung »die drei Ks für Männer: Karriere, Konkurrenz, Kollaps«.

Weder die Gesellschaft noch Unternehmen unterstützen es, dass diese Balance als Bedürfnis ausgelebt werden kann, und versuchen die Umsetzung dieses Wunsches eher zu verhindern. Teilzeit für Männer ist nach wie vor verpönt, Teilzeit in Führungspositionen gilt als unmöglich. Ständige Erreichbarkeit ist das Paradigma der Gegenwart, Urlaubsansprüche verfallen regelmäßig und der Zwölfstundentag wird zum Normalfall – Work-Life-Balance erscheint Männern noch schwieriger umsetzbar als Frauen.

Die Voraussetzung zur Formulierung und Realisierung der Work-Life-Balance für männliche Führungskräfte ist natürlich eine kritische Masse an Männern, die bereit sind, dafür einzutreten. Findige Business-Coachs bringen Männern inzwischen bei, wie sie Strategien entwickeln, Work-Life-Balance herzustellen, ohne dass es auffällt – zum Beispiel, indem eine Arbeitszeitreduktion auf 90 Prozent umgesetzt, aber niemand davon in Kenntnis gesetzt wird. Die Sektoren, die von einem neuen Zeitmanagement von Männern profitieren könnten, haben sich noch nicht damit beschäftigt, wie sie die Wünsche hervorrufen und befriedigen könnten. Sportartikelhersteller, Anbieter von Kochutensilien, Gesundheitsreisen und Nahrungsmitteln gehen von Zeitknappheit, Jugendlichkeitswahn oder weiblichen Kunden aus, aber selten davon, dass Männer über 50 sich mehr Zeit für die Verwirklichung ihrer Träume nehmen.

Es ist von gesamtgesellschaftlichem Interesse, vor allem auch im Hinblick auf die demographische Entwicklung, dass auch Männer den Zusammenhang zwischen Ernährung, Berufsausübung, Krankheit und Gesundheit verstehen und danach handeln. Schließlich wird das Rentenalter sukzessive auf 67 Jahre erhöht, wir werden länger arbeiten müssen und wollen dabei geistig und körperlich gesund bleiben. Arbeitszeiten, die einen Raubbau an unseren Ressourcen üben, belasten in Form von Krankheit und Ausfall die Familie und die Gesellschaft zu einem späteren Zeitpunkt. Deshalb sollten auch Männer ihr Leben heute bewusster gestalten.

Viele Maßnahmen, die lange Zeit mehr Akzeptanz bei Frauen fanden, müssen nun modifiziert und in einer Art Ausbildungsprozess auch auf Männer übertragen werden. Für den Megatrend Gesundheit birgt die unterschiedliche Sicht auf Mann und Frau enormes Entwicklungspotenzial, es entstehen neue Produkte und Dienstleistungen. Eine unvoreingenommene Einstellung ermöglicht auch, Neues ohne Scheu und Angst vor gesellschaftlichen Ressentiments auszuprobieren – sei es ein neuer Badekult, indische Meditation, thailändische Massage oder chinesische Volksmedizin. Vor allem die Vernetzung der Kulturen und die Synthese der unterschiedlichen Therapien und Anwendungen wirken wie Katalysatoren für den Bedarf und definieren neue Produkte und Dienstleistungen, von denen wir jetzt noch gar nichts ahnen.

8 Gedacht und gemacht: das Handwerkszeug

8   Gedacht und gemacht: das Handwerkszeug

Gender als gestaltendes Element im wirtschaftlichen Denken und Handeln einzusetzen, schafft eine Grundlage für erfolgreiches Marketing. Wie in den vorangegangenen Kapiteln beschrieben, lassen sich zukunftsfähige und nachhaltige Produkte und Dienstleistungen gezielter vermarkten, wenn bereits bei der Marktforschung und Produktentwicklung Gender-Wissen mit einfließt. Auch sollten geschlechtsspezifische Wünsche, Bedarfe und Verhaltensmuster zum Produkt herausgearbeitet und von allen Seiten beleuchtet werden. Wird die Vermarktung innerhalb einer Wertschöpfungskette gleichermaßen differenziert eingesetzt, resultiert daraus wirtschaftlicher Nutzen, und es eröffnen sich ungeahnte Möglichkeiten. Wirtschaftliches Denken und Handeln sind die Summe von Wissen, Erfahrung, Methodik und Risikokalkulation – wirtschaftlicher Erfolg gründet auf Ideen, den Resultaten, den richtigen Antworten auf gestellte Fragen.

Die Ausdifferenzierung der Produkte und Dienstleistungen geht einher mit dem Reifegrad einer Gesellschaft und der darin Konsumierenden. Geschlechterrollen spielen dabei natürlich eine große Rolle. Welchen Beitrag Gender-Marketing in der Wertschöpfungskette leistet, möchte ich durch den Gender-Marketing-Baum illustrieren (siehe Abbildung 22).

Analyse und Handlungsempfehlungen

Gender-Analyse

Die erste Frage, die sich jedes Unternehmen und jede Organisation stellen beziehungsweise beantworten sollte, lautet: Wer sind die Nutznießerinnen und Nutznießer meiner Produkte und warum? Sobald eine mögliche Antwort herausgearbeitet wurde, lautet die nächste Frage: Wie sind die Geschlechter wo verteilt und warum? Wenn Produkte für beide Geschlechter relevant und von Nutzen sind, unabhängig davon, ob gesellschaftliche, kulturelle oder moralische Einschränkungen existieren, gibt eine Gender-Analyse Auskunft darüber, wo sich potenzielle neue Kunden und Kundinnen, Märkte oder Produkte verstecken. Die Gender-Analyse, der Blick auf die geschlechtliche Verteilung, kann unterschiedlich aufwändig sein. Wichtig ist in diesem Zusammenhang, dass sie die Grundlage für

Analyse und Handlungsempfehlungen

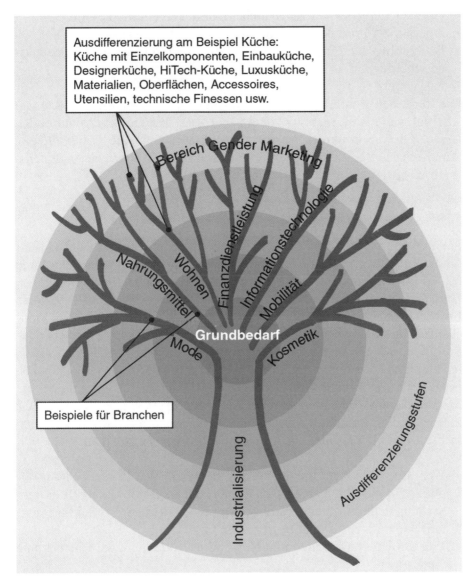

Abbildung 22: Der Gender-Marketing-Baum nach FrischCo

die weitere Ausdifferenzierung und Segmentierung in allen Formen der Marktansprache bildet.

Gender-Analyse bei der Kundenbasis:

- Analyse der Kundenstruktur nach Männern und Frauen,
- Ursachenanalyse für eine geschlechtliche Ungleichverteilung der Kunden- und Umsatzstruktur,

- Untersuchung der Vertriebskanäle und Marktkommunikation,
- Analyse der Produktspezifikationen,
- Benennung der Einflussfaktoren und Auswirkungen auf die Produktentscheidungen.

Die folgenden Empfehlungen und Fragen gelten als Ausgangspunkte, die sich auf viele Unternehmen übertragen und breitgefächert anwenden lassen. Für die konkrete Ausgestaltung bietet sich eine Unterstützung durch externe Berater und Beraterinnen mit Gender- oder Unternehmenserfahrung als sinnvollste Vorgehensweise an.

Fokus Produktentwicklung

Idealerweise basiert Produktentwicklung auf unternehmerischem Gespür für die Zukunft, gepaart mit fundiertem Wissen über den eigenen Markt und dessen Entwicklung. Bei homogenen Gruppen, gerade im technologischen Umfeld, kann fundiertes Wissen einem ungetrübten Blick auf innovative Entwicklungen hinderlich sein. Deshalb kann es sehr hilfreich sein, branchenfremde Männer und Frauen bei der Gender-Analyse bestehender Produkte und der Entwicklung zukünftiger Produkte mit einzubeziehen. Ich empfehle darauf zu achten, dass in diesem Teil der Analyse maximal 60 Prozent Vertreter eines Geschlechts in den Teams sind. Dann können die Fragen, die im Folgenden nur als Anregung zu verstehen sind, jeweils ergänzt und umformuliert werden, um einen erweiterten Blick auf die noch nicht adressierten Kunden- und Kundinnenbedürfnisse zu erhalten.

- Wer ist an der Produktentwicklung beteiligt? Wie lassen sich Ausbildung, Geschlecht, Dauer der Firmenzugehörigkeit, Firmenfunktion, Stellung in der Firmenhierarchie, externe Quellen der Produktentwicklerinnen und -entwickler beschreiben?
- Wie werden Nutzerinnen und Nutzer der Produkte in die Entwicklung einbezogen?
- Wie werden Produkte benannt? Eher technisch, zum Beispiel 529ATXV, oder eher nach ihrer Funktion, zum Beispiel iPod? Werden Namen vor der Vergabe geschlechtsspezifisch getestet?
- Wie wird der Nutzen eines neuen Produktes in der Werbung oder den Broschüren beschrieben? Ausschließlich nach den internen Produktmerkmalen oder auch in Lebensphasen und Lebenszyklen seiner Nutzer und Nutzerinnen denkend?
- Wie werden Frauen und Männer als Kunden wahrgenommen (individuell, als Masse, als Paare et cetera)?

Fokus Vertrieb

Vertrieb ist und bleibt der neuralgische Punkt in der Beziehung zwischen Kundinnen und Kunden und Unternehmen oder Organisationen. Was hier falsch gemacht wird, kann durch Imagewerbung oder Bilanzierungskünste nur in Maßen wettgemacht werden.

Die Bedürfnisse von Kundinnen und Kunden im direkten Business-to-Consumer-Geschäft zu befriedigen ist ebenso komplex wie im vermeintlich komplizierteren Business-to-Business-Geschäft. Aber gerade im Vertrieb werden gängige Geschlechterstereotype gepflegt, die sich mittels der Gender-Analyse gezielt hinterfragen lassen. Ich empfehle intensive Testkäufe oder -beratungen durchzuführen, und zwar von den geschlechtlich untypischen Käufern und Käuferinnen der Produkte und Dienstleistungen.

Männer in Drogeriefachmärkten oder Discountern und Frauen in Automobilzubehörgeschäften können wahrscheinlich unvoreingenommener feststellen, wie sie die Präsentation der Ware und den Verkaufsakt empfinden. Darin liegt der Mehrwert dieser Vorgehensweise: eingeschliffene Verhaltensweisen und Annahmen über die Art und Weise des Beratungs- und Verkaufsakts sofort aufzubrechen zugunsten neuer Erkenntnisse. Folgende Fragen können ebenfalls dabei helfen:

- Wie setzt sich die Belegschaft im Außendienst und im vertriebsnahen Innendienst zusammen?
- Im Großhandels- oder B2B-Geschäft: Welche Geschlechterverteilung findet sich bei den Kunden? Wird diese von den Key-Account-Gruppen widergespiegelt?
- Welchen Stellenwert im Unternehmen haben die Bereiche mit hohem Kundenkontakt (Callcenter, Point-of-Sale, Filialen, Kassenbereiche …)?
- Sind in Verkaufsskripts Hinweise auf weibliche und männliche Kommunikationsformen zu finden?
- Wie unterschiedlich wird der Point-of-Sale von Männern und Frauen erlebt?
- Gibt es einen Zusammenhang zwischen der Geschlechterdominanz auf Kundenseite und auf Verkaufsseite?
- In welchem Verhältnis der Bezahlung stehen Corporate Center zu Vertriebseinheiten? Gerade im Retailbereich oder bei den Schnelldrehern kann diese Frage aufschlussreich sein.
- Welche Entscheidungsbefugnisse und -kompetenzen haben die Mitarbeiter und Mitarbeiterinnen im Vertrieb, zum Beispiel bei Rabatten, Kulanzregelungen et cetera?

- Welche Incentives und Bonifikationen werden ausgelobt? Finden Frauen und Männer diese Belohnungen gleichermaßen attraktiv?

Fokus Marketing

Marketing übernimmt zunehmend strategische Aufgaben für die Unternehmensentwicklung. Es bildet die Schnittmenge zwischen dem Kennenlernen der Kundinnen und Kunden und ihrer Bedürfnisse, der Kommunikation der Produkte und der Emotionalisierung des Kauf- und Nutzungserlebnisses selbst.

Wesentlich ist es, bei allen Gender-Analysen einen so breit wie möglich gefächerten Mix an Personen zu integrieren, Männer wie Frauen, mindestens in jeweils verschiedenen Altersgruppen. Über Emotionen zu reden, kann für Frauen eine Selbstverständlichkeit sein, sind sie doch dafür häufig zuständig; dagegen ist es für Männer manchmal erst eine Lernleistung. Sachlich über Produktleistungen zu reden, kann wiederum für Männer selbstverständlich sein, und Frauen nähern sich über verschiedene Aussagen an. Ohne diese wichtigen Reflexionen bleibt bei alters- oder geschlechtlich homogenen Gruppen ein Teil der Erkenntnisse auf der Strecke.

- Wie sieht der demographische Aufbau der Kundenbasis bezüglich Geschlecht, Alter, Herkunft, Religion, Nationalität, körperlicher Fähigkeiten, sexueller Orientierung et cetera aus?
- Wie wird dieses Wissen erfasst?
- Wie sieht die demographische Struktur der Kundengruppen hinsichtlich dieser Identitätsmerkmale in der Zukunft aus?
- Welche Schwerpunkte setzt das Unternehmen beim Sponsoring: Männer- oder Frauensport? Projekte in Gesundheits-, Kultur- oder Sozialbereichen?
- Werden geschlechterstereotype Bilderwelten und Verhaltensmuster verwendet?
- Wird Wert auf geschlechtergerechte Formulierungen in der Ansprache von Kundinnen und Kunden gelegt?
- Welche geschlechtsspezifischen Überlegungen kommen in der Marktforschung zur Anwendung?

Fokus Personal

Personal ist der integrierende Faktor zwischen allen Ideen zum Marketing und deren Umsetzung. Marktbotschaften, die ein positives (Gender-) Image bewirken wollen, sollten sich idealerweise auch im Inneren des

Unternehmens widerspiegeln und in Aktivitäten zum Thema Chancengleichheit und Familienfreundlichkeit Ausdruck finden. Damit kann dann auch das im Unternehmen tätige Personal Botschaften authentisch und glaubhaft nach außen vertreten und gendersensible Maßnahmen im Inneren verstehen und umsetzen.

- Gibt es geschlechtsspezifische Einkommensunterschiede? Wenn ja, in welchen Bereichen und in welchem Maße?
- Wie ist die Geschlechterverteilung der Führungspositionen? Repräsentiert die Geschlechterverteilung der Vorgesetzten die Mitarbeiterstruktur?
- Welchen Grad an geschlechterstereotypen Beschäftigungsstrukturen gibt es? Sind zum Beispiel in der Pflege in Altenheimen nur Frauen beschäftigt, obwohl die Heimbewohner männlich und weiblich sind? Sind im technischen Service nur Männer beschäftigt, obwohl das Produkt von Männern und Frauen genutzt wird?
- Wie sieht die Korrelation zwischen Arbeitszeit und Geschlecht aus?
- Wie ist die Verteilung der Teilzeitkräfte und welchen Stellenwert haben diese (Führungsverantwortung)?
- Welche informellen oder formellen Interessensnetzwerke existieren in dem Unternehmen? Haben sich beispielsweise Frauen in Führungspositionen, Männer in Erziehungszeit, Expats, Migrantennetzwerke oder andere Interessengruppen zusammengetan? Wie werden diese Netzwerke für das Unternehmen genutzt?
- Gibt es in dem Unternehmen eine Stelle oder Position, die sich explizit mit Gender-Fragen beschäftigt? Welcher Stellenwert wird dieser Position zugeordnet?
- Nach welchen Vorbildern und Wünschen werden Incentives oder Bildungsangebote konzipiert? Wird ihre Akzeptanz nach Geschlecht und Alter überprüft?
- Wie entwickeln sich geschlechterspezifische Karrierepfade? Ist ein verstärkter Drop-out von Mitarbeitern und Mitarbeiterinnen in bestimmten Altersbereichen oder von einem Geschlecht mehr als vom anderen zu entdecken?
- Wie werden Gender und Diversity in den Corporate-Governance-Empfehlungen des Unternehmens berücksichtigt?

Gender-Ziele

Die Verankerung von Gender-Marketing in Unternehmen stellt eine unternehmerische Zielsetzung dar. Als Instrument eignet sich hervorragend die Balanced Scorecard, wie sie bereits für Human-Resources-Ziele und -Maßnahmen Anwendung findet (Abbildung 23). Die praktische Ausgestaltung sollte mit Unterstützung von Gender- und Diversity-Beratung auf Basis der Gender-Analyse erarbeitet werden.

Finanzielle Perspektive/Wertschöpfung		
Einzelziel	Maßnahmen	Kennzahlen
Den Anteil von Frauen in Führungspositionen erhöhen, um eine geschlechterspezifische Perspektive in die Produktentwicklung einzubeziehen	• Flexibilisierung der Arbeitszeit für Väter und Mütter • Kinderbetreuungsangebot wird ausgebaut • Frauen werden in gezielten Mentoringprogrammen gefordert und gefördert	• Anzahl von Frauen und Männern in Führungspositionen • Anzahl der Einstellungen von weiblichen und männlichen Abgängern von Business Schools • Anzahl von Frauen und Männern im Nachwuchspool für Top-Managementpositionen

Abbildung 23: Gender-Marketing beeinflusst die Geschäftsergebnisse positiv

Je weiter die Analyse und die geschlechtersensible Führung und Vermarktung eines Unternehmens voranschreiten, umso individueller werden die Fragestellungen und Implementierungsmöglichkeiten. Deshalb können die Maßnahmen in diesem Abschnitt in keiner Weise vollständig sein, sondern dienen als Anregungen für eigene Überlegungen.

Vertrieb

Den Spagat zwischen kurzfristigen Geschäftszielen und langfristigen Gender- und Diversity-Zielen zu meistern, ist gerade im Vertrieb häufig die wahre argumentative Herausforderung. Jemanden an Quartalszahlen zu messen und gleichzeitig zu verlangen, dass unterrepräsentierte Kundengruppen zu bedienen sind, ist ein Killer für die Geschäftsentwicklung. Deshalb rate ich, diese diametral auseinandergehenden Prioritäten bei der Einführung und Umsetzung immer wieder zu thematisieren und die Ziele realistisch in den Bonifikationskatalog aufzunehmen.

• Workshops am Point-of-Sale durchführen, die die Unterschiede und Ähnlichkeiten von Männern und Frauen in Sprache, Bildkommunika-

tion, Wunschäußerung et cetera deutlich machen, ohne Stereotype festzuschreiben.
- Veränderte gesellschaftliche Rollen und Zeitkontingente von Männern und Frauen berücksichtigen.
- Vergütungssysteme gendersensibel anpassen, zum Beispiel die Auswahl der Firmenwagen nach Farbe, Größe, Familientauglichkeit diversifizieren, intrinsische Motivation berücksichtigen, zum Beispiel statt Bonifikationen auszuzahlen in Weiterbildung oder Selbstmanagement investieren.
- Incentives mit gesellschaftlicher Verantwortung verknüpfen und Incentivereisen gendersensibel gestalten.

Marketing

Je offener die Kultur eines Unternehmens ist, umso eher sind unterrepräsentierte Gruppen bereit mitzuteilen, wie sie marketingmäßig adressiert werden möchten. Hier ist Glaubwürdigkeit das A und O. Es macht keinen Sinn, zum Beispiel reife und erfahrene Frauen ansprechen zu wollen, wenn gleichzeitig alle Marketingverantwortlichen junge und lebensunerfahrene Menschen sind, die noch keine Krisen durchlaufen haben und das Wort Menopause nicht mal aussprechen, geschweige denn, sich damit beschäftigen möchten. Folgende Maßnahmen können unterstützen:

- Gendersensible Sprache in Marketingmaterialien integrieren und Frauen und Männer in Beispielen berücksichtigen.
- Stereotype Bilderdarstellung eliminieren und Werbebotschaften bewusster gestalten.
- Internet-Usability und E-Marketing für Frauen und Männer entwickeln (Farben, Menüführung, Wiederauffindbarkeit von wichtigen Daten optimieren, Dauer von Downloads reduzieren, Zugang zu persönlichem Kontakt mit dem Unternehmen vereinfachen).
- Intrinsische Motivationsfaktoren in Werte- und Nutzenaussagen integrieren.
- Sponsoringmöglichkeiten nach Geschlechtergesichtspunkten erweitern; nicht ausschließlich in Männersport, sondern bewusst auch in Sponsoring von Frauensport, Stiftungen, Selbsthilfegruppen, Managerinnen- und Unternehmerinnen-Netzwerke oder Unternehmerinnen-Preise investieren.
- Meinungskooperationen mit Netzwerken von Interessengruppen anstreben, zum Beispiel solchen, in denen sich Frauen aus Wirtschaft, Politik oder Wissenschaft organisieren.

- Produktentwicklung nach allen Seiten beleuchten, auch durch fachfremde Gruppen.
- Gender-Aspekte in der Produktentwicklung stärker berücksichtigen, zum Beispiel »Frauen-Produkt-Prüfer-Panel« als ständige Querschnittsfunktion in Entwicklungsabteilungen einrichten.
- Frauen und Männer paritätisch für die Produktentwicklung rekrutieren und als Führungskräfte weiterentwickeln.
- Nutzertests mit inhomogenen Gruppen (Frauen und Männer, alt und jung, unterschiedliche körperliche Fähigkeiten, unterschiedliche kulturelle Hintergründe et cetera) durchführen.
- Weibliche und männliche Anatomie, biologische Unterschiede und gesellschaftliche Zwänge berücksichtigen.

Personal

Die Vorschläge in diesem Bereich sind naturgemäß unvollständig, hauptsächlich, weil Personalfragen im Rahmen von Diversity-Management hinlänglich erforscht sind. Ich habe deshalb nur die „Klassiker" zu Chancengleichheit und Geschlechtergerechtigkeit aufgeführt. Andere wichtige Maßnahmen kommen aus der Organisationsentwicklung, gepaart mit der Notwendigkeit, unternehmenskulturelle Annahmen zu hinterfragen und möglicherweise durch einen neuen Wertkanon zu ersetzen. Inzwischen schon fast als klassisch zu bewertende Maßnahmen zu Chancengleichheit und Geschlechtergerechtigkeit sind:

- Work-Life-Balance für Männer und Frauen vorleben und positiv bewerten; das können Sabbaticals zur persönlichen Entwicklung für Frauen sein oder Teilzeitangebote für familienorientierte Männer.
- Drop-out-Stop, zum Beispiel bei Frauen in der Elternzeit oder Frauen über 40 in verantwortungsvollen Führungspositionen.
- Definition von Karrierepfaden, die Arbeitsunterbrechungen und Entwicklungen in alle hierarchischen und inhaltlichen Richtungen in Unternehmen zulassen (Stichworte: Entschleunigen der Karrieremuster, Employability, Altersbasis verbreitern).
- Bei Wiedereinstellung Lebensläufe mit Unterbrechungen, Familienphasen sowie alternativen Arbeitsgebieten verstehen und gezielt nutzen.
- Doppelverdiener-Paare als Standard sehen und sich auf die Bedürfnisse dieser Paare einstellen, zum Beispiel bei Ortsversetzungen oder der Zeitanforderung durch Managementaufgaben.

- Umsetzung von generations- und geschlechtersensibler Einstellungspolitik, beispielsweise durch Verzicht von Fotos und Geburtsdatum auf angeforderten Bewerbungsunterlagen.
- Einrichtung von Mentoringprogrammen, Fördern und Fordern von Frauen in den karrierewirksamen Ressorts Vertrieb oder Forschung und Entwicklung.

Gender-Diversity für den Corporate-Governance-Kodex

Als übergreifende Maßnahme für Markt und Unternehmen können Gender-Diversity-Initiativen als Corporate-Governance-Empfehlungen gelten. Hierzu durchgeführte Studien, wie zum Beispiel von Catalyst oder der EU, zeigen die positive Korrelation zwischen der Anzahl an weiblichen Führungskräften und einer erhöhten Rentabilität des Unternehmens. Das gilt insbesondere für die Besetzung von Geschäftsleitungs- und Aufsichtsratspositionen.

Deutschland nimmt im europäischen Vergleich mit 10 Prozent weiblichen Aufsichtsratsmitgliedern vordergründig hinter Norwegen, Schweden und Finnland zwar einen guten vierten Platz ein, jedoch vertreten nur 20 Prozent dieser Aufsichtsrätinnen die Arbeitgeberseite (Egon Zehner International, Global Diversity Study 2004). Betrachtet man nur diesen Anteil, liegt Deutschland in Europa auf einem abgeschlagenen 13. Platz.

Es kann zu diesem Zeitpunkt nicht beziffert werden, wie hoch der dadurch entgangene wirtschaftliche Gewinn ist, aber in Zeiten des auch im Top-Management herrschenden Mangels an geeigneten Kandidaten kann auf gut ausgebildete und hoch qualifizierte Frauen nicht verzichtet werden. Über kurz oder lang werden demnach auch Empfehlungen zu Geschlechtervielfalt (Gender-Diversity) in die Richtlinien zu Corporate Governance aufgenommen werden müssen. Erste Anzeichen aus dem angelsächsischen Raum und auf europäischer Ebene deuten diese Entwicklung bereits an.

9 Zukunft im Zeichen von Gender

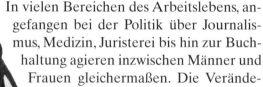

In vielen Bereichen des Arbeitslebens, angefangen bei der Politik über Journalismus, Medizin, Juristerei bis hin zur Buchhaltung agieren inzwischen Männer und Frauen gleichermaßen. Die Veränderungen in der Erwerbstätigkeit haben allerdings nicht nur Auswirkungen auf die Rolle von Frauen, wie viele meinen, sie verändern zunehmend auch das Leben von Männern. Sichtbare Anzeichen sind gerade in tradierten Bereichen wie der Familie und den Geschlechterrollen sowie am Arbeitsumfeld deutlich erkennbar. Vielerorts wurden sogar schon Rufe nach einer Männerquote laut, um bestimmte Berufsstände nicht zu »verweiblichen«.

Das 21. Jahrhundert – Jahrhundert der Frauen?

Die paritätische Besetzung von Positionen bis hin in die Leitungsebenen wurde durch Quasiquotierung im öffentlichen Sektor und durch anonymisierte Abschlussprüfungen begünstigt. Die Wirtschaft, einst nur in ausgewählten Bereichen ein weibliches Betätigungsfeld, hat sich in ihrer Gesamtheit geöffnet und Millionen von Frauen zu einer Existenz verholfen, die sie von der Familie unabhängiger macht. Wie sich einzelne Berufsstände verändert haben, zeigt sich beispielhaft an der Buchhaltung, die erst seit wenigen Jahrzehnten vorwiegend weibliche Erwerbstätige beschäftigt. In einigen Unternehmen, vom Mittelstand bis zu Aktiengesellschaften, übernehmen weibliche Fachkräfte nun nicht mehr nur die administrativen Aufgaben, sondern Finanzverantwortung bis hin zum Vorstandsvorsitz – bekanntes Beispiel ist Indra Nooyi, CEO von PepsiCo.

Selbstverwirklichung, Weiterbildung und mehr finanzielle Autonomie – Erwerbstätigkeit gehört immer selbstverständlicher zum Lebensentwurf vieler Frauen. Die Einflussnahme auf wirtschaftliche Vorgänge wächst und beeinflusst Nachfrage und Angebot. Zwar gibt es noch immer einige Wirtschaftsbranchen, von denen angenommen wird, Gender sei für sie nicht relevant. Doch selbst wenn es zum jetzigen Zeitpunkt strategisch unbedeutsam erscheint, so haben die gesellschaftlichen und demographischen Verschiebungen wirtschaftliche Auswirkungen, die alle betreffen. Gender in all seinen Ausprägungen und Fragestellungen wird ein Trend der Zukunft. Ob das 21. Jahrhundert das Jahrhundert der Frau wird, kann nur vermutet werden, doch immerhin haben Frauen allein im vergangenen Jahrhundert vieles von dem nachgeholt, was ihnen vormals verwehrt war. Die Auswirkungen auf Wirtschaft und Gesellschaft, gerade in den Industrieländern, habe ich versucht in diesem Buch zusammenzufassen.

Trotzdem bietet »Frausein« noch immer eine treffsichere Ausgangslage, um diskriminiert zu werden. Inzwischen setzt sich allerdings der Konsens durch, dass solches Verhalten unangemessen ist. Diskriminierung von Frauen wird weltweit angeprangert, mehr oder weniger erfolgreich, aber auf allen Ebenen – regional bis übernational unter anderem durch die Vereinten Nationen. Die Beschäftigung mit dem Thema führt in manchen Ländern dazu, dass inzwischen Angehörige beider Geschlechter sagen, Gleichberechtigung sei für sie »durch« und brauche daher nicht mehr thematisiert zu werden. Das halte ich für zu kurz gegriffen, denn nicht nur Frauen, sondern auch Männer wachen jetzt auf und beginnen, sich mit ihrer Rolle in der Gesellschaft zu beschäftigen.

Männer entdecken sich selbst, sie überprüfen ihre Vorstellungen von Männlichkeit und erfinden sich neu; Frauen erweitern ihren Horizont und übernehmen neue Aufgaben. Damit wird es möglich, den Grundstein für eine neue Art der Partnerschaft zu legen und Wünsche aneinander, an Gesellschaft und Wirtschaft neu zu verhandeln. Fragen an die gemeinsame Zukunft lauten: Wer trägt die Verantwortung für Familie, Kinder, Arbeit, Vermögen, Reisen und so weiter? Wie beeinflusst unser lokales Handeln globale Veränderungen, etwa im Umgang mit Umwelt und Ressourcen?

Corporate Social Responsibility, Nachhaltigkeit, Philanthropie oder neue Ethik – all das sind gebräuchliche Begriffe der wirtschaftsorientierten Trend- und Zukunftsforschung. Auch Soziologie und Theologie sehen unsere Epoche als eine Umbruchphase. Dieser Umbruch ist bereits spürbar, doch noch ist kein klares Bild einer friedlichen und nachhaltigen globalen Zukunft zu erkennen. Bereits jetzt zeichnet sich jedoch deutlich ein gemeinsamer Nenner in den Debatten ab: Werte stehen im Vordergrund, und aus wirtschaftlichem Handeln soll eine positive globale Entwicklung resultieren.

Dieses Bestreben zeigt sich auch in der Wertschätzung entsprechenden Verhaltens: Der Friedensnobelpreis wird derzeit Menschen verliehen, die wirtschaftliches, menschliches und umweltverträgliches Handeln miteinander verbinden. Im Jahr 2004 erhielt ihn die Professorin und Frauenrechtlerin Wangari Muta Maathai, bekannt durch ihr Aufforstungsprogramm »Green Belt Movement«, und 2006 Prof. Muhammad Yunus, der über die Grameen Bank Mikrokredite hauptsächlich an Frauen vergibt. Die Unternehmer Bill Gates und Warren Buffet investieren Teile ihres Vermögens über die »Bill and Melinda Gates-Stiftung« in die Bekämpfung von Krankheiten und in Arzneiforschungsprojekte, die beiden Geschlechtern gleichermaßen zugute kommen sollen.

Die Entwicklung geht deutlich in Richtung Ausgleichen und Teilen – im Gegensatz zu Horten und Abschotten: eine Tendenz, die auch das Geschlechterverhältnis neu ausbalancieren und ausgleichen kann. Mars und Venus werden reifer und differenzierter, Frauen und Männer werfen überkommene Rollen ab und erreichen mehr Gleichgewicht – wirtschaftlich, gesellschaftlich, politisch. Sie schaffen damit eine erfolgversprechende Ausgangslage für den Umgang mit lokalen, aber auch globalen Herausforderungen. Auch die Entwicklung von Gütern und Dienstleistungen im 21. Jahrhundert verändert sich, denn Wertschöpfung wird nicht mehr ausschließlich mit der Produktion von bereits bekannten Produkten erzielt, sondern durch immaterielle Werte generiert, wie Wissen, die Fähigkeit zur Kommunikation und den verantwortungsvollen Umgang mit Ressourcen. Dadurch, dass die Welt kleiner wird, sei es durch IT, Logistik oder Globalisierung, wird sie auch endlicher. Es gibt keine unerschöpflichen Vorräte und grenzenlosen Freiheiten mehr. Wir sind aufgefordert, hauszuhalten und Verantwortung für unser Handeln zu übernehmen.

Sind Herkunft, Produktion und Vermarktung von Produkten und Dienstleistungen ökologisch, sozial und ethisch vertretbar? Die Beantwortung dieser Frage bleibt Produzenten und Anbietern überlassen – aber gewiss ist, dass sie beantwortet werden muss. Um die globalen Anliegen und Veränderungen der Gesellschaft zu verstehen und ihnen besser begegnen zu können, bedarf es aller Facetten menschlicher Individualität, der unterschiedlichen Fähigkeiten von Männern und Frauen. Es muss ihnen möglich sein, frei zu handeln und sich einzubringen. Mit Gender-Marketing wird der Versuch unternommen, den Markt ganzheitlicher zu betrachten – und dabei bewusst beide Sichtweisen, die männliche und die weibliche, in die Arbeitsprozesse mit einzugliedern. Gender-Marketing ist zugleich eine Erweiterung des Blickfelds und ein Werkzeug, um auch auf der wirtschaftlichen Ebene mit gesellschaftlichen Herausforderungen erfolgreich umzugehen.

Glossar

AIDA-Formel (Attention, Interest, Desire, Action): Die AIDA-Formel beschreibt die vier Stufen, die zur Kaufentscheidung eines Kunden führen: Aufmerksamkeit erregen, Interesse wecken, Kaufwunsch wecken und schließlich der Kauf selber.

Androzentrismus: Diese Sichtweise versteht den Mann als das Zentrum der Welt, als Norm. Die Frau hingegen weicht von dieser Norm ab. Androzentrismus darf jedoch nicht mit »Sexismus« gleichgesetzt werden, denn das »Weibliche« wird nicht als minderwertig, sondern in erster Linie als »anders« angesehen.

Balanced Scorecard: Die Balanced Scorecard (BSC) ist ein Konzept zur Umsetzung von Unternehmensstrategien; sie baut auf der Vision und Strategie eines Unternehmens auf und wird auf der Basis der Perspektiven in den Dimensionen Finanzen, Kunden, Prozesse, Lernen und Innovation definiert.

Below-the-Line-Strategie: Dieser Begriff wird für die »nicht-klassischen« Werbestrategien benutzt und steht damit im Gegensatz zu »Above-the-line« (Werbung in Printmedien und Fernsehen). Beispiele für Below-the-Line-Strategien sind Gewinnspiele, Sponsoring, Öffentlichkeitsarbeit und Online-Werbung.

Business-to-Business (B2B): Es bezeichnet die Beziehung zweier Unternehmen miteinander, im Deutschen auch »Betrieb-Betrieb-Beziehung« genannt. Im Gegensatz dazu steht B2C (Business-to-Consumer); bei dieser Verbindung richten sich Unternehmen an Kunden und Konsumenten.

Corporate Governance: Corporate Governance ist die Zusammenfassung der gesetzlichen und freiwilligen Richtlinien zur Leitung und Überwachung börsennotierter Gesellschaften und definiert international und national anerkannte Standards guter und verantwortungsvoller Unternehmensführung

Corporate Social Responsibility (CSR): Mit diesem Begriff wird unternehmerisches Handeln beschrieben, das über das eigentliche Geschäft des Unternehmens hinausgeht. Es handelt sich um so genannte »verantwortungsvolle Unternehmensführung« und schließt auch den Umgang mit der Umwelt und die Personalpolitik mit ein.

Customer-Relationship-Management (CRM): Beziehungen zu Kunden aufzubauen wird immer wichtiger, auch die Pflege dieser Beziehungen kann für ein Unternehmen überlebenswichtig werden. Systeme und Ideen, wie diese Beziehungen erhalten werden können, sind also unerlässlich. Möglich sind Sonderkonditionen und Bonifikationen, aber auch gute Beratung und Hilfe.

Diversity-Management: Diversity-Management ist eine Unternehmensstrategie und bedeutet die gezielte Wahrnehmung und das bewusste Wertschätzen von Unterschieden als Vielfalt in Bezug auf Geschlecht, Alter, Herkunft/Ethnie, Behinderung, Religion und sexuelle Orientierung.

Expatriate (kurz: Expat): Ein Expat lebt und arbeitet in einem anderen Land als seinem Geburtsland, vorübergehend oder auch dauerhaft, jedoch ohne Einbürgerung.

Fast Moving Consumer Goods (FMCG): Mit diesem Begriff werden Produkte beschrieben, die von Konsumenten routinemäßig gekauft werden (zum Beispiel Kosmetikprodukte und Lebensmittel) und die im Verkaufsregal einem schnellen Wechsel unterliegen (im Deutschen auch »Schnelldreher« genannt).

Gender: Gender bezeichnet im Unterschied zum angeborenen biologischen Geschlecht (englisch »sex«) das soziale Geschlecht und beschreibt sozial induzierte Verhaltensmuster und Eigenschaften, die gesellschaftlich einem Geschlecht zugeordnet werden.

Gender-Marketing: Gender-Marketing beschäftigt sich mit geschlechtsspezifischem Marketing – dies beinhaltet Produktentwicklung und Marketing für Männer und Frauen in ihren gemeinsamen und unterschiedlichen Bedürfnissen.

Gleichstellungspolitik: Gleichstellung meint die rechtliche und soziale Gerechtigkeit in Bezug auf Rechte, Zugang zu Ressourcen und Beteiligung an Entscheidungsprozessen. Das bedeutet nicht, dass Ungleiche gleich behandelt werden, denn dies führt nicht zu Gleichheit, sondern zementiert Ungleichheit.

Geschlechtergerechtigkeit: Geschlechtergerechtigkeit ist ein wesentlicher Bestandteil jeder Demokratie. Geschlechterdemokratie braucht eine gesellschaftliche und politische Ressourcen(um)verteilung. Geschlechterdemokratie ist das Ziel, Gender-Mainstreaming der beziehungsweise ein Weg.

Gender-Theorie: Gender-Theorie umfasst die Konstruktion und Dekonstruktion von Geschlecht und damit die Anerkennung diverser Ausprägungen von Weiblichkeiten und Männlichkeiten. Geschlecht als Strukturkategorie im Herrschaftszusammenhang identifiziert Machtstrukturen und Mechanismen, die Männer oder Frauen ausschließen.

Gender-Mainstreaming: Gender-Mainstreaming besteht in der (Re-)Organisation, Verbesserung, Entwicklung und Evaluierung der Entscheidungsprozesse, mit dem Ziel, dass die an politischer Gestaltung Beteiligten den Blickwinkel der Gleichstellung zwischen Männern und Frauen in allen Bereichen und auf allen Ebenen einnehmen.

Incentives: Sachprämien, Veranstaltungen oder Reisen, die von Unternehmen als Motivation für Mitarbeiter oder auch Händler und Kunden vergeben werden.

Marketing: Das Marketing, deutsch Absatzwirtschaft, beschäftigt sich mit allen Aspekten der Optimierung des Absatzes von Produkten oder Dienstleistungen eines Unternehmens oder einer Organisation. Dazu gehören neben den klassischen vier »P« Produkt-, Kontrahierungs- (Preis-), Distributions- und Kommunikationspolitik (im Englischen beginnen alle vier Begriffe mit P: Product, Price, Placement, Promotion) auch Branding, Image, Internet et cetera.

Marketing-Mix: Der Marketing-Mix stellt ein Entscheidungsproblem in der Betriebswirtschaftslehre dar. Er beschreibt die Abstimmung der operativen Marketing-Instrumente untereinander. Zusätzlich ist aber auch eine Koordinierung mit allen Funktionsbereichen des Unternehmens notwendig.

Marktforschung: Marktforschung bedeutet eine objektive und systematische Untersuchung des Marktes mit dem Ziel, Kundenwünsche und -präferenzen zu ermitteln. Die Untersuchungsergebnisse helfen Unternehmen, neue Produkte spezieller auf die Bedürfnisse der potenziellen Kundengruppen zuzuschneiden.

Multi-Level-Marketing (oder auch Netzwerk-Marketing): Es beschreibt die Arbeit der beteiligten Personen über mehrere Ebenen hinweg und ist eine Sonderform des Direktverkaufs (Synonyme: Strukturvertrieb oder Downline).

Open Source: Eine Software, die frei zugänglich ist und deren Quelltext jederzeit bearbeitet, verbreitet und genutzt werden kann.

Point-of-Sale: An diesem Ort trifft der Konsument auf das Unternehmen. Es handelt sich um den Ort, an dem »Verkauf« stattfindet. Aus Sicht des Konsumenten wird als Point-of-Sale oft die Kasse genannt, aus Sicht des Unternehmens ist es der Verkaufsort allgemein.

Retail: Produkte werden als »Retail« bezeichnet, wenn sie für den direkten Verkauf an den Endverbraucher bestimmt sind. Diesen Produkten liegt alles bei, was benötigt wird, um sie direkt nutzen zu können (Schrauben, Betriebsanleitung et cetera).

Shareware: Diese Software kann in einer »Light Version« vom Anwender getestet werden. Oft werden diese Testzeiträume zeitlich begrenzt. Möchte man die Software auch nach der Testphase weiter nutzen, ist eine kostenpflichtige Registrierung (beim Autor) erforderlich.

Sinus-Milieu: Sinus-Milieus vereinen Menschen in verschiedenen Gruppen, die sich in ihrer Lebensweise und -auffassung ähneln. Es gibt jedoch Überschneidungen zwischen den einzelnen Milieus. Die Marktforschung setzt Sinus-Milieus ein, denn so können Probanden zu gut testbaren Gruppen zusammengefasst werden. Sinus-Milieus ändern sich jedoch mit der Zeit und müssen daher kontinuierlich überprüft werden. Die Firma Sinus Sociovision hat den Begriff »Sinus-Milieu« schützen lassen.

Supplier-Diversity: Unter diesem Begriff versteht man die Vielfalt der Zulieferer. Die Vergabe von Aufträgen erfolgt nach bestimmten Quotierungen gezielt auch an unterrepräsentierte Gruppen.

Wholesale: Produkte werden als »Wholesale« bezeichnet, wenn sie für den Großhandel bestimmt sind.

Work-Life-Balance: Work-Life-Balance beschreibt die Möglichkeit, als erwachsener Erwerbstätiger das Gleichgewicht zwischen Familie und Beruf zu halten.

Literatur

Assig Dorothea; Beck Andrea: *Frauen revolutionieren die Arbeitswelt. Das Handbuch zur Chancengerechtigkeit.* München, Franz Vahlen, 1996

Barletta, Martha: *Marketing to Women. How to Understand, Reach, and Increase Your Share of the World's largest Market Segment.* USA, Dearborn, Trade Publishing, 2003

Beauvoir, Simone de: *Das andere Geschlecht.* Reinbek, Rowohlt, 1951

Bergmann, Nadja; Pimminger, Irene: *PraxisHandbuch Gender-Mainstreaming.* Wien, GeM-Koordinierungsstelle, 2004

Bertelsmann Stiftung (Hg.): *Karrierek(n)ick Kinder, Mütter in Führungspositionen – ein Gewinn für Unternehmen.* Gütersloh, Bertelsmann Stiftung, 2006

Bothfeld, Silke et al.: *WSI FrauenDatenReport 2005, Handbuch zur wirtschaftlichen und sozialen Situation von Frauen.* Herausgeber Hans-Böckler-Stiftung, Düsseldorf. Berlin, edition sigma, 2005

Brizendine, Louann: *The Female Brain.* New York, Morgan Road Books, 2006

Brown, Lyn; Gilligan, Carol: *Die verlorene Stimme.* München, Deutscher Taschenbuch Verlag, 1997

Bundesministerium für Familie, Senioren, Frauen und Jugend *Gender Datenreport, 1. Datenreport zur Gleichstellung von Frauen und Männern in der Bundesrepublik Deutschland*, Stand November 2005

Bührer, Susanne; Schraudner Martina (Hg.): *Gender-Aspekte in der Forschung.* Karlsruhe, Fraunhofer IRB Verlag, 2006

Butler, Judith: *Körper von Gewicht.* Frankfurt am Main, Suhrkamp, 1997

Butler, Judith: *Psyche der Macht.* Frankfurt am Main, Suhrkamp, 2001

Catalyst Research: *The Bottom Line – Connecting Corporate Performance and Gender-Diversity.* New York, 2004

Cornell, Robert W.: *Der gemachte Mann.* 3. Auflage, Wiesbaden, Verlag für Sozialwissenschaften, 2006

Coughlan, Anne T.; Anderson, Erin; Stern, Louis W.; El-Ansary, Adel I.: *Marketing Channels.* 7. Auflage, Upper Saddle River, NJ, Prentice Hall, 2006

Daly, Kevin: »Gender Inequality, Growth and Global Ageing.« *Global Economics Paper No: 154*, Goldman Sachs, 2007

Drinck, Barbara; Kreienkamp, Eva: »Chancengleichheit in der Kundenorientierung? Die genderorientierte Marktbetrachtung öffnet neue Marktchancen – androzentrische Strukturen erschweren Erneuerung.« In: *Zeitschrift für Frauenforschung und Geschlechterstudien*, 23. Jahrgang, Heft 3/2005.

Drinck, Barbara; Kreienkamp, Eva: »Gender and sexual orientation empowers market research.« In: *Proceedings of the Eighth Conference on Gender, Marketing and Consumer Behaviour*, 29.6.–2.7., 2006, Edinburgh

Drucker, Peter F.: *Management im 21. Jahrhundert.* München, Econ, 1991

Faludi, Susan: *Backlash.* Reinbek, Rowohlt, 1995

Fonda, Jane: *My Life so far.* New York, Random House, 2005

Gardenswartz, Lee; Rowe, Anita: *Diverse Teams at Work: Capitalizing on the Power of Diversity*, McGraw-Hill Education, 1995

Haibach, Marita: *Frauen erben anders.* Königstein/Taunus, Ulrike Helmer, 2001

Jaffé, Diana: *Der Kunde ist weiblich.* München, Econ, 2005

Johnson, Lisa; Learned, Andrea: *Don't Think Pink*, Mcgraw-Hill Professional, 2004

Kim, W. Chan; Maubourgne, Renée: *Der Blaue Ozean als Strategie. Wie man neue Märkte schafft, wo es keine Konkurrenz gibt.* München, Wien, Carl Hanser, 2005

Kirchler, Erich: *Kaufentscheidungen im privaten Haushalt. Eine sozialpsychologische Analyse des Familienalltages.* Göttingen, Hogrefe, 1989

Kirchler, Erich; Rodler, Christa; Hölzl, Erik; Meier, Katja: *Liebe, Geld und Alltag.* Göttingen, Hogrefe, 2000

Kotler, Philip; Bliemel, Friedhelm: *Marketing-Management: Analyse, Planung und Verwirklichung.* 10. überarbeitete und aktualisierte Ausgabe, Stuttgart, Schäffer-Poeschel, 2001

Lebert, Andreas; Lebert, Stefan: *Anleitung zum Männlichsein.* Frankfurt am Main, S. Fischer, 2007

Lewin, Kurt: *Feldtheorie in den Sozialwissenschaften*. Bern, 1964

Nadolny, Sten: *Die Entdeckung der Langsamkeit*. München, Piper, 1987

Okonkwo, Uche: *Luxury Fashion Branding*. Basingstoke, Palgrave Macmillan, 2007

O'Reilly, Ann; Salzman, Marian; Matathia, Ira: *The Future of Men*. Basingstoke, Palgrave Macmillan, 2005

Pusch, Luise F; Offenbach, Judith: *Das Deutsche als Männersprache*. Frankfurt am Main, Suhrkamp 1984

Schinzel, Britta: »Female enrolment in tertiary education in Computer Science«. In: Alha, K. (Hrsg): *Improving the gender balance in engineering education using ICT methods and contents*, S. 103-114. Brüssel, SEFI Publisher, 2002

Stechert, Kathryn: *Frauen setzen sich durch*. Frankfurt am Main, Campus, 1991

Streeck, Klaus et al.: *Finanzdienstleistungen für Frauen*. Herausgeber: Fachhochschule für Technik und Wirtschaft, Perspektiven der Wirtschaftskommunikation, Band 6, Berlin, Wintersemester 2005/2006

Streeck, Klaus: *Management der Fantasie, Einführung in die werbende Wirtschaftskommunikation*. München, Reinhard Fischer, 2006

Stuber, Michael: *Diversity: das Potenzial von Vielfalt nutzen – den Erfolg optimieren*. München, Luchterhand, 2004

Tannen, Deborah: *Du kannst mich einfach nicht verstehen*. München, Goldmann, 2004

Tannen, Deborah: *Job Talk*, Hamburg, Ernst Kabel, 1995

Von Rosenstiel, Lutz; Neumann, Peter: *Marktpsychologie*. Darmstadt, Primus, 2002

Wilchins, Riki: *Gender Theory, Eine Einführung*. Berlin, Querverlag, 2006

Wittenberg-Cox, Avivah; Milan, Margaret: *Women@Work: Women, Careers and Competitive Advantage in the New Millenium*. Paris, Paris Professional Women's Network, 2005

Wöhe, Günter; Döring, Ulrich: *Einführung in die Allgemeine Betriebswirtschaftslehre*, 21. Auflage, München, Franz Vahlen, 2005

Register

A

Agenturen 131
Alleinlebende Männer/Frauen 48, 72
Allianz 29
Androzentrismus 60, 203
Aral 159
Arbeitsmarkt 40, 42, 97, 127
Arbeitsumgebungen 35, 37
Ausbildung 31, 53, 143, 146, 151
Ausbildungsberufe, technische 27
Autokauf 99, 156
Automobil 79, 142, 154, 155, 156, 160
Automobilindustrie 61, 156

B

Badezimmer 83, 86
Bauknecht 115
Bilderkanon 137
Bildungsabschlüsse 25
Bildungspolitik 25, 23, 34
Bio-Bewegung 174, 175
Bionade 178
BP 159
Branchen, männliche/weibliche 58
Burkini 117
Business-to-Business 120, 121, 191, 203

C

Chancengleichheit 97, 193, 196
Commerzbank 45, 149
Corporate Social Responsibility 29, 201, 203
Customer-Insight 43
Customer-Relationship-Management (CRM) 44, 124, 204

D

Design 63, 66, 67, 87, 129
Dienstleistungen für Männer/Frauen 113
Direktverkauf 127
Distribution 118
Dove 73, 133

E

E-Commerce 123, 165, 166
Einzelhandel 59, 63, 100, 118, 123, 128
Emanzipationsbewegung 20, 78
Entertainment 170
Entwicklung, demographische 34, 40, 97, 129, 156, 185
Erben 151, 152
Ernährung 52, 171, 185
Erwerbstätigenquote in Europa 33
Erwerbstätigkeit von Frauen 24, 84, 142, 171

F

Fast Food 172
Finanzberatung 145, 146, 149
Finanzdienstleister 29, 70, 116, 138, 144, 146, 148
Finanzverhalten von Frauen 149
Food-Court 179
Frauenbewegung 20, 21, 25
Frauenförderungsmaßnahmen 39

G

Gender neutral consumption 59
Gender-Analyse 188, 189, 194
Gender-Forschung 55, 128
Gender-Marketing-Baum 189
Gender-Selling 98
Gender-Studien 20, 48, 68, 96
Gender-Swapping 170

Gender-Ziele 193
Geschlechtergerechtigkeit 121, 196, 204
Geschlechterrollen 15, 59, 65, 78, 96, 188, 200
Geschlechterzuordnung, traditionelle 57, 59
Gesellschaftliche Veränderungen 15, 24, 49
Gesundheit 53, 68, 76, 136, 142, 172, 180
Gesundheitssystem 181
Getränke 87, 92, 177
Glaubensgemeinschaften 116
Gleichberechtigung 29, 97, 107, 163, 201
Globalisierung 30, 31, 107, 130, 202
Golfsport 62, 136

H
Handel, virtueller 123
Hardware- und Software 163, 165
Hornbach 133, 134

I
IBM 17, 122
Identitäten, männliche 81
Individuelle Ansprache 130
Industriezeitalter 22
Informationstechnologie 142, 162, 171
Ingenieurinnen 25
Internet 25, 123, 142, 163, 165, 166, 171
Internethandel 63, 167
Intuition 24, 179

K
Karriere 37, 40, 147, 152
Kaufentscheidung 43, 61, 66, 101, 175
Kfz-Halter, weibliche 155
Kinderbetreuungsmodelle 40
Kindererziehung 21, 37, 84
Kinderwagen für Väter 69
Kommunikationsmuster 48, 49, 101

Kommunikationstechnologie 23
Konjunkturzyklus 25, 32
Konsumenten-Communitys 169
Kosmetik für Männer 77
Küche 83, 84, 85, 176
Kundenbindung 55, 124, 146, 168

L
L'Oréal 77, 90
Lebensmittelindustrie 176
Lebensphasen 38, 53, 72, 146, 161
Linux 108
Luxusgüter 87, 104, 174

M
Männerbewegung 21
Männlichkeit 12, 20, 52, 78, 135, 201
Marktforschung 102, 109, 205
Marktmacht 44, 96
Maslowsche Bedürfnispyramide 35
Mass-Marketing 52, 60, 130
Mobilitätsanforderungen, unterschiedliche 157
Mode 61, 67, 80, 82
Motivation, intrinsische 107, 111, 175, 179, 195

N
Nahrungsmitteldesign 176
Nivea 79, 80
Nokia 66, 67

O
Organisationsformen 37

P
Personal 10, 32, 64, 123, 192, 196
Personalpolitik 14, 34
Persönlichkeiten, bekannte 93
Point-of-Sale 64, 118, 125, 129, 191, 194, 205
Prävention 182
Produktwelten 58, 61, 94

R
Religiöse Institutionen 116
Rohstoffe 23, 24, 28, 31, 178
Rolex 91
Rollenbilder 13, 54, 65, 133

S
Selbstlernender Organismus 111, 113
Selbstverwirklichung 35, 36, 45, 86, 200
Sexuelle Orientierung 8, 16, 53, 192
Shoppingwelt 168
Sinus-Milieus 103, 104, 106
SLO-Groups 112, 113
Sponsoring 91, 135, 137, 192
Stereotype 16, 56, 195
Stilgruppen 49
Stokke 69
Studienfächer 26

T
Tankstelle 158
Telekommunikation 66, 126, 162
Teleshopping 128
Testimonials 57, 90, 92, 176

U
Umwelt 56, 160, 201

V
Veränderungen, gesellschaftliche 15, 24, 30, 48, 139
Verantwortungen, individuelle 31
Verkehrsverhalten 161
Vertrauen 17, 127, 144, 167
Vertriebskanäle 64, 129, 190
Veuve Clicquot 92
Volvo 157, 159

W
Weiblichkeit 12, 20, 52, 81, 132
Wellness 58, 86, 128, 142, 183
Werbeagenturen 131, 132
Werte für Männer/Frauen 64
Wikipedia 108, 109

Wirtschaftliches Handeln 31, 32, 52
Wissensgesellschaft 22
Wohnraumaufteilung 83
Work-Life-Balance 38, 182, 184, 196, 206

Y
Yin und Yang 14

Z
Zielgruppen, gewünschte 16

Autoreninformation

Eva Kreienkamp, Diplom-Mathematikerin, Marketingberaterin und Marktforscherin, Studium der Mathematik an der Ludwig-Maximilian-Universität in München. Langjährige Tätigkeit in Konzernen der Finanzdienstleistung und Versorgung, Geschäftsführerin einer Telekommunikationsgesellschaft und seit 2004 geschäftsführende Gesellschafterin der FrischCo. GmbH in Berlin. Ihre Karriere im Management führte durch verschiedene Führungspositionen in den Bereichen Vertrieb, Operations, Finanzen, Controlling und betriebswirtschaftliche Beratung – deutschland- und europaweit. Heute beschäftigt sie sich besonders gerne mit der Vermarktung von Produkten und Dienstleistungen und hält international Vorträge zu Themen rund um die Auswirkungen von gesellschaftlichen Veränderungen auf die Wirtschafts- und Warenwelt. Sie ist INSEAD-Alumna, Mitglied der Initiative »Frauen in die Aufsichtsräte« und 2007 im National Host Committee des Global Summit of Women. Sie ist Initiatorin der internationalen Gender-Marketing-Kongresse in Berlin.